KB159211

입은 천 개의 칼을 지녔다

조선역관열전

입은 천 개의 칼을 지녔다

조선역관열전

초판1쇄 발행 2011년 7월 20일
초판2쇄 발행 2011년 8월 20일

지은이 이상각
펴낸이 이영선
펴낸곳 서해문집
이 사 강영선
주 간 김선정
편집장 김문정
편 집 허 승 임경훈 김종훈 김경란 정지원
디자인 오성희 당승근 안희정
마케팅 김일신 이호석 이주리
관 리 박정래 손미경

출판등록 1989년 3월 16일 (제406-2005-000047호)
주 소 경기도 파주시 교하읍 문발리 파주출판도시 498-7
전 화 (031)955-7470 | **팩스** (031)955-7469
홈페이지 www.booksea.co.kr | **이메일** shmj21@hanmail.net

ISBN 978-89-7483-476-0 03900

이 도서의 국립중앙도서관 출판시도서목록(CIP)은 e-CIP홈페이지(http://www.nl.go.kr/ecip)와 국가자료공동목록시스템(http://www.nl.go.kr/kolisnet)에서 이용하실 수 있습니다.(CIP제어번호: CIP2011002768)

이상각 · 지음

서해문집

⊙ **들어가는 글**

조선을 움직인 사람들

2005년에 개봉된 시드니 폴락 감독의 영화 〈인터프리터The Interpreter〉는 유엔에서 국제통역사로 일하던 주인공 니콜 키드먼이 아프리카 소국의 정치 지도자 암살에 대한 대화 내용을 우연히 알아들으면서 시작된다. 만일 그녀가 희귀한 아프리카 언어를 알지 못했다면 영화의 스토리는 애초에 성립되지도 않았을 것이다. 그처럼 지구상에는 지역과 민족, 국가에 따라 다양한 언어가 존재하고, 통역사들은 그런 언어 당사자들의 소통을 무기로 살아가는 사람들이다.

통역사들에게는 반드시 지켜야 할 불문율이 있다고 한다. 첫째 해당 외국어는 물론 외교 용어와 현안, 관련국의 역사와 문화를 숙지해야 하며, 둘째 자신의 의견을 함부로 섞어 넣으면 안 된다. 셋째 돌발 상황에 기민하게 대처하는 담대한 마음가짐과 함께 순발력이 뛰어나야 한다. 넷째 외모나 복장, 행동이 튀지 않도록 각별히 주의해야 한다. 다섯째 입이 무거워야 한다. 그 때문에 '통역사는 수표처럼 가짜일 때만 세상에 알려진다.' 란 말도 생겨났다. 상대방의 언어와 문화에 생소한 사람들에게 피차의 의사를 정확하게 전달해야 하므로 잘해야 본전이고 실수는 금세 도드라져 보이기 때문이다.

언젠가 우리나라를 방문한 러시아 정부 요인에게 환경부 관계자가 '한국인들은 백두산 호랑이에 관심이 많다.' 라고 말하자, 통역사가 '한국에 야생 호랑이를 기증할 의사가 있느냐?'고 오역을 했다. 이 사건은 러시아가 우리나라에 시베리아 호랑이를 기증함으로써 해피엔딩으로 마무리되었지만 그 통역사는 한동안 꽤나 심난했을 것이다.

물론 통역사의 재치가 골치 아픈 상황을 수습한 경우도 많다. 1993년 프랑스의 미테랑 대통령이 우리나라를 방문했을 때의 일이다. 김영삼 대통령은 정상회담 이후 치러진 만찬석상에서 미테랑 대통령이 외규장각 도서의 반환을 약속했다고 발표했다. 그런데 미테랑 대통령은 정상회담 석상에서 한 차례도 '반환' 이란 단어를 쓰지 않고 '교환대여' 라는 단어를 썼다고 한다. 그 사정을 잘 알고 있던 외무부 소속 통역관이 '양국 간의 기술적인 추가 합의를 거친 후 도서가 돌아올 것' 이라고 에둘러 통역함으로써 위기를 넘겼다. 만일 그가 김 대통령의 말을 프랑스 측에 곧이곧대로 전달했다면 화기애애한 분위기는 엉망이 되었을 것이다. 최고지도자들의 외교 현장에 배석하는 통역사들은 그림자처럼 자신의 존재를 숨겨야 하지만 이처럼 불가피하게 진면목을 드러내야 하는 경우도 있다.

조선 선조 때도 이와 비슷한 일이 있었다. 명나라 사신을 환영하는 연회석상에서 임금이 '천자의 사신은 미관微官일지라도 제후의 위에 있으니 먼저 의자에 앉으시오.' 라고 말했는데, 사신은 미관이란 말을 알아듣고 안색이 돌변했다. 그때 어전통사 표헌이 '천자의 사신께서는 미관일지라도 서열이 제후의 위에 있는데, 하물며 귀인貴人임에랴…….' 라고 둘러댐으로써 사신을 우쭐하게 해 주었다.

표헌의 아들 표정로 역시 역관으로서 재미있는 일화를 남겼다. 그가 의주에서 원접사를 수행해 명나라 사신을 접대할 때의 일이다. 남경의 저명한 문장가였던 사신은 '이 땅에는 나를 상대할 사람이 없을 것이다.' 라고 큰소리를 쳤다. 그러면서 접시에 담긴 은행을 가리키며 '은행껍질 안에 푸른 옥이 감춰져 있네銀杏匣中藏碧玉' 란 시를 짓고 조선 측에 대구를 청했다. 이때 원접사가 당황하여 응대하지 못하자 곁에 있던 표정로가 재빨리 '석류껍질 속에는 주사가 감춰져 있네石榴皮裏點朱砂' 라고 맞받아침으로써 사신을 깜짝 놀라게 했다.

그처럼 표헌과 표정로 부자는 대를 이어 역관으로서의 직무를 수행했을 뿐만 아니라 국왕의 체면은 물론 조선의 문화적 자존심까지 지켜냈다. 하지만 그런 일탈 행동은 자칫하면 오해를 불러일으킬 수 있으므로 조심하지 않으면 안 된다. 조선의 양반들이 역관들을 집중 견제한 것도 그들의 실체를 잘 알고 있었기 때문이다.

조선의 역관들은 외교 당사국의 이질적인 사회와 문화를 적극적으로 수용하고 장점을 받아들일 줄 알던 뉴프런티어들이었다. 그들은 고답적인 소중화주의 논리에 갇혀 있던 조정 관리나 선비들과 달리 민족과 국가의 경계를 넘나들며 외교적으로나 상업적으로 숱한 성공을 일궈냈다. 그들 가운데는 종계변무나 국경분쟁 등 국가의 주요 현안을 해결한 인물도 있고, 대륙과 일본의 일급 기밀을 탐지하거나 우수한 과학기술 정보를 입수한 스파이도 있다. 또 공사무역의 특권을 이용해 남다른 부를 거머쥔 인물도 많았다. 하지만 그 대가로 역관들은 지배계층인 양반들로부터 신분상의 차별과 정쟁의 희생물이 되기도 했다.

계급 사회의 부조리한 현실 속에서 설움을 곱씹던 역관들은 조선 후기 들어서 조직적으로 중인들의 신분 상승을 선도했다. 또 일부는 국가를 외면하고 평등을 내세운 천주교 신앙에 목숨을 걸기도 했다. 하지만 조선이 누란의 위기 속에 빠진 19세기 말 누구보다 먼저 개화를 충동하는 선각자로 활동한 계층이 바로 역관이었다.

현재 우리나라는 경제력이 세계 10위권에 육박하는 무역 대국이면서, 유엔 사무총장까지 배출할 만큼 국제사회에서 인정받고 있는 외교 강국이다. 게다가 세계 최강의 미국, 경제대국 일본과 손잡고 있으며, 향후 일류국가로 발돋움하고 있는 13억 인구의 중국과 우호협력 관계를 강화하고 있다. 그런 면에서 외교 전문가, 외국어 전문가, 무역 전문가로서 조선의 미래를 개척해 나갔던 역관들의 진면목을 탐색하는 작업은 오늘 세계인을 꿈꾸는 청년들이나 고단한 현실과 조우하고 있는 보통 사람들에게 색다른 의미로 받아들여질 수 있지 않을까 싶다.

차례

朝

우리는 조선인이다

新

신세계에서 길을 잃다

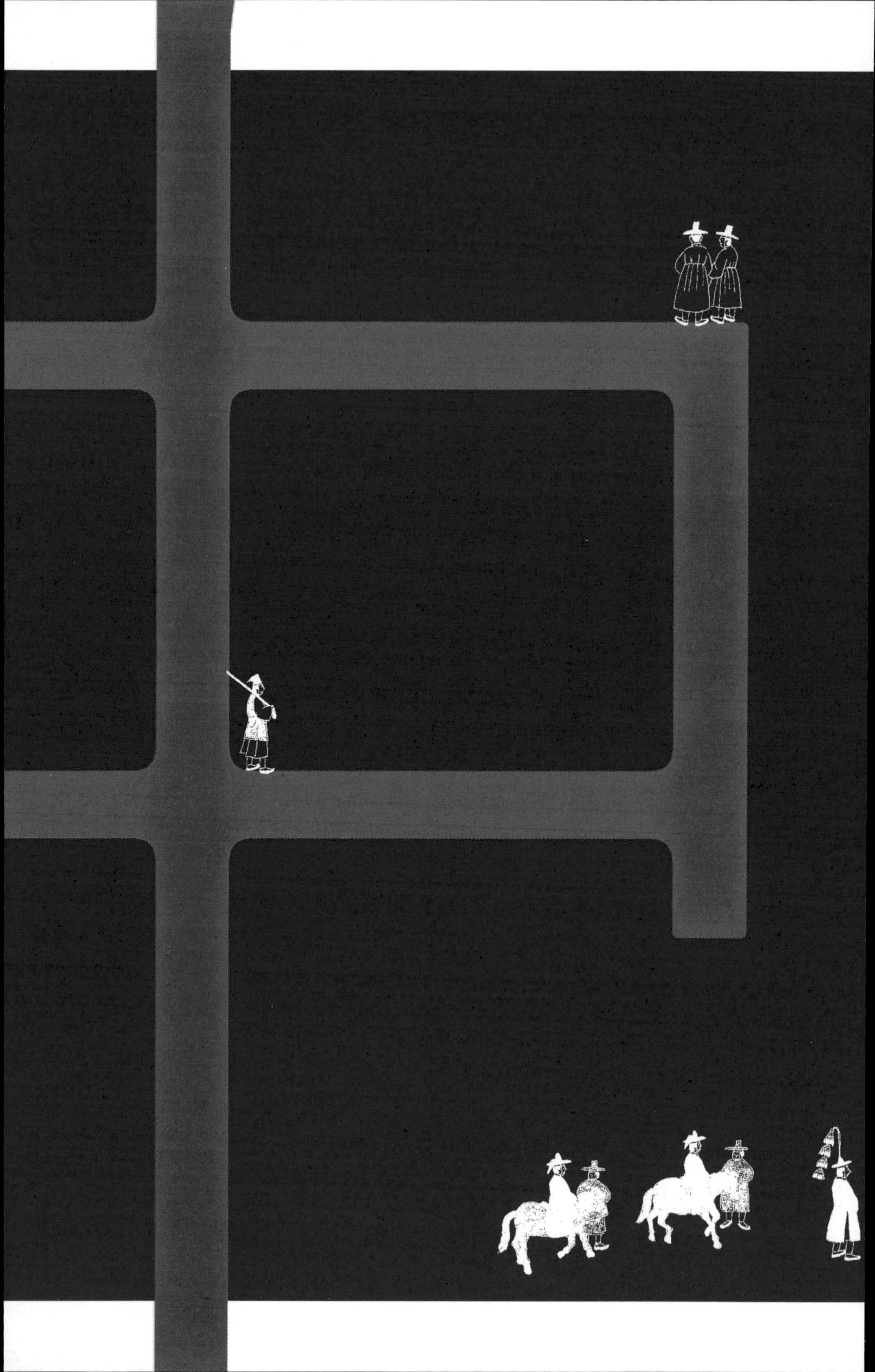

차이나드림을 꿈꾸다

맑은 바람 베개 삼은 외로운 객관
늙은 느티나무 옆에서 탁주 석 잔 마신다.
이 길 떠나면 살아 돌아올 수 있을까.
만사가 유유하니 하늘에다 맡기려네.

一枕清風孤館裏
三杯薄酒老槐邊
此行不料生還日
萬事悠悠只付天

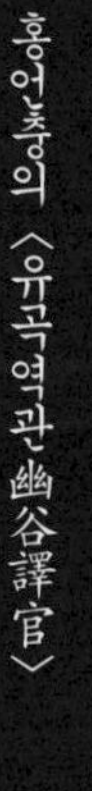
홍언충의 〈유곡역관幽谷譯官〉

1371년(홍무 4) 명 태조 주원장은 〈금빈해민불득사출해禁濱海民不得私出海〉라는 조서를 통해 자국 연안에 거주하는 백성들의 해외 출입을 엄금했다. 대외무역을 국가에서 독점하겠다는 뜻이었다. 이어서 명조는 내국인의 외국 제품 사용까지 제한함으로써 일체의 민간 교역을 봉쇄했다. 중국의 우수한 문물을 받아들일 수 있는 창구가 가로막히자 고려 · 일본 · 유구 · 안남 · 점성 · 과와 · 운남팔번 · 서양쇄리 · 외오아 등 무려 30여 나라가 조공을 바치며 명나라의 천하체제에 순응했다.

조공朝貢이란 제후국들이 천자국에 정기적으로 사절을 보내 황제를 조견하고 공물을 바치는 의례를 말한다. 이는 본질적으로 군신 간 종속 관계를 확인하는 절차이지만, 그 과정에서 주변국들은 자국의 정치적 안전을 보장받고 우수한 문물을 수입하는 등 상업적 이득을 취할 수 있었다. 당시 주변국들은 명나라에 공물을 바치는 대신 회사會賜나 상사賞賜 형식으로 더 많은 물자를 돌려받았다. 고개를 숙이면 숙일수록 남는 장사가 바로 조공이었다.

그로부터 20여 년 뒤인 1392년 7월 17일, 역성혁명을 통해 한반도의 새 주인으로 등장한 조선은 국호 제정을 홍무제에게 주청하는 등 저자세 외교로 명나라를 구워삶았다. 이어서 홍무제가 추진한 각종 전장 제도를 모범으로 삼아 조선의 제도를 정비했고, 《대명률》 체계와 〈홍무예제〉를 바탕으로 형벌과 의례를 정비했다. 또 명나라의 공문 체계를 수용하고 사행 절차도 철저하게 조공제도에 따랐다.

홍무제 사후 건문제의 숙부인 연왕이 정변을 일으켜 황위에 오르자 왕자 시절에 그를 친견한 적 있는 태종은 재빨리 심복 하륜을 파견해 축하하기도 했다. 그렇듯 왕가의 인연을 빌미로 조선은 더 많은 사신을 보내 양국관계를 심화시켜 나갔다.

명나라는 수교 초기에 물자와 정보 유출을 염려해 3년 1공貢을 주장했지만 조선은 끈질기게 1년 3공을 요구해 관철시켰다. 국초부터 세종 대까지 양국의 사신 왕래 상황을 살펴보면 조선 사신의 명나라 파견이 연평균 7회, 명나라 사신의 조선 파견이 연평균 1.6회였다. 조선의 사행 건수가 압도적으로 많았음을 알 수 있다. 당시 조선 사신들은 조공으로 포직류 · 동물류 · 종이류 · 금 · 은 등을 가져갔고, 명나라는 회사 명목으로 금은 세공품 · 견직물 · 서적 · 약재 등을 내주었다.

대륙의 전란이 완전히 해소되지 않은 당시에 군마 보급이 절실하던 명나라는 조공으로 조선에 말을 요구하기도 했다. 그 때문에 국초부터 세종 대까지 36년 동안 무려 5만 9000여 필의 말이 중국으로 건너갔다. 당시 조선에서는 말이 귀했으므로 여진에서 말을 수입해 바쳐야 했다. 사역원의 여진통사는 바로 그런 상황을 해결하기 위해 준비된 역관이었다.

조명 관계에서 가장 큰 장애는 요동에 잔존해 있던 북원 세력과 여진 세력이었다. 명나라는 요동도사를 내세워 적극적인 통제 정책을 시행했지만 여진의 군사력이 강화되자 동팔참을 중심으로 하는 요동변장으로 물러났다. 조선에서도 요동 문제는 매우 민감한 화두였다. 여진족을 정벌하자니 요동도사 눈치를 봐야 했고, 그들과 가까이하자니 당장 명나라 조정의 문책이 이어졌다.

조선은 세종 대의 육진 개척 이후부터 북변 경비를 강화했고, 명나라와 합세해 호전적인 여진족 일파를 정벌하는 등 경계심을 늦추지 않았다. 그러나 임진왜란을 전후로 양국의 감시망이 흐트러진 틈을 타 여진은 분열된 부족을 규합해 후금을 건국했고, 조선 파병으로 국력이 크게 약화된 명 황조를 막강한 군사력을 동원해 무너뜨렸다.

대륙의 주인이 한족의 명나라에서 만주족의 청나라로 바뀐 뒤에도 중국에 대한 조선의 조공은 계속되었다. 두 차례의 전란을 통해 강요된 굴욕적인 상황이었지만 청나라가 삼번의 난을 비롯한 한족들의 반란을 효과적으로 진압하고 체제를 안정시키자 어쩔 수 없는 현실로 받아들일 수밖에 없었다. 더군다나 효종 대부터 숙종 초기까지 은밀하게 추진되던 북벌 구상은 경술대기근과 을병대기근 등으로 조선의 전 국토가 초토화되면서 명분조차 찾을 수 없게 되었다.

한편 오만하던 명나라에 비해 청나라의 대조선 정책은 매우 우호적이었다. 과거 명의 황제들은 조선에 무관심해서 공녀 · 공물 · 특산물 등의 착취에만 집착했지만 청의 황제들은 초기를 제외하고는 조선을 실질적인 외교 파트너로 대접해 주었다. 게다가 조선에 들어오면 개인적 탐욕을 채우기에 급급하던 명사明使에 비해 청사淸使들은 상대적으로 비리가 덜하다는 측면도 있었다. 그런 인식이 발전하면서 조선은 차츰 적대적인 시선을 버리고 청나라를 책봉국이자 중화의 주체로 인식하게 되었다.

18세기경에 이르러 조선의 개혁적 지식인들은 청나라가 이룩한 사고전서의 편찬, 고증학의 발전, 각종 법제와 문물의 정비를 긍정적으로 인정하면서 이를 조선에 적응하기 위해 북학北學을 주창했다. 연암 박지원은 기존의 대명의리론을 비판하고 다음과 같이 청과의 군신지의君臣之義를 강조하기까지 했다.

> 중국의 인사들은 강희 이전에는 모두 명나라의 유민들이었지만 강희 이후에는 청나라 황실의 신하요, 백성이므로 당연히 지금 왕조에 충절을 다하고 법제를 준봉해야 할 것이다.

부경사행과 부연사행

14세기 말 대륙의 혼란을 잠재우고 중원의 새로운 지배자로 등장한 명나라는 주변 제국과의 질서를 송나라 때 만들어진 책봉조공冊封朝貢 관계로 환원시키고자 했다. 곧 한족 중심의 중화주의를 표방한 것이다. 이에 반발한 고려 조정은 건곤일척 요동 정벌을 시도했지만 유교국가 건설을 꿈꾸던 신진사대부 세력들과 결탁한 이성계의 위화도 회군을 계기로 결국 멸망하고 말았다.

한반도에서 성리학을 건국이념으로 삼은 신생국가가 건국되자 명나라는 환영의 뜻을 표하며 조선朝鮮이라는 국호를 승인해 주고 옥새를 하사하는 등 전통적인 책봉 절차를 밟았다. 그로부터 한 동안 표전문제 등으로 경색되었던 양국 관계는 조선 내부에서 정도전 등 반명세력이 제거되면서 정상화되었다.

조선과 명나라의 외교 관계는 시종일관 부경사행赴京使行과 명사출래明使出來라는 상호 교류 형식으로 진행되었다. 명나라로 가는 조선의 사신은 크게 정기사행과 임시사행으로 나뉜다. 정기사행은 동지에 보내는 동지사冬至使, 정초에 보내는 정조사正朝使, 황제의 생일 때 보내는 성절사聖節使, 황후나 태자의 생일 때 보내는 천추사千秋使의 4절행이 있었고, 임시사행으로는 진하사 · 문안사 · 진주사 · 주청사 · 변무사 · 진향사 등이 있었다. 반대로 명나라 사신은 국왕의 책봉이나 조문 등을 목적으로 파견되었다.

이와 같은 양국 사절들의 외교 교섭에서 역관들의 소임은 막중했다. 당시 조선의 사절들과 명나라의 신료들은 직접 교섭을 회피하고 문서를 매개로 현안을 논의했다. 황제와 국왕의 대리인으로서 사적인 대화를 할 수 없다는 준례 때문이었다. 그러므로 국서에 대한 확인이나 답서 외에도 조공품목의 추인이나 회사품의 확인, 기타 제반 사항들은 모두 역관들의 몫이었다. 그로 인해 활동 영역에 제한을 받지 않게 된 역관들은 사행 과정에서 명나라의 앞선 문화를 마음껏 향유했을 뿐만 아니라 무역 특권을 이용해 많은 돈을 벌었다. 이를 두고 조정 대신들은 국가에 대한 봉사보다는 치부에 혈안이 되어 있다고 비난했지만 역관들의 위상을 뒤엎을 만한 능력이 그들에게는 없었다.

조선의 사신이 명나라에 파견되는 부경사행이 있다면 반대로 명나라 사신을 조선에서 맞이하는 명사출래도 있었다.

중국에서 사신을 파견한다는 자문이 도착하면 조선 조정에서는 임시로 영접도감을 설치하고 사신단 입국 과정의 제반 업무를 총괄하게 했다. 그와 함께 압록강변으로 원접사를 파견해 사신을 맞이하게 한 다음 안주·평양·황주·개성 등지에 2품 이상의 관원을 선위사로 보냈다. 이어서 정식으로 사신단 접대를 지휘하는 도청을 설치하고 사신들을 처음부터 끝까지 안내하는 관반을 임명했다. 이때 잡물색·미면색·군색·연향색·반선색·응변색·사제청 등 101명으로 구성된 일곱 개의 실무 부서를 두었는데, 이들 가운데 약 70퍼센트가 역관이었다.

명사明使 혹은 천사天使로 불린 중국의 사신들은 책봉이나 고명 등의 칙서를 가져오거나, 황제의 부음 고지, 조선의 길흉사 때 축하나 조문 등 다양한 이유로 조선에 들어왔다. 그 가운데 황제의 조칙을 봉행하는 사신들이 가장 융숭한 대접을 받았다.

이들을 맞이하는 조선의 태도는 그야말로 '칙사 대접'이었다. 중국 사신의 규모는 통상 정식 관원 20~30명과 수행원을 포함해 100여 명 정도였다. 이들이 도성 밖에 있는 모화관에 다다르면 임금은 종친과 문무백관을 거느리고 나아가 영접한 다음 함께 대궐로 들어왔다. 그 후 임금은 인정전에서 정식으로 사신단을 접견하고 편전에서 칙서를 받았다.

사신들은 입경 다음 날부터 밤낮으로 음주가무에 빠졌다. 정식 연회인 하마연 · 익일연 · 인정전의 초청연 · 회례연 · 별연이 줄을 이었고, 별도로 왕세자 · 종친부 · 의정부 · 육조에서 돌아가며 잔치를 베풀었다. 또 그들의 귀국 날짜가 정해지면 상마연, 귀국하는 당일에는 임금이 베푸는 전연도 치러졌다. 그처럼 명사출래의 나날은 접대로 시작해서 접대로 끝났다.

조선의 신료들은 그런 자리를 통해 중국 사신들에게 외교 현안에 대한 조선의 입장을 전달하고 협조를 요청했지만 사사건건 대가를 요구하는 통에 골치를 앓았다. 일례로 광해군 대에는 임해군을 빌미로 선위 문제를 걸고넘어지는 그들의 비위를 맞추기 위해 팔도의 은을 죄다 긁어모으기도 했다. 중국 사신들을 맞는 자리에는 예외 없이 역관들이 배석했다. 그들은 단순한 통역뿐만 아니라 실무 차원의 예비 협상, 사신 일행의 첩보 활동을 감시하고 제한하는 임무를 맡았다.

16세기 중반 명나라는 황실의 권력 다툼과 내정의 실패로 인한 농민들의 봉기, 게다가 조선 파병이라는 악재까지 겹치면서 자멸하고 말았다. 그와 같은 혼란을 틈타 중원을 장악한 청나라는 두 차례에 걸친 조선 침공을 통해 새로운 책봉조공 관계를 설정했다. 조선은 인질 · 파병 · 포로 · 통혼 · 세폐 등의 치욕적인 조공행사를 감내하면서 복수를 꿈꾸었지만 몽상에 지나지 않았다.

청나라는 조선의 사절을 이전과 같이 동지사 · 정조사 · 성절사 · 천추

독립관
독립공원 안에 있는 독립협회의 건물이다. 원래 중국 사신을 맞이하는 옛 모화관慕華館 건물을 1897년 5월에 독립협회에서 독립관으로 개축하였다. 현재의 건물은 1997년에 다시 지었다.

사의 4절행으로 유지하게 했지만 1637년(인조 15)부터는 천추사를 세폐사로 대신하게 함으로써 반청 세력 척결에 소요되는 전쟁 물자를 조선에서 조달했다. 도읍을 심양에서 북경으로 옮긴 1644년(인조 22)부터는 모든 사행을 동지사로 일원화하고 1년에 한 차례씩만 입조하게 했다. 이는 건국 초기 불안한 내정을 감추고 조선 스파이들의 정보 수집을 막기 위한 조처였다.

조선에서는 1645년(인조 23)부터 북경으로 향하는 사행을 연행燕行이라 불렀다. 사신들의 명칭도 부경사신이 아니라 부연사신이 되었다. 황도를 뜻하던 경京을 원나라 때 쓰던 연燕으로 바꾼 것이다. 이는 명나라의 멸망으로 중화中華의 정통을 조선이 이어받았다는 소중화小中華 사상의 발로였다.

1704년(숙종 30) 임진왜란 때 조선에 원군을 파견한 명나라 황제 신종을 기리는 만동묘萬東廟를 지은 이유도 그와 같은 자긍심 때문이었다. 과거 부경사행을 가문의 영광으로 치부하던 조선의 중신들은 그때부터 부연사행에 선발되는 것을 매우 부끄럽게 여겼다. 그들은 압록강을 넘어 북경까지 2000여 리 길을 가는 동안 도중에 조우하는 주현의 관리나 관문을 지키는 장수와 일체의 대화를 기피하기까지 했다. 그런 만큼 역관들의 어깨는 더욱 무거워질 수밖에 없었다.

연행은 크게 정기사행과 임시사행으로 구분되었다. 정기사행은 매년 정초 황제를 배알하기 위해 정례화된 사행으로 삼절겸연공행三節兼年貢行과 책력冊曆을 받아오는 황력재자행皇曆賫咨行이 있었다. 삼절겸연공행은 병자호란 직후부터 청나라에서 요구해 시행된 동지행·정조행·성절행과 매년 세폐歲幣를 바치는 연공행을 말하고, 황력재자행은 매년 8월에 출국해 10월에 북경에 도착해서 시헌력을 받아오는 사행으로서 역행曆行이라 부르기도 했다.

임시사행의 종류는 매우 다양했다. 청조의 대조선 정책에 감사하는 사은행謝恩行, 황제의 등극이나 칠순절 등의 경사를 축하하는 진하행進賀行, 국가의 중대사를 황제에게 상주하거나 청원하기 위해 보내는 진주행陳奏行과 주청행奏請行, 황실에 질병이나 초상이 났을 때 파견하는 진위행陳慰行과 진향행進香行, 상호 간에 오해나 곡필이 있을 때 사실을 밝히기 위해 파견하는 변무행辨誣行, 양국 백성 사이에 범법 행위가 발생하면 청나라 조정이 지정한 장소로 사신을 특파하는 참핵행參覈行, 조선 국왕의 죽음을 알리기 위해 파견하는 고부행告訃行 등이 있다.

그 외에 외교적 현안이 미미한 내용일 경우 공식 사절을 파견하지 않고

연행도 제7폭 조양문朝陽門
지금은 없어진 연경성의 동문인 조양문으로 조선사절이 들어가고 있다. 숭실대학교박물관 소장

뛰어난 역관을 선발해 실무를 처리하도록 하는 재자행齎咨行도 있었다. 사행단 가운데 가장 빈번하게 파견된 것은 역시 삼절겸연공사인데 대부분 동지행冬至行으로 기록되어 있다. 동지행은 매년 음력 10월 말이나 11월 초순에 출발해 그해 12월 안에 북경에 도착해서 40~60일 동안 머무른 뒤 2월 중에 출발해 3월 말이나 4월 초순에 귀국하는 것이 보통이었다.

연행이 결정되고 날짜가 정해지면 사신 일행은 궁궐에 들어가 국왕을 배알한 다음 모화관 북쪽에 있던 반송정盤松亭에서 전별식을 가졌다. 부연사신들의 행차는 조선에서부터 매우 떠들썩하게 진행되었다. 중도에 전송 나온 지방관들의 술자리가 줄을 이었고, 색향 평양에서는 기생과 동침하는 별부別付까지 행해졌다. 그로 인해 평양 기생들은 녹초가 되었지만 일부 기생들은 고위층을 접대하면서 사행 기록에 자신의 이름을 남기기도 했다.

당시 연행에 소용되는 경비는 여러 관청에서 분담했는데, 호조는 의복비를 선혜청에서는 노자를 지급했고, 사행로 주변의 관아에서도 일부 보탰다. 사행 경비 중에 청나라 지방관이나 예부 관리들에게 안겨 줄 인정人情(뇌물)이 가장 많았다. 연행 초기에는 부채, 종이, 포목 등과 같은 물품을 주었지만 그들이 다량의 은자銀子를 요구하는 바람에 부담은 가중되었다. 그 때문에 조정에서는 비상수단으로 역관들에게 무역 특권을 허용해 사행 경비를 자체 조달하게 했다.

연행단의 공식 인원은 정사·부사·서장관 삼사三使를 필두로 종사관에 역관 열아홉 명, 의원 한 명, 제술관 혹은 사자관 한 명, 화원 한 명, 군관 일곱 명, 만상군관 두 명, 우어별차 한 명 등 총 35명이었다. 그 외에도 사신들의 말을 몰고 가는 견마잡이를 비롯해 짐말을 모는 마부와 하인 등을 포함하면 300명에서 500명 정도의 인원이 사행에 참여했다. 주요 교통수단이던 말은 중국에 전달할 물품과 소요 물품을 실어야 했으므로 200여 필 이상 동원되었다.

정사는 사행을 대표하는 역할을 맡는데 관직과 품계에 따라 사행의 등급이 결정되었다. 부사는 정사를 보조하는 역할을 하고, 서장관은 사신단 일행을 감독, 관리하면서 도중에 일어나는 모든 일을 기록하고, 귀국한 후에는 왕의 재가를 받아 승정원에 보냈다.

종사관은 수행원들의 관리와 통역, 운송, 무역 등 실무를 담당했는데 거의 모두 역관이었다. 보통 당상역관 세 명과 상통사 두 명, 압물종사관 여덟 명, 압폐종사관 세 명, 압미종사관 두 명, 청학신체아 한 명 등 총 열아홉 명이 정원이었다.

여기에서 당상역관은 당상관에 오른 역관으로 고위층의 통역을 맡으면서 종사관들을 지휘했다. 상통사는 일반적인 통역을 하기도 하고 사신들이 가져가는 책과 약재 등의 관리를 담당하면서 공무역을 도맡았다. 압물종사관은 청나라에 바치는 예물의 보관과 운송을, 압폐종사관은 폐물의 보관과 운송을, 압미종사관은 쌀의 보관과 운송을 담당했다. 또 청학신체아는 사행 도중 지나는 관문의 출입을 보조하고 식량 지급을 담당했다. 우어별차는 한어나 만주어 학습을 위해 사역원에서 특별히 뽑아 보낸 생도들이었다.

많은 역관이 연행에 참여했지만 초기에는 한인이나 만주인 관리들과 직접 대화할 기회를 얻지 못했다. 청나라 조정에서 조선 사신들과의 교섭에 대통아역大通衙譯만을 내보냈기 때문이다. 당시 청나라는 병자호란 때 포로가 되었다가 귀화한 조선인 가운데 청어에 뛰어난 인물을 뽑아 예부 소속의 대통관大通官과 차통관次通官으로 임명하고 통역 자원으로 활용하고 있었다. 대표적인 인물이 인조 연간에 무소불위의 권력을 휘두른 정명수와 김돌시였다. 조선의 역관들은 그들과 조선어로 소통하면서 실무를 해결했고, 인간적인 교분까지 나눴다.

청나라에서는 외교문서를 번역하는 사이관四夷館과 사신들을 접대하는 회동관會同館을 운용했다. 그러므로 사행단이 북경에 도착하면 청나라 관리들의 안내로 회동관에 들어가 여장을 푼 다음 곧바로 예부에 자문을 바쳤다. 이어서 사신들은 예부의 의례사로부터 간단한 의식을 익힌 다음 황제를 배알하고 돌아와 답서를 기다렸다. 그때 역관들은 따로 청나라 관리들과 만나 현안을 점검하는 한편 공사무역의 거래를 마무리해야 했다. 이윽고 예부로부터 답서를 받으면 즉시 조선에 선래통사를 파견해 국왕에게 사행 결과를 보고한 다음 오매불망하던 귀국 길에 올랐다.

부경무역을 둘러싼 역관과 조정의 갈등

역관들은 사행 도중 공무역의 일환으로 본국에서 필요로 하는 다양한 물품을 구입하는 한편, 자신들에게 허용된 무역 특권을 이용해 많은 돈을 벌었다. 중국 상인들과 언어 소통에 아무런 불편이 없던 그들은 북경으로 가는 주요 도시마다 단골 상점을 정해 두고 교역 상품의 구매량과 단가를 조절했다. 역관들은 그런 방식으로 중국에서 들여온 비단과 골동품 등 각종 사치품을 조선의 양반가에 팔아치우거나 동래왜관을 통해 일본으로 수출했다.

조선 초기 중국과의 교역은 의주 · 회령 · 경원 등 북변에 설치한 개시開市에서 벌어졌다. 특히 의주는 사행단이 압록강을 건너기 전에 머물던 장소였으므로 개성에서 의주에 이르는 관서 지방의 상업 활동은 매우 활기찼다. 당시 개성상인들은 역관들을 매수해 사행단에 은밀히 끼어든 다음 가져간 은과 인삼으로 백사白絲를 구입해 동래왜관의 쓰시마 상인들에게 넘겼다. 그 과정에서 역관들은 개성상인들에게 중국 상인을 소개시켜 주고 통역 서비스까지 하면서 뒷돈을 챙겼고 밀무역에 손대기도 했다.

태종과 세종 연간에 활동한 한학역관 원민생은 1417년(태종 17) 하정사의 통사로 북경에 갔을 때 밀무역한 사실이 발각되어 투옥되기도 했다. 하지만 영락제의 후궁 현인비顯仁妃의 인척이던 그는 명나라 사신 황엄과 절친했고 많은 외교 사안을 성사시켰다는 이유로 곧 석방되어 현직에 복귀했다.

이런저런 이유로 역관의 밀무역을 단속하는 일이 지지부진하자 1421년(세종 3) 8월 3일, 예조에서는 세종에게 보다 실효성 있는 조치를 요구했다.

> 최근 역관들이 사행길에 상인들과 함께 포목이나 물화를 많이 가져가 판매하고 있는데 심히 좋지 않습니다. 지금부터는 그들에게 반인을 대동하는 것을 일체 금지하게 하고, 사역원 영사令史 한 사람만 데려가게 하여 체면 없이 과람한 행동을 하지 못하게 하십시오.

그 말에 공감한 세종이 사행에 상인 대동을 금지하자 부경역관들이 조직적으로 저항했다. 통사로 임명되면 갖가지 구실을 들어 참여를 회피했고, 아예 한어 공부를 작파하는 사람도 있었다. 이런 실력 행사 때문에 역관 자원의 품귀 현상이 일어나자 예조에서는 한 발짝 물러설 수밖에 없었다.

1434년(세종 16) 1월, 세종은 역관들로 하여금 북경 대신 요동에서의 무역을 허락하고, 역학 생도 중에 집이 한양 밖에 있는 사람은 서울에서의 생활비를 제공하는 등 회유책을 내놓았다. 그렇게 일단 급한 불을 끈 다음 중국인 역관 서사영과 장현을 한어 훈도로 임명하고 젊고 총명한 자제 10명을 추가 선발해 사역원에 입학시켰다. 역관들의 수효를 늘려 기득권을 희석시키려 한 것이다.

그런데 공사무역을 통해 치부를 일삼은 것이 역관들만은 아니었다. 대명외교가 안정되면서 사행단 가운데 정사와 부사들도 차이나드림 행렬에 가세했다. 그들은 조공품 짐바리에 중국인들이 좋아하는 상품을 끼워 넣어 북경으로 가져간 뒤 역관들을 동원해 팔아치우곤 했다. 1475년(성종 6) 4월 18일에 행해진 석강夕講에서 영의정 노공필은 중국으로 가는 사신이 가져가는 물건이 너무 많아 호송군이 고초를 겪고 있다며 대책 수립을 요구했다.

> 중국으로 가는 사신이 가져가는 물화는 본래 일정한 규제가 있는데, 요즘 상인들이 마포麻布를 대량으로 준비했다가 역관을 이용해 부치는 방식으로 큰 이익을 얻고 있습니다. 심지어는 사신이나 부사도 가져가는 물건이 많은데 이를 모두 호송군이 운반하기 때문에 사람과 말이 함께 지치니 그 폐단을 헤아릴 수 없습니다. 청컨대 거듭 엄금하도록 하소서.

사신들의 사무역 개입이 노골화되자 역관들의 불만도 커졌다. 1491년(성종 22) 3월 29일, 사역원 정 강계조는 상소를 통해 사행단의 정사와 부사들이 역관을 노예처럼 부리면서 저자에서 물건을 팔게 하고 마음에 들지 않으면 욕설과 매질을 일삼는다고 고발했다. 그는 또 상인들이 고관들에게 뇌물을 써서 자제군관으로 변신한 다음 중국에 들어가 보란 듯이 밀무역을 하는데, 어떤 때는 노비들 틈에도 상인들이 끼어들고 있으니 자제군관의 수를 한두 명으로 줄이고 노비들은 사헌부에서 미리 신분을 확인해 달라고 요구했다. 사행무역을 놓고 역관과 사신들의 갈등이 표면화된 사례다.

그 무렵 사신들이 가져간 물품은 규모가 클 경우 100여 동同, 작은 행차의 경우에도 80, 90동 이상이었다. 이것들은 중국에서 백철白鐵과 녹반綠礬(유황을 포함하고 있는 광물)으로 교환되어 국내로 반입되었다. 당시 베 한 단의 가치가 녹반 50근과 같았으므로 베 100동과 교환된 녹반의 양은 실로 엄청났다. 이를 마차에 실어 옮기다 보면 죽어 나가는 말이 허다했다. 이 때문에 물품 운송으로 돈을 버는 평안도 주민들은 해마다 농토와 집을 팔아서 말을 사들여야 했다.

강계조가 올린 상소에 따르면 사신들은 백철과 녹반을 운반하기 위해 발마공문發馬公文을 작성할 때 필요한 말의 수를 거짓으로 늘리곤 했다. 그는 또 과거 사신 가운데 윤보가 상인 고귀지 · 진보숭을, 한찬이 진백숭을, 임계창이 박철산을, 이병정이 나복중을 데려갔으며, 이장생의 손자 이진이 말동을, 이목이 김모지리와 검동 등을 데려갔다고 구체적인 실명까지 밝히며 처벌을 요구했다. 하지만 성종은 사행이 끝난 지 오래인지라 사실을 밝히기 어렵다는 이유로 추국을 거절했다.

역관들의 공세를 괘씸하게 여긴 중신들이 곧 대대적인 반격에 나섰다. 사헌부와 사간원에서는 역관들의 승진을 극력으로 막았고, 수시로 사행무역의 비리를 처벌하라고 주청했다. 중종 대에는 명의 예부에 자문을 보내 서책과 약재 외의 무역을 엄금하게 해달라고 요청하기까지 했다. 1553년(명종 8) 사간원에서 역관들이 사무역을 통해 조선의 국격을 떨어뜨리고 있다고 비난하자 명종은 성절사 행차 때 상거래를 금지시켰다. 하지만 채 1년도 지나지 않아 역관들에게 동궁에 채색할 염료를 구해 오게 해서 세간의 조롱거리가 되었다.

거듭되는 중신들의 공세에도 불구하고 부경역관들의 거래 물품은 더 다양해졌다. 사간 윤인서는 역관들이 과거의 시제인 책문策文까지 북경에 가져가 팔고 있다며 이를 금하지 않으면 심각한 외교 분쟁에 휩싸일 것이라고 경고했다. 그중에는 '조선이 중국에 조공하는 것이 옳은 일인가' 라는 책문도 있어서 중신들은 명나라에서 문제 삼지 않을까 전전긍긍하기도 했다.

임진왜란 이후 명나라가 멸망하고 청나라가 등장하면서 역관들의 상거래가 더 활발해지자 양반 사대부들의 시선도 더 일그러졌다. 오랑캐에게 고개 숙여야 하는 심사도 사나운데 청나라를 오가며 갑부가 된 역관들의 면면이 더 역겨웠던 셈이다. 이 때문에 그들은 역관을 '역상譯商' 이라 칭하며 공개적으로 멸시했다.

숙종 대의 교리 이관명은 '사신들이 연행하는 역상들에게 좌지우지되고 있다.' 며 비판했고, 공식 문서인《비변사등록》정조 8년 3월조에서도 '역관배들이 말하는 언어는 상인들이 매매할 때 쓰는 용어뿐이다.' 라는 말로 역관들을 비난했다. 양반들의 중인 역관에 대한 멸시 의식은 북학파에게도 전염되어 박제가가 '역관이라는 직책은 역관배들이 번갈아 가며 장사를 해 먹기 위해 만들어진 것이다.' 라는 극언을 내뱉는 지경에 이르렀다.

그러나 역관들이 무역을 통해 들여온 사치품을 원하는 주요 소비자는 왕실과 사대부 계층이었고, 일부 사치품은 정치자금으로 전용되어 여러 정파의 운영자금으로 쓰였다. 그러므로 사대부들이 역관을 공격하는 일은 자신들의 얼굴에 침을 뱉는 격이었다. 실제로 역관들은 사무역을 하면서 생긴 비리 때문이 아니라 신분에 어울리지 않는 건물을 짓거나 의례를 했을 때 처벌받았다. 기실 조선 양반들은 입으로는 역관을 깎아내리면서도 그들이 가져다준 물건으로 호사를 누린 셈이다.

역관들의 무역특권

전통적인 조공책봉 체제 속에 있던 청나라와 조선은 공무역에서 명나라 때처럼 사행무역과 개시를 통한 변경교역을 유지했다. 양국 경제 교류의 핵심이던 사행무역은 공무역 · 사무역 · 밀무역 형태로 이루어졌다. 공무역은 조공과 회사, 사무역은 사행원역의 팔포무역과 상의원·내의원과 각급 관아의 필수품 구입, 밀무역은 잠상들의 불법적인 상거래를 말한다. 이 가운데 조선 역관들의 호주머니를 불려 준 사무역은 크게 책문후시·여마교역·회동관무역·단련사후시 등 네 가지 방식으로 진행되었다.

책문후시柵門後市는 조선 사행단이 입경할 때 책문에서 벌이는 상거래 행위로 연복무역延卜貿易이라고도 한다. 중국의 세관 역할을 한 책문柵門은 청인과 조선인의 범월犯越을 막기 위한 나무울타리로 변문邊門, 혹은 가자문架子門이라 불렸는데, 압록강에서 북쪽으로 120리 떨어진 봉황성 5리 밖에 있었다.

조선의 사행단이 출발했다는 소식이 전해지면 중국 각처에서 상인들이 면화·삼베·모자 등 특산물을 싣고 책문으로 몰려들었다. 그들은 가져간 물건으로 역관·만상灣商(의주상인)·송상松商(개성상인)들이 가져온 은, 인삼과 교환해 막대한 이문을 취했다. 역관들은 이때 구입한 중국 상품을 왜관을 통해 곧바로 일본으로 수출해 짭짤한 중개 수익을 얻었다.

동북아 교역의 황금시장이던 책문교역의 이면에는 중국 상인들과 조선의 역관, 사상들의 농간이 큰 영향을 끼쳤다. 당시 책문까지 물품을 운송하는 일은 요동의 운송업자 요봉차호遼鳳車戶 12인으로 구성된 난두배欄頭輩들이 독점했다. 한데 난두배들은 사행단이 귀국할 때 사상들과 결탁해 복물卜物 운반을 지체하는 방법으로 사신단이 먼저 책문을 통과하도록 유도해 교묘하게 규찰을 피한 다음 자유로운 교역을 시도했다.

여마교역餘馬交易이란 역관들이 예비용으로 가져간 여마餘馬에 규정 외의 물품을 실어 나른 다음 책문후시에서 팔아치우던 불법 상거래였다. 회동관무역은 말 그대로 연행단이 묵던 북경의 회동관에서 역관과 중국 상인 사이에 이루어진 상거래였다. 청조의 관할 관청인 아문亞門에서는 상인들의 회동관 출입을 엄금했지만 조선 역관들이 가져온 인삼과 화은을 찾는 사람들이 많았으므로 잘 지켜지지 않았다.

단련사후시團練使後市에서도 엄청난 규모로 물품이 거래되었다. 심양팔포瀋陽八包라 불리기도 한 이 무역 형태는 청나라 사신의 접대를 맡은 의주·평안감영·평안병영·황해감영·개성부 등 다섯 관부의 재정 마련책으로 묵인되었다. 단련사란 사신 일행을 영접하기 위해 책문을 넘어온 무역별장貿易別將들의 별칭이었다. 대부분 소속 관무의 무역을 대행하는 사상이던 이들은 사행단 마중을 구실로 요양과 심양에 많은 물품을 가져가 큰 이문을 남겼다.

외교실무자인 조선의 역관들이 연행무역을 통해 거부가 될 수 있던 것은 팔포제·공용은·포삼제 등의 무역 특권이 주어졌기 때문이다. 여기에는 조선의 빈약한 국가재정도 배경으로 작용했다. 연행단 수행원 가운데 다수를 차지한 역관들의 경비 지출이 부담스럽던 조정에서는 초기에 팔포제八包制를 통해 역관들의 불법 상행위를 묵인했다. 팔포제란 역관 1인당 인삼 여덟 포를 가져가 중국에서 팔아 경비를 자체 조달하게 만든 제도였다. 시행 초기에는 인삼 열 근을 여덟 포로 나누었지만 인조 대부터 인삼 80근을 여덟 포로 나누게 함으로써 역관들은 공식적으로 밀무역 자금을 마련할 수 있었다.

기실 조선의 특산품으로만 알려진 인삼은 요동에서도 많이 생산되었다. 일찍이 후금을 건국한 누르하치는 요동에서 가장 규모가 큰 인삼 상인이기도 했다. 이 때문에 청나라는 중원 정복 이후 조선이 조공하는 품목에서 인삼을 제외했을 뿐만 아니라 주요 산지인 압록강과 백두산 일대에 민간인 출입을 통제하기도 했다. 그러나 만주의 야생삼은 공급량에 한계가 있었으므로 일찍부터 인삼을 재배하고 보관하는 기술을 보유한 조선의 인삼 패권은 철옹성과 같았다.

17~18세기경 중국과 일본에서 조선 인삼의 인기는 하늘을 찔렀다. 특히 중국에서는 아편중독자들이 해독제로 쓸 만큼 효능을 인정받아 시장에 내놓기만 하면 날개 돋친 듯이 팔려 나갔다. 1798년(정조 22) 10월 사은사의 서장관 서유문徐有聞이 쓴 《무오연행록》에 따르면 조선에서는 인삼 1근당 은 100냥인데 북경에 가면 1근당 은 350냥에서 700냥까지 받을 수 있었다. 그 때문에 역관들의 인삼 밀매가 성행하자 1606년(선조 39) 11월 10일 선조는 의주부윤 한덕원에게 잠상과 역관들의 인삼 매매를 엄단하라는 전교를 내리기도 했다.

그 후 역관들은 일본에서 은이 대량으로 유입되자 허용된 인삼 여덟 포를 모조리 은으로 바꾸었다. 1678년(숙종 4) 상정가로 은 한 냥은 동전 400문, 쌀로는 10두였다. 그러므로 은 2000냥은 쌀 2만 두, 당시 쌀 한 석이 15두였으므로 약 1333석이다. 1682년(숙종 8) 당시 인삼 한 근당 가격이 은 25냥이었으므로 인삼 80근은 자그마치 은 2000냥이었다. 게다가 당상역관은 은 1000냥을 더 가져갈 수 있었다. 사행에 참여하는 당상, 당하역관을 20여 명으로 계산하면 그들이 가져가는 은화는 무려 4만 냥을 상회했다. 역관들은 그처럼 막대한 자금으로 북경에서 비단이나 골동품, 책자 등을 구입해 조선 양반가에 풀었다.

1541년(중종 36) 5월 15일, 사간원에서는 요동의 부유한 상인들이 남경의 물건을 가져와 조선의 화은花銀과 바꾸는 바람에 물건 값이 치솟고 있다면서, 역관이나 단련사 행차에 은을 가져가지 못하게 하라고 요구했다. 역관들이 조선의 각 관아에서 비상용으로 비축한 불우비은不虞備銀을 이용해 각종 물품을 수입해 주고 이문을 챙겼기 때문이다.

당시 정기적으로 중국 물품을 사용한 관아는 상의원·내의원과 호조, 훈련도감·어영청·금위영·총융청·수어청 등 군문이 대표적이었다. 상의원은 궁중에서 쓸 비단과 각종 사치품, 내의원은 우황 등 각종 약재, 호조는 필단과 모자, 상아, 주조용 동 원료가 필요했다. 군부에서는 군복과 깃발 장식을 위한 견직물과 병기와 동전 주조 원료를 들여왔다. 팔포무역의 범주에 포함되지 않던 이 별포무역別包貿易을 통해 역관들의 주머니는 더욱 풍성해졌다.

그 과정에서 웃음거리도 많았다. 역관 정화는 중종 때의 명신 정광필의 서자였는데 한어에 능통해서 13성의 방언까지도 유창하게 구사했으며 시문에 밝았다. 하지만 그는 장사에는 젬병이었는지 동료 역관들이 공금을 빌려 은으로 바꿔 갈 때 나라에서 금하는 물건이라며 홀로 인삼으로 바꿔 갔다. 하지만 못된 상인이 질경이를 인삼으로 속여 내주는 바람에 그는 북경에 가서 망신을 당했고 귀국 후에는 관청에 빚을 갚지 못해 집에도 돌아가지 못한 채 평안도 선천에서 거지처럼 살아야 했다.

그 외에도 역관들은 청나라 조정에서 회사 형식으로 지급하는 예단禮單과 조선 조정에서 사행 정사에게 경비로 내준 공용은公用銀을 이용해 장사를 했다. 《만기요람》 〈재용편〉에 따르면 조정에서는 사행에 참여한 정사에게은 6000냥, 별사에게 은 4500냥, 심양사에게 3000냥을 공용은으로 지급했다. 그 외의 비용은 역관들이 무역을 통해 충당했으므로 그들에게 대출이나 무역을 금지할 수는 없었다. 어쨌든 역관들이 한번 북경에 다녀오면 수만금의 수익이 생겼으므로 관리들은 관아에 비축된 은을 빌려 주고 이자를 받아 챙겼다.

기록에 따르면 1679년(숙종 5) 부연역관들이 어영청에 있는 은화 수천 냥을 대출했고, 1686년(숙종 12)에도 평안도에 둔 군량 창고인 관향고에 비축된 은화를 대출해 무역 자금으로 삼았다. 대출한 공용은은 무역 자금 외에도 사행로의 관문을 지키는 청나라 관리와 마중 나온 청나라 역관들의 뇌물로 활용되었고 각종 정보 입수 비용으로 전용되었다. 한데 공용은을 빌려간 역관이 죽거나 집안이 몰락해서 갚지 못하는 상황도 종종 벌어졌다.

> 모리하는 대상과 연경에 가는 역관들이 더러는 무역을 핑계하고 더러는 노자를 핑계하면서 호조·병조·사복시 및 각 군문의 은화를 다수 꾸어 가는데, 귀국한 다음에는 즉시 상환하지 않고 물건으로 바치려 하거나, 심하면 땅과 집으로 상환하기를 청하고 있는 실정입니다. 대개 물건은 본자本資를 잃어버리고 땅이나 집은 허물어지게 마련입니다. 이제부터는 상인이나 역관들의 대출을 엄금하고, 부득이하게 대출하게 되면 절대로 다른 것으로 대납하지 못하게 하십시오.

1691년(숙종 17) 7월 5일, 좌의정 목내선의 건의에 따라 숙종은 역관들에 대한 은화 대여를 금지했다. 그러자 궁지에 빠진 역관들은 공용은이 없으면 사신들의 외교 활동에 막대한 타격을 입을 뿐만 아니라 서책을 구입할 자금을 융통할 길이 없다며 강력히 항의했다. 이런 문제를 해결할 방책이 전무했던 조정에서는 울며 겨자 먹기로 1697년(숙종 23)부터 관아의 공용은 대여를 양성화했다. 그로 인해 역관들은 안정된 무역 자금 확보에 성공했지만 갑작스런 국제 정세의 변화에 대응하지 못하고 위기에 빠진다.

1687년 청나라는 일본과 국교를 수립하고 나가사키에 중국인 상관인 도진야시키를 설치했다. 조선의 왜관이나 일본의 데지마 상관처럼 대일본 직교역의 교두보를 마련한 것이다. 그때부터 왜관을 통해 건너가던 중국의 비단과 원사가 선편으로 일본에 직수출되었다. 그 때문에 일본 상인들의 왜관 출입이 뜸해지자 조선 내에 왜은이 격감하면서 역관들은 큰 타격을 입었다.

졸지에 중개무역의 이점을 잃어버린 역관들은 공용은을 대출해 급한 불을 껐지만, 그마저도 조정의 규제가 이어지자 아예 무역업을 포기하는 지경에 이르렀다. 1707년(숙종 33) 숙종이 그 동안 불법이던 책문후시를 공인해 사상들의 자유무역을 허용하자 역관들의 신세는 더욱 처량해졌다.

숙종 대에는 역관들에 대한 은화 대출 금지와 허용이 수시로 반복되었다. 서인과 남인의 정권 다툼이 치열하던 그 시기에 역관들의 재산은 종종 정치자금으로 쓰였다. 그 때문에 역관 장현이 경신환국 당시 남인과 가깝다는 이유로 유배형을 당했고, 갑술환국 때는 서인들이 역관들의 은을 이용해 거사를 도모했다가 남인의 사찰망에 걸리기도 했다. 그 후 서인들의 독무대가 된 영조 대에 이르면 역관들은 무역 특권을 완전히 상실하게 된다. 1727년(영조 3) 10월 24일 영의정 이광좌는 영조를 배알한 자리에서 시중에 은 부족이 심각하기 때문에 역관에게 은을 빌려 주지 말라고 청했다.

서울과 지방의 은화가 탕갈된 이유는 오직 연경으로 가는 사행 때문입니다. 상인들과 역관 무리가 은화를 가져가 제멋대로 밀무역을 하는 탓에 귀국 길에 잇닿은 복마卜馬가 1천 필에 이르는데, 청나라 조정에서는 이들에게 세금을 거두는 재미로 금하지 않고 있습니다. 이와 같은 폐단을 없애려면 마땅히 관부에서 공용은을 대출하지 못하게 해야 합니다.

그 결과 공용은 대출과 유통은 완전히 금지되었고, 엎친 데 덮친 격으로 청일 중계무역의 대표상품이던 비단과 원사 수입도 막혀 버렸다. 이처럼 무역 여건이 최악의 상황에 이르자 빚더미에 올라 생계 걱정을 해야 하는 역관도 속출했다. 정조가 중국 화폐를 사들여 국내에 유통시키는 등 응급조치를 취했지만 백약이 무효였다. 이미 책문후시를 장악한 의주상인과 개성상인 등 사상들의 손에 무역 상권이 좌지우지되고 있었기 때문이다.

공무역의 주역인 역관들의 불안한 상황은 국가 운영에 커다란 해악으로 작용했다. 당장 조정에서 필요한 물품을 구입하거나 무기류를 밀반입하는 일이 벽에 부딪힌 것이다. 그리하여 재배삼을 가공한 홍삼 무역이 대안으로 떠올랐다. 18세기 후반에는 한반도 전역에서 인삼 재배가 성행하는 가운데 수삼을 쪄서 말리는 홍삼 제조 기술이 보급되었다. 자연산 인삼의 품귀현상을 농법상의 기술로 극복하고 나아가 대청무역에서 은을 대체할 수 있는 새로운 결제수단이 창출된 것이다.

1792년(정조 21) 조정에서는 〈삼포절목蔘包節目〉을 통해 역관들에게 은과 홍삼을 가져갈 수 있도록 하는 포삼제包蔘制를 실시했다. 이 제도는 기능상 이전의 팔포제와 별 차이가 없었지만 팔포에 채우는 인삼이 자연삼이 아닌 재배삼이었고, 쇠퇴하는 역관 무역을 지원하려는 목적으로 실시되었다.

포삼제는 초기에 커다란 성공을 거두었다. 인삼 수출이 활기를 띠면서 1840년경에는 거래되는 인삼이 4만 근까지 증가했고 정부에서 거둬들인 포삼세액만도 20만 냥에 이르렀다. 이 금액은 당시 곡식 한 석을 3냥 정도로 추산할 때 약 6만 6000여 석에 달하는 어마어마한 양이었다. 하지만 이미 자유무역을 통해 시장의 주도권을 장악한 의주상인과 개성상인들이 송도 등지에서 생산된 인삼을 대량 유통시켰고, 캐나다산 인삼에 이어 미국 인삼이 중국에 상륙했으며 일본에선 인삼을 국산화하는 등 악재가 겹치면서 포삼제의 효과도 깨끗이 사라져 버렸다.

동북아 첩보전의 핵심 요원

예나 지금이나 외교관에게 정보 수집은 필수 업무 중 하나다. 조선의 역관들도 마찬가지여서 각종 경로를 통해 해당 국가의 주요 정보를 입수했고 필요하다면 목숨을 건 모험도 서슴지 않았다. 조선 500년 역사를 살펴보면 중국이나 일본은 문화적으로나 상업적으로 긴밀한 관계였지만 언제 무력 충돌을 할지 모르는 가상적국이었다. 이 때문에 전시는 물론 평시에도 다양한 정보를 수집 분석해 유사시에 대비했다.

조선은 건국과 함께 명나라를 종주국으로 떠받들었지만 막후에서는 수많은 스파이를 보내 정보를 수집했다. 대륙의 경영 주체가 청으로 바뀐 뒤에도 마찬가지였다. 이에 맞서 중국은 조공 횟수를 조절하거나 사신 출입을 제한하는 방식으로 대응했다. 그들 역시 언제라도 상황이 뒤틀리면 서로 창끝을 겨눌 수 있다는 사실을 알았기 때문이다. 오늘날 혈맹으로 끈끈한 우의를 과시하고 있는 대한민국과 미국의 관계도 마찬가지다. 지금으로부터 10여 년 전 미 해군 무관이던 로버트 김이 2급 비밀 정도에 속하는 북한의 잠수함 정보를 대한민국 정보 당국에 제공했다가 스파이 혐의로 체포된 사건은 일종의 반면교사이기도 하다.

13세기 말부터 14세기 초까지 동아시아 국가들은 큰 변화를 겪었다. 대륙의 원명교체기, 조선의 건국, 일본의 남북조 통일이 대표적이다. 지배 계층이 송두리째 뒤바뀌는 상황에서 각국의 첩보전도 치열하게 전개되었다. 잠깐 당시의 한중 관계사를 되짚어 보자.

1368년(공민왕 17) 중원을 장악한 주원장은 2년 뒤인 1370년 4월 사신 설서를 조선에 파견해 명나라의 건국을 알리며 중화주의中華主義에 입각한 사대자소事大字小 관계를 요구했다. 상대적으로 국력이 취약한 고려가 이를 받아들이자 그해 5월 개경에 파견된 사신 서사호徐師昊는 회빈문 밖에 '명의 황제가 신하를 칭한 고려 임금을 고려 국왕에 책봉했으니 고려국의 산천은 명의 영토에 귀속된다' 라는 내용의 비석을 세워 고려인들을 분노케 했다. 당시 공민왕은 이성계에게 군사 1만 5000명을 주어 무주공산이 된 요동의 동녕부를 정벌했지만 나하추納哈出의 위협과 군량미 부족으로 점령을 포기하고 철수해야 했다.

1372년 명은 병력 15만 명으로 북원의 수도 카라코룸 정벌을 시도했다가 실패했다. 그해 11월 원나라의 요동태수 나하추는 명의 요동 공략 거점인 우가장을 공격해 5000명을 죽이고 군량 10만 석을 불태웠다. 이에 분개한 주원장은 요동의 북원 세력을 축출하기로 결심했지만 북원과 고려의 연합이 껄끄러웠다. 그 때문에 그는 고려 사신 장자온에게 북원과의 관계 단절을 종용하면서 말썽 많은 탐라의 고려 귀속을 허락하고 조공도 3년에 1회 정도면 충분하다고 구슬렸다. 그 후 나하추가 항복하면서 한시름 놓은 명나라는 요동에 정요중위 · 정요좌위 · 정요우위를 설치해 자국의 영토임을 과시했다. 그런 다음 1379년(우왕 5)부터 1382년(우왕 8)까지 고려 사신의 요동

출입 자체를 아예 금지해 버렸다.

1387년 9월, 남옥에게 북원 정벌을 명한 주원장은 이듬해인 1388년에는 고려에 단교를 선언하고 철령 이북 땅을 자국의 영토라고 주장했다. 이어서 명나라는 사신 장자온을 억류하는가 하면 뒤이어 파견된 장방평 · 정몽주 · 조임 등 조선 사신의 입경을 불허하는 등 적대적인 태도를 취했다. 이에 반발한 우왕은 1388년 4월 19일 급거 요동정벌군을 출병시켰다.

갑작스런 고려의 군사행동에 주원장은 크게 당황했다. 당시 북원 정벌에 나선 남옥이 호어아 해에서 토구스 테무르 부대를 격파하는 등 연승을 거두었지만 오랜 원정의 피로가 쌓여 요동으로의 이동은 불가능했다. 그때 고려 첩자들은 요동성이 텅 비어 있으므로 대군이 이르면 싸우지 않고도 항복을 받을 수 있다고 보고했다. 하지만 정벌군을 이끌던 이성계는 이른바 4불가론을 내세우며 위화도 회군을 감행한 뒤 개경에서 일전을 벌여 우왕과 최영 일파를 축출했다.

1393년 2월 친명사대주의를 표방하는 조선이 개국했는데도 명나라는 표전 문제 등 다양한 시빗거리를 만들어 조선 조정을 압박했다. 그런 양국의 긴장 관계는 요동정벌을 재추진하던 정도전이 숙청되고 이방원이 실권을 쥐면서 종식되었다. 그때부터 양국의 관계는 매끄럽게 이어졌지만 첩보조직은 여전히 가동되었다. 세종 대의 과학기술 프로젝트나 역법 개발이 당시 조선 자체의 수준으로는 불가능했다는 점은 되새겨볼 필요가 있다.

조선의 위정자들은 첩자를 통해 대륙의 천재지변이나 황실의 권력 다툼, 지방 반란 세력들에 대한 동향은 물론 과학기술과 상업 정보 등을 수집해 대외 정책 수립과 내치의 자료로 삼았다. 그 와중에도 명나라와 일본의 대조선 첩보 활동을 방해하기 위한 보안 조치는 빠뜨리지 않았다. 일례로 중종 때 특진관 신광한은 명나라의 요동진무 강진이 칙사도 아니면서 한양에 온 일이 의심스럽다면서 변경의 장수들로 하여금 그들을 막게 하라고 주청했다. 그는 또 한양에 올라온 일본인들에게 화포를 비롯한 군사 무기 정보를 누설해서는 안 된다며 다음과 같이 간했다.

> 예로부터 적국이라도 많은 뇌물을 주면 아무리 비밀스런 군기라도 알지 못하는 일이 없습니다. 석류황 같은 물건은 곧 왜인의 땅에서 생산되는 것이지만, 화약을 만드는 법 같은 경우 저들이 우리나라 사람들에게 몰래 익혀갈 수 있으므로 조심해야 합니다.

하지만 중종은 역관을 보내 요동대인에게 차인을 의주까지만 보내라고 알렸으니 변장에게 따로 명하지 않아도 될 것이며, 무식한 왜인들은 화포를 구경하더라도 쉽게 배울 수 없을 것이라고 여유를 부렸다. 그와 같은 최고지도자의 오판은 몇십 년 뒤 조선 전역이 피바다가 되는 비극적인 결과로 되돌아왔다.

그 무렵 일본은 동래왜관의 일본인들, 나가사키를 출입하는 중국 선박과 네덜란드 선박 등을 통해 외국의 주요 정보를 수집하고 있었다. 특히 대조선 정보활동엔 왜관 내에서 서기관 역할을 맡고 있던 동향사東向寺 승려를 이용했다. 왜관의 관리책임자인 관수가 조선과 중국에 관련된 잡다한 정보를 모으면 쓰시마번에에서 중요 정보를 선별해 막부로 보냈다. 일본 국회에 소장되어 있는 《양국왕복서등兩國往復書謄》에 따르면 그들은 당시 조선 조정에서 나오는 공문서의 내용, 문자, 체재 등을 일일이 체크했으며, 본국의 가로, 관수, 재판, 대관 혹은 정례, 임시 등 사신들이 조선 측과 주고받은 사문서의 종류까지도 철저하게 분석했다.

1627년 후금의 조선 침공, 1644년 이자성의 북경 함락과 청군 입성, 1673~1681년까지 중국 남부를 뒤흔든 삼번의 난 동향, 1851년 태평천국의 난 등 동아시아 세력 재편과 관련된 정보가 그와 같은 방식으로 일본에 전해졌다. 특히 막부 말기에 중국에서 일어난 태평천국의 난 제1보는 일본 첩자가 북경에 머물고 있던 조선의 동지사에게서 빼낸 정보였다. 동아시아의 주역이던 한 · 중 · 일 삼국의 정보전은 치열했다.

> 근래 왜학역관들이 전혀 법을 두려워하지 않고 국가의 크고 작은 일을 모두 왜인에게 누설하기 때문에 왜인들이 우리의 허실을 알고 있으니 매우 통분한 노릇입니다. 전일에 아뢰었던 상관 · 도선주의 방직房直과 차임된 역관들은 객사를 호송하는 무리가 아니고 서울에 있는 자들입니다. 객사도 이미 떠났으니 그들을 금부에 내려 끝까지 추국해서 율에 따라 죄를 정하여 뒷사람을 징계하도록 하소서.

1553년(명종 8) 3월 2일, 사간원에서는 왜학역관들 때문에 조선의 고급 정보가 일본에 유출되고 있다며 대비책을 촉구했다. 당시 왜학역관 서수장이 차왜와 만나 사담을 나눈 정황이 포착되었기 때문이다. 세 차례에 걸친 심문 과정에서 어떤 기밀을 발설했는지는 밝혀지지 않았지만 처벌을 피할 수는 없었다. 공무 외의 접촉은 불법이었기 때문이다.

1592년(선조 25) 4월에 발발한 임진왜란 와중에 역관들의 정보 누설 행위가 엄하게 처벌되었다. 개전 초기 동래산성이 함락되고 신립의 정예군이 탄금대에서 대패하자 선조는 서울을 버리고 의주로 황급히 도망쳤다. 그해 8

월 명나라의 원군과 승군들이 합세해 평양성 수복 작전을 벌일 때 일본군 진영에서 왜학역관 김덕회가 부역하고 있다는 보고를 받은 선조는 도원수에게 그를 체포하라고 재촉했다. 왜관 등지에서 일본인들과 친분을 맺고 있던 일부 역관의 반역 행위가 있었음을 보여준다.

명나라와 일본의 화친 교섭이 이뤄지던 1596년(선조 29) 1월, 병부상서 석성의 차인이 부산의 일본군 주둔지를 다녀가자 역관 박의검은 명나라 조정의 대조선 정략을 자세히 탐지해 보고했다. 황제가 일본의 철수 약속이 지켜지지 않는 것에 분개하면서 사례감 장성을 면직하고 많은 관리를 처벌했다는 내용도 담겼다. 그로 인해 선조는 명일 양국의 화친 교섭이 제대로 이루어지지 않고 있다는 사실을 알고 가슴을 졸였다.

역관 박의검은 임진왜란 때 가장 활발하게 정보 수집을 한 인물이다. 그해 4월 14일 명나라 사신과 함께 일본 군영에 들어간 그는 부사인 양노야가 한밤중에 겁에 질려 해인사로 도망친 명나라 정사 일행을 다독여 칙서勅書와 금인金印을 수습했다는 소식을 전했다. 아울러 도요토미 히데요시가 중병을 앓고 있다는 특급 정보도 입수했다. 선조는 그해 6월 20일 일본으로 가는 명나라 사신단에 그를 밀어 넣어 일본군의 회군 절차를 정탐하게 했다. 선조는 전쟁이 막바지로 치닫던 1598년(선조 31) 7월 5일, 역관들에게 천금을 아끼지 말고 명군에서 사용하는 독약 제조법을 입수하라고 독려하기도 했다.

선조로부터 보위를 물려받은 광해군은 중원에서 명의 국세가 기울고 후금이 강성해지자 실리 외교를 통해 조선의 안전을 보장받으려 했다. 1618년(광해군 10) 윤 4월 19일 광해군은 역관 최흘에게 명군의 정벌 계획과 후금의 정세를 탐문하게 했다. 1622년(광해군 14) 5월 12일에는 역관 신덕해의 노비와 차비역관 이인린이 모화관 근처에서 조선인 정만호를 따라온 후금의 첩자를 생포했다. 후금의 적극적인 정탐 행위를 알게 된 광해군은 즉시 도성 안팎에 기찰을 강화했다.

그 무렵 전화로 소실된 대궐 중건을 추진하던 광해군은 일부 전각에 황궁에서나 쓰는 황기와를 얹으라고 명했다. 그러자 역관 방의남이 성절사를 따라 중국에 가서 남경에 있는 제와소에 위장 취업한 끝에 채색의 비밀을 알아냈다. 그러나 황기와의 색깔을 내는 석자황石雌黃이 국내에서 생산되지 않았고 보유량도 얼마 되지 않아 공사에 차질이 생겼다. 때마침 명나라의 요동도사가 조선의 수달피를 수입하려 하자 광해군은 이를 빌미로 역관 선득리宣得李를 광령으로 보내 석자황 100여 근을 구해 오게 했다. 얼마 후 서인들이 주도한 인조반정으로 광해군이 축출되면서 그 계획은 백지화되고 말았다.

광해군의 몰락과 함께 조선은 후금으로부터 정묘호란과 병자호란이라는 강력한 철퇴를 두 차례 얻어맞았다. 그 결과 국왕 인조는 청 태종 홍타이지에게 삼배구고두례라는 치욕적인 항복 의식을 치르고 오랑캐로 치부하던 청나라를 섬기면서 갖은 수탈에 시달려야 했다. 인조의 뒤를 이은 효종은 절치부심하며 은밀히 북벌을 추진했지만 청나라의 안정과 조선 내부의 정쟁, 기근이 겹치면서 도로徒勞에 그쳤다. 그 와중에도 1655년(효종 6) 조선의 반송사 허적은 청나라의 대통아역 김삼달로부터 복명 세력인 남명南明 정권의 전쟁 상황과 몽골에 관한 정보를 입수해 효종에게 보고하기도 했다.

17세기 중엽 조선의 화약 제조 기술은 구식이었고 유황 광산도 개발되지 못했다. 이 때문에 조선은 사행에 참여하는 역관이나 상인 등을 이용해 청나라와 일본에서 화약의 원료인 염초와 유황을 밀수입했다. 당시 화약의 품질은 전쟁의 승패를 좌우할 만큼 민감한 사안이었다. 조·청·일 삼국은 자국의 화약 정보를 철저히 은폐했고, 화약 재료의 국외 유출을 엄금했다. 민간인이 화약 제조 기술을 누설하거나 제품을 판매하다가 적발되면 최소한 사형이었다. 그런데도 조선의 역관들은 청나라와 일본으로부터 대량의 염초를 들여와 북벌정책을 뒷받침했다. 염초 밀수는 유황 광산이 개발된 1668년(현종 9) 무렵 단절되었지만, 그 과정에서 공을 세운 역관들은 당상관에 제수되거나 무역 특권을 얻어 명예와 부를 움켜쥐었다.

숙종이 즉위하면서 조선은 도체찰사부 창설, 대흥산성 수축 등 노골적으로 북벌정책을 펼쳤다. 과거 명이 멸망하는 데 결정적인 구실을 했던 평서왕 오삼계와 평남왕 상가희, 정남왕 경계무 등이 중국 남부에서 명조 부활을 부르짖으며 일으킨 삼번의 난에 자극받은 결과였다.

그 무렵 연경에서는 조선이 타이완에서 복명 운동을 벌이던 정금과 합세해 청을 공격할 것이라는 소문이 떠돌았다. 실제로 정금의 반란 세력은 청군과 교전 시 조선 복색의 군사들을 출동시키는 등 위장 전술을 쓰기도 했다. 그러나 조선의 북벌 의지는 1681년(숙종 7) 11월 18일 표류인들을 청나라에 쇄환하고 귀국한 역관의 보고서 한 통으로 꺾이게 된다. 평안감사 유상운의 장계에 담긴 청나라 강희제의 거동과 중국 남부 반란 세력의 동향 보고였다.

청제가 해자 · 기주 등지에 사냥하러 나갔다가 9월에야 북경으로 돌아왔습니다. 체포된 정남왕 경정충의 조치는 아직 윤허가 내리지 않았습니다. 오삼계의 손자 오세번은 국호를 대주大周, 연호를 홍화弘化로 선포했지만 청군에게 대패한 뒤 운남의 한 성省으로 도주했습니다. 현재 청군이 세 겹으로 포위하고 있는데 공을 세우려는 장수들이 앞을 다투고 있습니다. 오세번의 장수 마보는 북경으로 잡혀가 살해당했고, 왕보신은 그의 대장 도해가 경사에 오자 독약을 마시고 자살했습니다.

중국의 내정이 안정되는 기미를 보이자 청이 조선의 북벌정책을 추궁할까 두려워한 숙종은 불시에 경신환국을 단행해 허적과 윤휴 등 남인 세력을 속죄양으로 삼았다. 역관이 가져온 중원의 정보가 국내 정세에 일대 회오리바람을 몰고 온 것이다. 당시 역관들은 중국뿐만 아니라 일본의 동향까지도 면밀하게 관찰하고 있었다.

1704년(숙종 29) 5월 16일, 동래부사 이야李野는 역관 한후원이 수집한 정보를 바탕으로 일본의 정세를 보고했다. 그해 2월 20일경 삼하묘태수三河妙太守 중부重官를 비롯한 세 사람이 관백의 명으로 에도에서 군사 2만여 명을 이끌고 서해도 근처에 갔는데, 알고 보니 정월 무렵 나가사키 근처에 당선 열두 척이 정박했기 때문이라는 보고였다. 숙종이 빈청에 중신들을 불러 그 일을 의논하자 우의정 신완은 일본의 지형에 정통한 어영대장 윤취상의 말을 빌려 이렇게 말했다.

나가사키와 이키一崎는 매우 가깝고 중국의 물화가 모두 여기에 몰려드니 왜인들이 정금과 혼인을 맺고 평소 자주 왕래한다고 합니다. 지난번에 강소와 절강이 해구에게 함락되었다는 소식을 들었는데, 왜인들이 혹시 그들과 밀통하고 있는지도 모르겠습니다.

명나라가 멸망한 뒤 타이완에 웅거하며 청조에 반기를 들던 해적왕 정성공의 후예들이 왜구와 결탁해 조선을 노리고 있다는 뜻이었다. 그러자 숙종은 병조판서 이유에게 명해 연근해의 방비를 강화하게 했다. 그로부터 몇 달 뒤 동래부에서는 역관들이 왜관에서 입수한 앞 사건에 대한 결말을 보고했다.

당시 당선을 몰고 온 중국 상인들이 통교를 요구하며 나사사키에 머물자 관백은 태수 세 명을 파견해 자꾸 번거롭게 하면 모조리 도륙하겠다고 협박했다. 그해 4월 18일 태수들이 병력을 이끌고 가서 그 말을 전하자 중국 상인은 절강의 관리로부터 부탁받은 내용이라며 완강히 버티다가 가져온 물건을 모두 팔고서야 돌아갔다. 그러자 태수들은 4월 27일 현지에서 철수했다.

일본이 왜관을 통해 조선과 중국의 정보를 취합한 것처럼 조선의 역관들도 그곳에서 일본군의 동향을 수집했다. 한편 문위행에 참여하는 역관들도 첩보 활동을 쉬지 않았다. 1705년(숙종 31) 문위행으로 쓰시마에 들어간 역관 홍희남과 김근행은 이듬해 7월 귀국한 뒤 일본 동북부 지방에서 일어난 천재지변의 진상을 자세히 보고했다.

> 계미년 11월 21일 축시丑時에 일본 동해도 15주 안의 무장武藏 · 갑비甲斐 · 상모相謨 · 안방安房 · 상총上總 · 하총下總 등 6주에 한꺼번에 지진이 일어났습니다. 그중 강호 무장주武藏州의 관백이 거주하는 지역 및 상모주相謨州 소전원小田原의 지역의 피해가 극심해서 땅의 갈라진 너비가 한 자도 넘고 그 깊이는 측량할 수 없었으며 깔려서 죽거나 빠져서 죽은 자는 헤아릴 수 없었습니다. 가옥이 기울어지고 뒤엎어지면서 불이 났는데 집집마다 총에 재워둔 화약이 터져 불이 원근에 일제히 번졌습니다. 남녀노소가 제각기 살려고 도망하며 길을 다투다가 서로 죽이기도 했고, 강호에서부터 빠져 죽었거나 불에 타서

죽은 자들이 27만 3000여 명에 이릅니다.

이와 같은 사건은 요즘이라면 정보 축에도 끼지 않겠지만 옛날에는 국운을 좌우할 정도의 기밀사항이었다. 만일 인접 국가와 군사적 충돌을 빚고 있는 상황이라면 보안을 더 요해야 하는 사항이기도 하다. 일례로 냉전 시기이던 1970년대 말 중국에서 일어난 탕산대지진 같은 경우에는 철저한 정보 차단으로 주변 국가에서는 풍문으로만 인지했을 정도다.

조선이 국제 정세를 판단하는 데 역관들의 첩보 활동이 얼마나 크게 영향을 미쳤는지 미루어 짐작할 수 있다. 이와 같은 역관들의 능력은 18세기 후반 서세동점 시기에도 국가 안보에 요긴하게 활용되었다. 일례로 병인양요가 발생했을 때 역관 오경석이 평소 친분이 있던 중국인 관리들을 동원해 프랑스 군의 주요 정보를 입수함으로써 조선 정부가 효과적으로 대응할 수 있게 했다.

임군례任君禮 | 말 다루는 역관, 말로 패가망신하다

조선은 창건 이래 두 차례에 걸친 왕자의 난을 통해 태종 이방원이라는 걸출한 스타를 역사 무대 위에 올렸다. 고려 말 북방의 무관 출신으로 문신들의 외면을 받던 이성계 가문에서 이방원은 처음으로 문과에 급제한 기린아였다. 그는 뛰어난 정세 판단과 과단성을 바탕으로 역성혁명의 걸림돌이던 정몽주를 척살했을 뿐만 아니라 개국 이후 명나라와 불화를 빚으면서 요동 정벌을 준비하던 정도전과 남은 등 개국공신들을 제압하고 권력을 틀어쥐었다. 당시 그는 정도전 일파가 자신을 적대시하며 사병을 철폐하자 불시에 습격을 감행해 쿠데타를 성공시켰고, 이어서 이복동생 방번과 방석까지 죽여 늙은 호랑이 태조를 절망케 했다.

그 후 태종은 영안대군에게 잠시 맡겨둔 권좌를 되찾자마자 불안한 신생 국가 조선의 연착륙을 시도하면서 왕권에 걸림돌이 되는 세력을 가차 없이 제거해 나갔다. 그 대상에 공신이나 심복, 인척의 구분은 없었다. 처남 민무질 · 민무구 형제가 세자의 후견인으로 행세하자 그 일족인 여흥 민씨 가문을 멸문시키고 장모를 관비로 만든 일은 약과였다. 성정이 호방하던 세자가 방탕한 생활을 일삼자 과감히 그를 폐위하고 학구파였던 셋째 충령대군 이도에게 세자위를 건네주었을 뿐만 아니라 서둘러 옥좌를 내주고 국왕 실습까지 시켰다. 태종은 상왕으로 물러난 뒤에도 군권을 쥐고 정사를 배후 조종했는데, 국구인 영의정부사 심온이 세력을 키우는 기미가 보이자 망설임 없이 그를 제거해 세종 부부에게 통한을 심어주기도 했다.

태종의 무자비한 숙청 과정에서 개국공신의 후예인 역관 임군례가 입을 잘못 놀렸다가 패가망신 당하는 일이 있었다. 임군례는 국제 정세에 정통한 역관으로서 태종의 총애를 받았지만 얼떨결에 역린을 건드렸다가 죽임을 당했다. 임군례 사건은 그가 국초에 권력의 중심부에서 활동했으며, 설화를 입은 최초의 역관이라는 점에서 충분히 주목받을 만한 가치가 있다.

임군례의 아버지 임언충은 본래 한족으로 이성계의 역성혁명에 동조해 개국공신이 된 인물이다. 아버지의 후광을 이어받은 임군례는 충의위忠義衛에 소속되어 명나라 사행에 수차례 동참하면서 큰 재산을 모았다. 하지만 그는 늘 권력 주변에서 어슬렁거렸을 뿐만 아니라 여항에 모리배들을 이끌고 다니며 자신을 과시했다. 한양 사람들은 그를 일컬어 '오방저미五方猪尾', 곧 '돼지처럼 꼬리를 흔들면서 아부하는 인간'이라며 비웃었다.

세종 즉위 초기에 충호위忠扈衛의 제거提擧가 된 임군례는 관청에 소속된 목수를 사사로이 불러 집을 수리했고 관비를 횡령하기까지 했다. 이징을 통해 그의 비리 사실을 알게 된 상왕 태종은 공신의 자손이라는 이유로 현직에서 파직하고 행대호군行大護軍으로 내려앉히는 선에서 사태를 무마했다. 그런데 임군례는 이징의 모함 때문에 자신이 부당한 대우를 받았다면서 상소문을 통해 복직을 청했다. 그가 쓴 글귀 가운데 '이징의 참소' 라는 대목이 태종의 비위를 상하게 했다.

> 참소라는 말은 이간 붙인다는 말인데, 그렇다면 내가 이간 붙인다는 말에 속아 넘어갔다는 것이냐. 참으로 괘씸하다. 당장 임군례를 잡아들여 국문하라.

상왕의 서슬 퍼런 호령이 떨어지자 의금부에서 곧 임군례를 체포해 심문했는데 그가 글을 잘 쓰지 못한다는 사실이 드러났다. 그러자 태종은 그의 주변에 반드시 글을 잘 아는 인물이 있을 것이라며 배후를 캐라고 명했다. 결국 가혹한 국문에 견디다 못한 임군례는 문관 정안지가 상소문을 올리라고 자신을 부추겼고 글도 그가 도맡아 썼다고 자백했다.

그 소식을 전해 듣고 정안지는 급히 도피했다가 형 정안도와 장모, 처자까지 의금부에 잡혀 들어가자 금세 자수했다. 국청에 끌려온 그는 상소문을 자신이 쓴 것은 맞지만 임군례가 작성한 글의 초본을 약간 다듬어 주었을 뿐이라고 변명했다. 그런데 대질심문 과정에서 임군례가 계속 자신에게 욕설을 퍼붓자 분개한 정안지는 충격적인 사실을 털어놓았다.

> 군례가 상서를 올릴 때 상호군이라고만 쓰고 행行자를 안 썼더니 새 종이를 가져와 고쳐 쓰게 하면서 '나는 공신의 아들로서 두 나라에 통하여 공이 큰데 오히려 상호군을 빼앗고 겨우 행직을 제수하니 이따위 임금이 무슨 대체를 안다고 할 수 있겠는가. 상왕이 무시로 놀러 다니니 신우辛禑가 호곶壺串에 가서 놀며 즐겨하던 일과 다를 것이 무엇인가.'라고 떠들었습니다. 내가 '상왕이 환후가 있어 전위한 것을 병부나 예부에서 아는가?'라고 물으니 그는 '황엄이 이미 알았는데, 병부나 예부에서 어찌 모르겠는가. 병이라 칭탁하고 왕위를 전위한 것을 황제가 만약 안다면, 충혜왕의 뒤집힌 전철이 있을 것이다.' 했습니다. 그때 곁에 있던 군례의 아들 맹손이 손으로 옷깃을 끌어당기며 말렸습니다. 잠시 후 내가 나가려 하자 그는 옷을 끌어당기며 자신의 말을 누설하지 않겠다는 맹세를 하게 했습니다.

그 말에 노기충천한 태종은 즉시 삼성三省과 호조판서 이지강, 좌대언 정초에게 명해 더 극심하게 고문을 가하도록 했다. 혹형을 견디지 못한 임군례는 자신의 말을 시인했고 증인으로 끌려나온 아들 임맹손도 정안지의 고변이 사실이라고 자백했다. 당사자와 아들이 혐의를 시인하자 옥사는 서둘러 종결되었다. 그 사실이 알려지면서 평소 임군례와 절친하던 도총제 이담, 첨총제 심보, 상호군 권천 등은 자신들이 자칫 역모에 연루될까 봐 전전긍긍했다.

1421년(세종 3) 2월 18일, 임군례는 대역부도 혐의로 저자거리에서 백관들이 지켜보는 가운데 다섯 수레로 찢어 죽이는 환형에 처해졌다. 그의 살은 사방에 조리돌려졌고 가산은 적몰되었으며 처자는 졸지에 노비 신세가 되었다. 그달 22일에는 정안지가 참형에 처해졌다.

이때 종범에 불과한 정안지가 중형을 받은 것은 임군례와의 대질심문에서 그의 말에 "상왕이 후궁을 위해 동서에 이궁을 두어 자주 놀러 거둥하고, 또 그 족친들은 모두 현직顯職에 임명했지만 공신의 아들은 가볍게 여겨 행직行職에 제수했다."라고 맞장구를 친 사실이 밝혀졌기 때문이다. 그는 과거에 정사 이지숭, 부사 윤목을 따라 명나라에 다녀온 적이 있는데, 당시 윤목의 부도한 말을 숨겼다는 이유로 사형을 언도받았다가 간신히 살아난 적이 있었다. 하지만 이번에는 임군례와 어울렸다가 명줄이 끊어졌다.

한편 이 사건은 햇병아리 국왕 세종이 위민군주로 자리매김하는 계기가 되었다. 당시 상왕 태종의 그늘 아래 무기력하던 세종에게 집의 심도원이 나아가 임군례의 아들 임맹손을 처단하라고 요청했다. 그러자 세종은 낯을 찌푸리며 그를 힐난했다.

> 네 말은 틀렸다. 군신지의도 중요하지만 부자지은과는 비교할 수 없다. 어찌 군신 간의 의리 때문에 부자간 은의를 폐할 수 있겠느냐. 맹손이 군례의 옷을

잡고 난언을 만류했으니 이는 효성임에 분명하다. 어찌 그런 아들에게 벌을 줄 수 있겠느냐.

잠시 후 심도원이 밖으로 나가자 세종은 곁에 있던 신료들에게 이렇게 말했다.

심도원은 법리法吏다. 임맹손이 죄가 있다는 것만 알고 아비를 사랑하는 효심에 대해서는 생각하지 않으니, 어찌 법을 안다고 할 수 있겠는가.

임군례는 개국 이후 명나라와의 중요한 외교 실무를 충실하게 이행한 일급 역관이었다. 1404년(태종 4) 사재소감司宰少監으로 복무할 때 조공으로 소 1000마리를 요동에 호송했고, 1408년(태종 8)에도 말 300필을 호송하는 등 중국에 수차례 드나들며 명나라 조정의 동태와 변경의 상황을 정확하게 보고했다.

1411년(태종 11) 6월, 서북면 지역에 기근이 발생했을 때의 일이다. 서북면 관찰사와 내자 윤內資尹 김질이 각각 상황이 심하지 않다고 보고했다. 그때 마침 북경에서 돌아온 임군례는 귀국 도중 서북면을 지나는데 백성들이 굶주려 농사일도 제대로 하지 못하고 가뭄이 심해 초목이 말라붙어 있더라는 전혀 다른 소식을 전했다. 깜짝 놀란 태종이 즉시 현지에 사복정司僕正 홍리를 보내 진휼하게 한 다음 이렇게 탄식했다.

전날에 보냈던 사람들이 모두 나를 속였구나. 국가에서 곡식을 저장해 두는 것은 변방의 난리를 막고, 백성들의 굶주림을 구제하기 위함이다. 다행히 지금 외구도 없으니 내 어찌 뒷날의 변란만 염려하여 눈앞의 궁민窮民을 보고만 있을 수 있겠는가? 마땅히 창고를 열어 4천 석을 내어다가 급히 구제하도록 하고, 만일 넉넉지 못하거든 임의로 더 내어다가 한 사람도 주려 죽는 사람이 없게 하여 백성들을 불쌍히 여기는 내 뜻에 부응토록 하라.

이색 영정
보물 제1215호, 국립중앙박물관 소장

태종이 임군례의 정확한 보고를 바탕으로 다양한 민심 수습책을 시행한 셈이다. 하지만 그는 당시 조선 왕실이 다루기 껄끄러운 문서를 들여와 큰 물의를 일으켰다. 그것은 바로 명나라 국자조교國子助教 진연陳璉이 제작한 고려조의 충신 목은 이색의 〈비명碑銘〉이었다. 임군례는 문서를 태복소경太僕少卿 축맹헌祝孟獻으로부터 건네받았다고 했다.

1396년(태조 5) 명유 이색이 세상을 떠나자 제자인 권근이 행장行狀을 지었고 하륜이 비명을 지었다. 한데 두 글 속에 포함된 '이색은 두 임금을 섬기지 않았다.' 는 내용이 논란의 대상이 되었다. 이색의 행장과 비명은 이색의 아들 이종덕의 사위인 대언 유기가 축맹헌과 친했기 때문에 그가 사신으로 들어왔을 때 선물한 것이다.

이 뒤로는 틈이 생길 일은 하지 말라.

이 사안에 대한 태종의 조치는 매우 관대했다. 그는 임군례에게 태조가 위화도 회군을 감행했을 때 이색이 술을 보내 주며 환영했으며 두 임금을 섬기지 않았다고 말할 수 없다면서, 행장에 잘못된 내용이 적혀 있고 과거 고려 사신의 모함 때문에 양국 간에 틈이 벌어진 경우가 있으니 앞으로 각별히 조심하라고 주의를 준 것이다.

태종이 지적한 고려 사신의 모함이란 고려 말 윤이尹彝와 이초李初가 명나라에 가서 이성계의 아버지가 이인임인데 네 명의 왕을 죽이고 정권을 빼앗았다고 보고한 일을 가리킨다. 태종이 임군례에게 온정을 베풀자 좌정승 성석린은 그를 처벌하라고 청했고, 사간원과 사헌부에서도 그의 보고가 10일 이상 늦어진 일을 빌미 삼아 정사인 이종선과 함께 처벌하라고 주청했다. 하지만 태종이 망설이는 기색을 보이자 그들은 이색의 비명에 담겨 있는 공양왕 때 태조의 행적을 물고 늘어졌다.

> 용사用事하는 자들이 공이 자기를 따르지 않는 것을 꺼려하여 장단으로 내쫓았다.
> 윤이와 이초를 상국에 보냈다고 거짓을 꾸며, 공 등 수십 명을 청주에 잡아 가두었는데, 당시 임금이 평소에 공이 다른 마음이 없었음을 알고 여러 차례 소환했으나, 용사하는 자의 꺼림을 받아 문득 배척을 당했다.
> 태조가 즉위했을 때 용사하는 자가 극형을 가하려 했으나, 태조께서 옛 친구라 하여 특별히 용서했다.

이처럼 이색의 비명에는 개국공신들을 비난하는 내용이 가득해서 상황이 흉흉했다. 그러자 태종은 신료들을 불러 모은 자리에서 임군례가 진연으로부터 받아온 비명과 권근이 지은 행장을 읽게 한 뒤 이렇게 말했다.

> 지금 이 글이 나온 지 오래되었는데 후세에 전하지 못하게 할 방법을 장차 어떻게 해야 될 것인지 물러가서 잘 생각해 보도록 하라. 또 윤이와 이초의 일은 사책史冊이 반드시 잘못되었을 것이다. 태조의 역사 기록이 이처럼 잘못되었다면 오늘날의 사기 또한 잘못되었을 것이다.

그때 남재가 행장과 비명 등을 아예 없애 버리자고 건의하자 태종은 하륜과 권근의 글 가운데 문제되는 부분만을 제거하라고 명했다. 그런데 사헌부에서 계속 임군례와 이종선의 고신告身을 거두고 국문하라고 상소했다. 마침내 대사헌 황희까지 동조하고 나서자 태종의 오른팔 하륜의 처지가 난감하게 되었다. 결국 왕명으로 가택연금 신세가 된 그는 비문에 쓰인 용사자란 조준과 정도전 무리를 일컫는 것이며, 그들이 태조의 명을 받들지 않고 고려조의 신하들을 주륙한 것은 사실이지만 이미 모두 처단되었으니 큰 무리가 없을 것이라고 항변했다.

> 이 모두가 태조께서 나라를 얻었기 때문에 생긴 일이다.

결국 태종은 이렇게 탄식하며 하륜의 연금을 풀어 주었고 이종선을 동래로 귀양 보냈으며 임군례를 파면하는 선에서 사태를 마무리했다. 임군례가 가져온 문서 한 장으로 세상을 떠난 권근은 물론이고 살아 있는 권력이던 하륜까지 고초를 당한 셈이다. 그로부터 6년 뒤인 태종 말기에 임군례는 세자 이제의 엽색 행각 때문에 구설수에 오르면서 또 다시 위기를 맞았다.

1417년(태종 17) 3월 5일 태종은 세자를 추종하며 내일의 영화를 도모하던 구종수 · 구종지 · 구종유 · 이오방 등을 대역죄로 몰아 능지처참하고 가산을 적몰케 했다. 애초에 선공감 관리 구종수는 악공 이오방, 진포 등과 어울려 세자의 시종들을 사귀었다. 그 인연으로 드디어 세자와 어울리게 된 그들은 벼락출세를 꿈꾸며 세자의 기쁨조를 자처했다.

그들은 밤마다 종묘의 문을 통해 죽교竹橋를 타고 궁궐 안에 들어온 다음 세자와 함께 노름을 하고 거문고를 타며 놀았다. 시간이 지날수록 대담해진 그들은 궐 안에 여자들까지 불러들였다. 시종으로부터 그 사실을 알게 된 태종은 분개하면서 구종수를 장杖 100도에 경성鏡城으로 귀양 보냈고, 이오방도 장 100도에 공주의 관노로 삼았다.

그런데 얼마 후 이들이 연루된 더 큰 사건이 밝혀졌다. 1년 전인 1416년(태종 16) 정월에 세자가 진포, 이오방과 함께 출궁해 구종수의 집에 간 뒤 이법화 · 방복생, 기생 초궁장 · 승목단 등과 어울려 놀았는데 참판이던 구종수의 형 구종지와 구종유도 달려와 춤을 추고 세자에게 술을 따르며 훗날 보위에 오르면 구씨 형제를 잘 봐달라며 아첨했다는 것이다.

엎친 데 덮친 격으로 전 세자가 그들과 함께 전 중추 곽선의 첩 어리를 보쌈해 사통했다는 사실을 알게 된 태종은 전격적으로 역도들의 처단을 명했다. 그 무렵 세간에는 구종수와 임군례 등이 당을 이뤄 세도가에 붙어 하지 않는 짓이 없다며 "임오방任五方 · 구오방具五方하니, 십방十方이다."라는 말이 떠돌았다. 그런데 오방저미 중 한 사람인 구종수가 죽음을 당하자 동류인 임군례까지 거론된 것이다.

그해 5월 30일 태종은 임군례를 함길도로 보내 길주 관내의 동쪽 해변 오라퇴吾羅堆 사동구寺洞口에 있는 난봉卵峯에서 벽전아석碧甸兒石을 채취해 오라고 명했다. 한데 현지에 가보니 그와 같은 이름의 봉우리는 존재하지도 않았다. 그런 방법으로 태종은 수차례 자신의 비위를 거스른 임군례를 옥죄었다. 세종 즉위년인 1418년 12월 6일, 결국 태종은 상의원 별감직에 있던 임군례를 김을현, 신이, 장합 등과 함께 파면시켰다. 그가 세종의 장인 심온과 가깝다는 이유에서였다.

이듬해인 1419년(세종 1) 1월 30일, 양근에 살고 있던 양녕대군 이제가 행방불명되자 상왕 태종은 내시 최한과 홍득경, 내금위 홍약을 급히 광주로 보내 찾도록 했다. 당시 양녕이 다 어리 때문에 자신이 잘못되었다고 하자 그녀는 분한 마음에 목매 자살해 버렸다.

일찍이 양녕이 세자였을 때 어리 사건이 발생하자 의금부에서 심문받던 기생 칠점七點은 충녕의 장인 심온도 그 사실을 안다고 자백했다. 의금부에서 그 일을 빌미로 심온 부부를 문초하려 하자 세자와 효령대군이 앞장서서 그들을 변호해 주었다. 그렇게 위기를 넘긴 심온은 사위 충녕대군이 세자가 되자 전년에 임군례와 권이가 살아남은 것은 과거 양녕이 그들을 비호한 덕분이라고 말했다.

조정 관원들의 말에 의하면 양녕이 폐위를 당하지 않고 1, 2년만 지났다면 임군례나 권이는 다 구종수 꼴이 되었을 것이라고 합니다.

측근으로부터 그런 소문을 전해들은 태종은 임군례 역시 양녕 주변에서 어슬렁거렸다는 사실을 알고 이를 앙다물었다. 그 후 호시탐탐 임군례의 꼬투리를 찾던 태종은 그가 자신에게 보낸 서찰에서 '이징의 참소'라는 사소한 글귀 하나를 트집 잡아 참혹한 옥사를 결행한 것이다.

홍순언 洪純彦 | 임진왜란의 저울추를 돌려놓다

洪子果純彦	홍씨 그대는 순수하고 착한 선비로
翰墨能自灑	문필의 재주 저절로 깨끗해졌네.
此地富瓌奇	이 땅에는 기이한 보옥 많은데
如君亦文雅	그대 역시 문아한 선비로구나.
青雲失壯年	청운의 꿈 젊었을 때 잃어버려
白駒局轅下	흰 망아지 끌채 아래 매였지만
終當出鷄群	결국에는 군계일학이 될 것이니
豈是悠悠者	어찌 그럭저럭 지내는 자라 하겠는가.

명나라 시인 허국이 청년 시절 북경에 온 조선의 한학역관 홍순언에게 지어 준 한시다. 그의 표현처럼 홍순언은 가장 위태로운 지경에 빠졌다가 군계일학처럼 고개를 들어 자신의 성가를 증명한 인물이다.

홍순언의 본관은 남양南陽으로 1530년(중종 25) 한양 중촌에서 역관 홍겸의 아들로 태어났다. 그의 자세한 가계도나 사역원 입학, 등과 과정 등은 전하지 않지만 명나라 사행 도중 만난 여인과의 인연으로 목숨을 건지고 조선 왕실의 숙제이던 종계변무를 해결한 사건은 《조선왕조실록》·《서애집》·《이향견문록》·《연려실기술》·《통문관지》 등은 물론 민간소설인 《이장백전》·《홍언양의연천금설》 등에 넘치도록 실려 있다.

홍순언은 중국의 통주通州에서 아름다운 여인을 만나 하룻밤 인연을 맺고자 했다. 그런데 여인이 소복 차림인 것을 보고 그 이유를 물었다. 여인은 부모님의 장례를 치를 돈을 마련하기 위해 몸을 팔고 있다고 대답했다. 그 말을 들은 홍순언은 선뜻 300금을 내주고 여인을 가까이 하지 않았다. 여인이 이름을 묻자 그는 성만 알려주고 나왔다. 훗날 명나라 예부시랑 석성의 첩이 된 이 여인은 홍순언의 은혜를 잊지 않았다.

역관들의 교과서인 《통문관지》에 담겨 있는 홍순언의 짧은 기록이다. 조선의 역관들은 부경사신을 수행하는 정식 공무원이었지만 여비를 지급받지 못하고 대신 팔포제와 불우비은의 특전이 주어졌다. 홍순언도 다른 역관들과 마찬가지로 관아에서 많은 자금을 빌려 사행길에 나섰다. 그런데 북경에서 가까운 통주를 지날 때 객고客苦를 풀 요량으로 홍루에 들어가면서 그의 인생은 파고를 겪게 된다.

평소 의협심이 남다르던 그는 홍루 안에 있던 한 여인으로부터 슬픈 사연을 듣고 난 뒤 가진 돈을 몽땅 털어 여인을 풀어 주고 부모의 장례 비용까지 대주었다. 그 때문에 빈털터리가 된 그는 귀국한 뒤 관아에 진 빚을 갚지 못해 공금유용죄로 투옥되었다. 여기까지는 미인에게 홀려 호기를 부렸다가 패가망신한 뭇 사내들의 결말과 크게 다르지 않다. 하지만 홍순언의 인생은 그 일을 계기로 비상하기 시작한다.

1583년(선조 16) 선조는 명나라에 주청사 파견을 결정한 다음 실무 역관들에게 조선 왕실 최대의 외교사안인 종계변무宗系辨誣의 해결을 명했다. 《연려실기술》에 따르면 당시 선조는 역관들에게 이번에도 실패하면 모조리 목을 베겠다고 협박했다 한다. 기록의 진위는 의심스럽지만 어쨌든 임금의 특명을 받은 역관들은 심기가 어지러웠을 것이다.

200년 동안 끌어온 사안을 우리가 어찌 하루아침에 해결할 수 있단 말인가.

임금이 그처럼 불가능한 요구를 했을 때는 신상필벌을 명확하게 하겠다는 뜻이 담겨 있는 법이다. 처지가 난감해진 역관들은 궁리 끝에 감옥에 갇혀 있는 홍순언을 희생양으로 지목했다. 의기투합한 역관들은 돈을 모아 홍순언의 빚을 갚아 주고 사행길의 책임과 의무를 떠맡겨 버렸다.

그가 종계변무에 성공하고 돌아오면 다행이지만, 만약 실패해서 죽는다 해도 한스러울 것이 없지 않겠는가.

홍순언은 어쨌든 햇볕이나 쬐자는 심산으로 그들의 제안을 수락했지만 눈앞이 캄캄했다. 10년 전인 1574년에도 종계변무의 임무를 띠고 북경에 갔지만 아무런 성과를 거두지 못한 전례가 있었기 때문이다. 실제로 종계변무는 일개 역관의 힘으로는 해결이 불가능한 국가적 사안이었다. 종계변무는 태종대에 일어난 이색의 비명碑銘 사건에서도 거론되었듯이 명나라 사서에 잘못 기록된 조선 왕실의 족보를 바로잡아야 하는 해묵은 외교 현안이었다. 이 문제는 조선 개국 이전인 고려 말의 정쟁에서 비롯되었다.

1390년(공양왕 2) 이성계 일파의 핍박에 못 이겨 중국으로 도망친 윤이와 이초는 명나라 조정에 이성계가 이인임의 아들이라고 모함했다. 그러자 명나라 예부에서는 그 내용을 《태조실록》에 실었고, 당대의 법령과 제도를 집대성한 《대명회전大明會典》 정덕본에는 한술 더 떠서 이성계가 우왕·창왕·공양왕·세자 왕석까지 네 명의 국왕을 죽이고 나라를 얻었다고 기록했다. 1509년에 편찬된 《대명회전》의 기록을 살펴보자.

조선국 즉 고려인 이인인의 아들 이성계, 지금 이름 단은 홍무 6년에서 홍무 28년까지 무릇 네 명의 왕을 모시다 시해했다.

朝鮮國卽高麗 其李仁人 及子李成桂今名旦者 自洪武六年至洪武二十八年 首尾凡弑王氏四王 姑待之

이 내용이 사실이라면 이성계는 고려 말의 권신이면서 정적이던 이인임의 아들이고, 더불어 고려 국왕 네 명을 참살하고 왕권을 탈취한 역적이 된다. 사대국인 명나라 사서에 기록되어 정통성까지 확보한 이 내용은 자칫하면 조선왕조를 뒤집는 근거가 될 수도 있었다.

조선에서는 1394년(태조 3)에 입국한 명나라 사신 황영기가 해악산천海嶽山川에 제사를 지내는 축문 속에서 그와 같은 내용을 처음으로 발견했다. 깜짝 놀란 태조는 황영기가 귀국할 때 〈변명주문辨明奏文〉을 보내 실록의 수정을 요구했지만 명나라 예부에선 아무런 반응도 보이지 않았다. 1402년(태종 2) 태종이 사은사 임빈을 파견해 《대명회전》 수정을 요구하자 명은 중수본에 조선의 변명 사실을 부기하는 정도로 대응했다.

이듬해에 태종은 1395년에 공포된 《황명조훈皇明祖訓》에도 같은 기록이 있음을 알고 깊은 한숨을 내쉬었다. 그때부터 조선과 명나라 사이에 종계변무라는 지루한 외교전이 시작되었다. 물론 명나라 중신들은 이성계의 아버지가 이자춘이라는 사실을 알고 있었다. 하지만 그들은 차일피일 처리를 미루면서 대조선 외교의 히든카드로 간직했던 것이다.

1518년(중종 13) 주청사 이계맹은 중찬된 《대명회전》의 〈조선국조〉에 여전히 조선 왕실의 종계가 고쳐지지 않았다고 보고했다. 그러자 중종이 남곤과 이자 등을 연이어 명나라에 파견해 개정을 요구했지만 성과를 거두지 못했다. 당시 한어에 능통해 품계를 올려 받은 어전통사 이응성은 외교 석상에서 종계변무에 대한 내용을 제멋대로 통역했다는 이유로 처벌받기도 했다. 이후 1529년 유보, 1539년 권벌, 1557년(명종 12) 조사수, 1563년 김주, 1573년(선조 6) 이후백 · 윤근수, 1575년 홍성민 등이 명나라에 가서 종계변무를 요청했다가 빈손으로 돌아왔다. 그런 상황에 일개 역관인 홍순언이 엮인 것이다.

1584년(선조 17) 홍순언은 주청사 황정욱黃廷彧의 수역으로 명나라에 들어갔다. 착잡한 심정으로 동악묘에서 무사행로를 기원하는 제례를 마친 그는 다음날 명나라 예부의 관리들을 만나기 위해 조양문으로 들어갔다. 바로 그때 기적이 일어났다. 그의 앞에 나타난 사람이 예부의 주객청리사 소속 통사판관이 아니라 명나라 예부시랑 석성이었던 것이다. 석성은 얼떨떨한 기분으로 예를 차리는 홍순언에게 과거 통주에서 구해준 여인이 자신의 계실繼室, 곧 후처가 되었음을 알리며 두 손을 부여잡았다.

귀공이 아니었다면 나는 평생의 반려를 찾지 못했을 것이오.

석성은 종계변무를 관장하는 예부의 대표였다. 그는 조선 사신들이 머무는 동안 은인의 생명을 위협하는 종계변무 해결에 전력을 기울였고, 결국 다음과 같이 조선 왕실의 종계가 수정된 《대명회전》 만력본을 사신단의 품에 안겨 주었다.

이성계는 전주의 혈통을 물려받았고 선조는 이한李翰이며 신라의 사공司空 벼슬을 했다. 6대손 긍휴兢休가 고려에 왔다.

종계변무 해결에 결정적인 계기를 마련한 홍순언은 귀국 길에 또 하나의 선물을 받았다. 석성의 부인이 '보은報恩' 이란 글자가 새겨진 비단 100필을 선사한 것이다. 이 기막힌 이야기가 조선에 알려지면서 그가 살던 중촌 일대는 보은단동으로 불리기도 했다.

이윽고 정사 황정욱을 통해 수정된《대명회전》을 받아든 선조는 '금수의 나라를 예의의 나라로 돌아가게 하니 나라가 다시 만들어졌다.' 며 신료들과 함께 축하시를 짓고《광국지경록光國志慶錄》이라는 책으로 엮었다. 조선 최초의 방계 출신 임금으로서 남다른 자격지심을 갖고 있던 그가 역대 국왕들이 해내지 못한 종계변무를 성사시켰으니 그 기쁨이야 이루 말할 수 없었을 것이다.

1587년(선조 20) 주청사 유홍兪泓이《대명회전》의 조선종계 부분을 가져왔고, 1589년(선조 22)에는 성절사 윤근수가《대명회전》전질을 받아오면서 조선왕조 최대의 외교 현안이던 종계변무는 깨끗이 매듭지어졌다. 1590년(선조 23) 선조는 종계변무 해결에 결정적 역할을 한 홍순언에게 녹권錄券을 발행해 2등공신인 광국공신光國功臣으로 삼고 당릉군唐陵君이라는 군호까지 내려 주었다. 녹권이란 고려와 조선시대 공신功臣임을 증명하는 문서다. 이어서 그는 왕실의 경호를 맡는 종2품직 우림위장羽林衛將에 임명되었다. 중인 역관의 한품을 정3품 사역원정에 국한한다는《경국대전》의 법령을 뛰어넘는 실로 파격적인 인사였다. 그로 인해 양반과 중인 신분의 경계가 무너지자 양반들의 험악한 공세가 시작되었다.

1591년(선조 24) 2월 10일 사간원에서는 위림위장 홍순언의 출신이 한미하니 금군의 장수로 합당치 않다고 문제를 제기했다. 그해 4월 12일 사간원은 겸사복 · 내금위 · 우림위로 이루어진 3청三廳과 5위五衛 소속 장수들을

석성의 초상화
국립중앙박물관 소장

탄핵하면서 홍순언이 서얼 출신으로 남에게 천시당하는 처지니 벼슬을 다른 사람에게 주라고 주청했다. 당대의 양반들이 홍순언을 얼마나 멸시했는지를 보여 준다. 하지만 홍순언의 활약상은 그 후에도 계속 이어졌다.

유성룡의 《서애집》에 따르면 임진왜란 발발 이전 사행단이 산해관을 통과하려 하자 일단의 중국인들이 길을 막아서며 '장차 일본인들과 조선인들이 합세해 대국을 치려 한다.' 고 위협했다. 그때 수역으로 동참한 홍순언은 이치에 맞는 말로 그들을 달래 무사히 북경까지 갈 수 있었다고 한다. 한편 명나라의 노대신 허국이 사신으로 들어와 똑같은 문제를 제기하자 그는 사인舍人 유심을 통해 오해를 풀어주기도 했다.

개전 초기 조선군이 일본군에게 궤멸당하고 선조가 국경 지대인 의주까지 도망치면서 애타게 명나라에 원군을 청했지만 명나라의 태도는 매우 미온적이었다. 그때 병부상서로 실권을 쥐고 있던 석성이 조정에서 파병을 강력하게 주장했다. 조선이 무너지면 명나라 역시 존망지추의 위기에 봉착하게 된다는 이유였다. 이런 그의 태도는 은인 홍순언이 노구를 이끌고 자신을 찾아와 출병을 애원했기 때문이다.

그런데도 명나라 조정은 현실적인 일본의 위협에 앞서 요동 지역에서 세력을 확장하고 있던 여진족 때문에 파병을 쉽게 결정하지 못했다. 그러자 석성은 홍순언에게 하루빨리 조선에서 정식 사신을 파견해 파병을 종용하라고 권하며 수출 금지 품목인 물소 뿔 1308편과 염초 200근을 구입하라고 주선해 주기까지 했다. 이런 석성의 적극적인 개입이 없었다면 훗날 조선의 양반들이 염불처럼 읊조리던 명나라의 '재조지은再造之恩'은 존재하지도 않았을 것이다. 이윽고 원군이 압록강을 건너오자 홍순언은 지휘관 이여송의 통역관이 되어 진군 일정을 조율하는 등 분주하게 활동했다.

급박한 전쟁의 와중에도 홍순언에 대한 양반들의 견제는 계속되었다. 1593년(선조 26) 1월 21일 사간원은 의주 몽진 과정에서 선조가 명나라 사신 유원외와 대화를 나눌 때 홍순언이 대가 앞에 무릎 꿇지 않고 일어서서 큰 소리로 통역을 했으니 불경죄를 저질렀다며 처벌을 요구했다. 그때는 선조도 다급하고 졸렬한 심경이었던지라 홍순언을 직임에서 내쫓았지만 명나라와 시급한 교섭이 많았으므로 그를 다시 불러들일 수밖에 없었다.

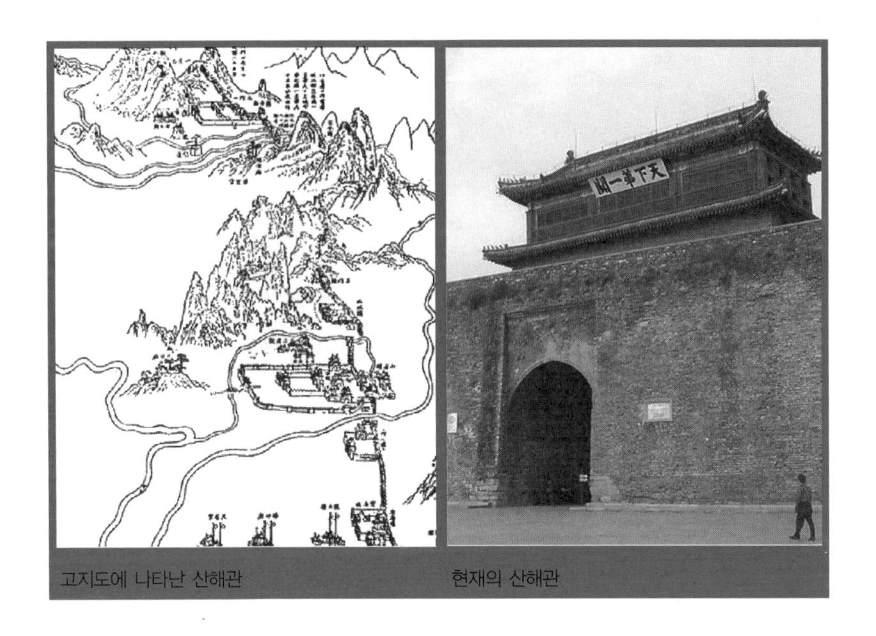

고지도에 나타난 산해관　　　　현재의 산해관

얼마 후 조명연합군의 평양성 탈환, 이순신이 지휘하는 조선 수군의 연승, 의병들의 활약상이 이어지면서 궁지에 몰린 일본군은 경상도 남부 지역에 왜성을 쌓고 농성전에 돌입했다. 그로 인해 전쟁이 소강상태에 접어들자 명나라와 일본 간에 강화가 추진되었다. 하지만 일본에 들어간 명나라 사신 심유경의 농간 때문에 교섭이 실패하면서 1597년 정유재란이 발발했고 1598년 8월 18일 도요토미 히데요시가 죽으면서 오랜 전란은 종식되었다.

7년여에 걸친 전쟁 기간 동안 명나라는 군사 21만여 명과 은화 882만 금을 조선에 쏟아 부었다. 그 때문에 석성은 막대한 군비 소모를 빌미로 투옥되었고 1599년에 옥사했다. 그가 죽은 뒤 부인과 두 아들은 조선에 귀화해 해주에서 정착했다. 홍순언은 석성보다 1년 앞서, 전란이 종식된 1598년(선조 31)에 세상을 떠났다.

정명수 鄭命壽 | 청나라 역관이 되어 인조를 골탕 먹이다

1616년(광해군 8) 후금後金을 건국한 누르하치가 요동 정벌에 나서자 다급해진 명나라는 요동경략 양호의 10만 대군으로 대응하면서 조선에 출병을 요구했다. 당시 대륙의 세력 판도를 예의 주시하고 있던 광해군은 의정부좌참찬 강홍립을 도원수로 임명하고 병력 1만 3000여 명을 급파했다. 그러나 조명 연합군은 사르후 전투薩爾滸戰鬪에서 후금군에게 대패했고 강홍립은 살아남은 조선군 5000여 명과 함께 항복했다. 그때 강홍립의 투항을 권고한 여진 역관 하세국은 천민 출신으로 평안도 향통사를 거쳐 정6품 무관인 사과司果에 오른 인물이다. 이를 보면 난세에는 하세국과 같은 역관들의 정세 판단이 빨랐음을 알 수 있다.

강홍립의 항복을 기점으로 조선은 명나라와 거리를 두게 되어 후금과 직접적인 마찰을 피할 수 있었다. 하지만 1623년 인조반정으로 광해군이 실각하고 서인들이 집권하면서 상황은 급속도로 악화되었다. 당시 사대와 재조지은에 경도된 서인들은 후금을 적대시하면서 가도의 동강진에 주둔한 명의 장군 모문룡을 지원하는 등 적극적인 친명배금親明背金 정책을 시행했다. 조선의 변심에 분개한 후금은 명나라를 정벌하기 전에 우선 배후를 안정시키고 물자 부족을 해소하려는 목적으로 은밀히 군사정벌을 계획했다.

정명수의 이름이 알려지기 시작한 것도 바로 그 무렵이었다. 평안도 은산의 관노이던 그는 동료 김돌시金乭屎와 함께 강홍립의 심하전역深河戰役에 참가했다가 포로가 된 인물이다. 전쟁이 끝난 뒤 그는 조선으로의 송환을 거부하고 현지에서 여진어를 익혀 통역관이 되었다. 당시 그는 충성의 증표로 자신의 이름을 고아마홍古兒馬紅으로 바꾸기까지 했다.

1627년 후금의 아민은 병력 3만을 이끌고 불시에 압록강을 건너 의주를 점령하고 평산까지 쳐들어왔다. 정묘호란으로 불리는 이 기습 공격에서는 3년 전 이괄의 난에 동조했다가 죽은 한명윤의 아들 한윤과 한택 형제가 길잡이 역할을 했다. 그해 3월 3일 후금은 조선의 강화 제의를 받아들여 형제의 맹약을 맺고 외교와 무역을 재개시킨 다음 많은 식량과 병선을 징발해 갔다.

그로부터 6년 뒤인 1633년(인조 11) 10월 22일자 《조선왕조실록》에 호역胡譯 정명수의 이름이 등장한다. 후금의 사신 용골대와 마부대를 수행해 조선에 들어온 그는 노비 시절에 자신을 구타한 전 은산현감 홍집을 붙잡아 모욕을 주는 등 갖은 행패를 부렸다. 하지만 조선의 위정자들은 항의조차 못 하고 뇌물을 주며 그를 달랬다.

후금은 그때부터 조선에 수차례 사신을 보내 황금 · 백금 1만 냥, 전마 3000필에 정병 3만 명까지 요구했다. 1636년 2월에는 인조 비 한씨의 문상을 빌미로 용골대와 마부대를 보내 이전의 형제맹약을 군신맹약으로 바꾸자고 요구했다. 이에 서인들이 대거 반발하면서 일전불사를 외치자 인조는 사신의 접견을 거절하고 국서조차 받지 않았다. 조선 내부의 심상찮은 공기에 놀란 후금의 사신들은 귀국을 서둘렀다. 그 와중에 우연히 평안도관찰사에게 내린 인조의 밀지를 가로챈 후금은 조선에 대한 응징을 다짐했다.

1636년 4월, 후금의 태종 홍타이지는 국호를 대청大淸으로 바꾸고 조선에 재차 군신지의를 요구했다. 그러나 조선이 반응을 보이지 않자 그해 12월 친히 청군 7만, 몽고군 3만, 한군 2만 등으로 구성된 12만 명의 대군을 이끌고 압록강을 건넜다. 그때 역관 정명수는 선봉장 용골대와 마부대의 통역관으로 조선 땅에 들어왔다.

당시 예친왕 다탁이 이끄는 청군의 별동대는 의주부윤 임경업이 지키는 백마산성을 우회해 불과 열흘 만에 개성까지 짓쳐 왔다. 뒤늦게 급보를 들은 인조는 전시에 대비해 만들어진 강화행궁으로 왕자와 비빈들을 피신시킨 뒤 중신들과 함께 뒤를 따랐다. 하지만 전광석화 같은 청군의 포위 작전으로 퇴로가 차단되자 하는 수 없이 천혜의 요새 남한산성에 들어가 농성전에 돌입했다. 그런데 얼마 후 난공불락이라 여긴 강화도가 청의 구왕 도르곤에 함락되면서 왕자와 비빈들은 포로가 되었고, 지방에서 올라오던 원군마저 청군에게 궤멸당했다.

사면초가 신세가 된 인조는 결국 1637년(인조 15) 1월 30일 항복을 선언하고 남한산성 밖 삼전도 벌판에 차려진 수항단에서 청 태종에게 삼배구고두례三拜九敲頭禮를 해야 했다. 세 번 큰 절을 올리고 한 번 절할 때마다 세 번씩 머리를 바닥에 조아리는 항복 의식으로 일국의 국왕으로서는 실로 치욕적인 절차였다. 조선 정벌의 목적을 성공적으로 달성한 청 태종은 척화대신 홍익한 · 윤집 · 오달제를 필두로 무려 10만 명에 이르는 조선인 포로를 대동하고 철수했다.

그해 2월 8일 소현세자와 봉림대군이 볼모로 심양으로 떠날 때 정명수의 이름이 재차 등장한다. 그는 조선의 신료들이 통곡하며 왕자들의 말고삐를 잡고 놓아주지 않자 채찍을 휘둘러 그들을 떼어 낸 뒤 세자에게 행보를 재촉했다. 그 일 때문에 정명수는 조선 신료들의 뇌리에 악적으로 각인되었다. 당시 소현세자를 수행한 신료들은 재상 남이웅 · 좌부빈객 박황 · 우부빈객 박노 · 보덕 이명웅 · 필선 민응협 · 문학 이시해 · 사서 정뇌경 · 설서 이회와 세자익위사의 관원 세 명이었다.

정명수는 그때부터 청나라 사신들과 함께 조선을 드나들며 무소불위의 권력을 행사했다. 그가 한양으로 내려오는 연도의 고을에서 기생을 빼앗는가 하면 병조의 관리를 구타하는 등 행패를 부렸지만 위세에 눌린 조선의 신료들은 비위 맞추기에 급급했다.

정명수의 금의환향과 함께 그의 가족과 친구들도 졸지에 팔자를 고쳤다. 죽은 어머니는 내명부 종2품 정부인貞夫人에 추증되었고, 정주의 관노이던 처남 봉영운은 정주군수, 만호, 첨사를 거쳐 영원군수, 순천군수에 봉해졌다. 또 성천의 정병이던 매부 임복창과 조카인 숙천의 관비 사생四生은 군역을 면제받았고, 조카 장계우는 방산만호를 거쳐 양덕현감에 제수되었다.

정명수가 제일 아끼던 조카 이옥련은 문화현령, 영유현령에 임명되었고 당상관인 정3품 통정대부通政大夫에 올랐다. 그와 절친하던 함종의 상의원尙衣院 노복 일선一先이 면천되었고, 의주 출신 노비 최득남은 개천군수가 되었다. 철저한 신분제를 지향하던 조선에서 노비 출신이 청나라 역관 한 사람의 입김으로 신분 상승은 물론 파격적인 벼슬까지 받은 것이다.

그 무렵 심양에 머물던 소현세자의 수행원들은 정명수를 역도로 규정하고 복수의 기회를 손꼽아 기다렸다. 이윽고 2년 뒤인 1639년(인조 17) 청나라의 역관 하사담河士淡이 경쟁 관계에 있던 정명수와 김돌시를 고발하는 사건이 일어났다. 그러자 시강원 필선 정뇌경의 주도로 정명수 제거 작전이 시작되었다.

정뇌경은 일찍이 대간 박황과 필선 민응협이 조선인 포로 김애수와 심천로를 이용해 청나라 형부에 바치려 했던 고발장을 입수해 간직하고 있었다. 고발장에는 정명수와 김돌시가 황제에게 진헌하는 배와 감을 각각 1000개씩 빼돌리고 조선 역관 최상국이 가져온 은자 200냥, 역관 최득남이 가져온 은화 7바리를 절취했다는 내용이 담겨 있었다. 그 정도면 충분히 정명수 일당을 옭아맬 수 있다고 판단한 정뇌경은 심천로를 설득해 문서를 청나라 형부에 제출하도록 했다. 그가 망설이는 기색을 보이자 시강원 관원들이 증인이 되기로 약속했다.

이윽고 심천로의 고발장을 접수한 형부에서는 본격적으로 수사에 돌입했다. 곧 정뇌경 · 강효원 · 김종일 등 시강원 관원들이 나아가 정명수의 혐의를 고변했다. 그러나 정명수에게는 강력한 후원자인 용골대와 마부대가 있었다. 두 사람의 협조로 형부의 관리들을 구워삶은 정명수는 소현세자의 수행원 가운데 정뇌경과 사이가 나쁘던 재상 박노를 이용해 그의 처소에 보관되어 있던 관련 서류를 모조리 불태우는 데 성공했다. 이어서 박노가 형부에 출두해 정뇌경이 두 역관을 해치기 위해 중상모략을 했다고 증언했다. 그 결과 정뇌경과 강효원 등은 관리를 모해한 죄로 체포되어 사형을 선고받았다.

졸지에 사형수가 된 측근들의 처지를 좌시할 수 없던 소현세자는 용골대와 마부대를 찾아가 무릎 꿇고 선처를 애원했다. 하지만 그들은 역도들을 죽이지 않으면 국왕과 세자에게까지 혐의가 미칠 것이라고 경고했다. 실망한 세자가 직접 형부에 가서 감형을 요청하려 하자 정명수가 나타나 앞을 가로막았다.

저하께서는 내 머리를 자른 뒤에나 갈 수 있을 것이오.

그로 인해 세자 구명 노력은 실패로 돌아갔다. 이미 하사담의 그물망도 벗어던진 터라 거리낄 것이 없던 정명수는 그때 자신을 꾸짖는 수행원 정지화에게 주먹을 휘두르기까지 했다. 이제 청나라 안에서 그에게 저항할 수 있는 조선인은 없었다. 낙담한 소현세자는 두 사람을 편히 떠나보낼 요량으로 문학 신유에게 독약을 구해 오게 했지만 양이 부족해서 그마저도 포기해야 했다.

그해 2월 9일 청나라 사신으로부터 사건을 통보받은 조선 조정에서는 무신 이응징을 형조 좌랑으로 삼아 심양에 들여보냈다. 이응징은 사형장에서 청나라 관리가 정뇌경과 강효원을 참형에 처하려 하자 조선에서는 사대부를 목 베는 법이 없다며 제지한 다음 교살형으로 마무리했다. 그것이 당시 충신들에게 해줄 수 있던 최고의 예우였다.

그때부터 정명수는 조선에 나오는 모든 사행에 역관으로 나섰고, 1643년(인조 21)에는 칙사로 군림하기도 했다. 황제의 칙사는 조선 국왕보다 서열이 높았을 뿐만 아니라 그가 조칙을 내릴 때면 중신들이 늘어서서 허리를 굽혀야 했다. 백성 취급도 하지 않던 노비 출신의 역관에게 그런 예를 바쳐야 했던 인조와 중신들의 기분은 어떠했을지 궁금하다.

병자호란이 끝난 뒤 청나라와 조선 사이에는 포로 쇄환과 명나라 정벌에 소요되는 군사 징발, 명과 조선의 비밀 교섭 봉쇄, 세폐와 군량미 수송 등 각종 문제가 산재했다. 정명수는 청조의 대리인으로서 이와 같은 현안들을 도맡아 처리했으므로 조선 조정은 눈치를 보지 않을 수 없었다. 이 때문에 인조는 그를 회유하기 위해 1642년(인조 20) 정2품 정헌대부正憲大夫에 봉했고, 1648년(인조 26) 3월 7일에는 정1품 영중추부사를 제수하기까지 했다.

인조 연간에는 조청 간에 교역이 증대하면서 잠상潛商이 극성을 부렸다. 조선의 역관들은 부연사행에 참여하면서 그들과 야합해 재산을 불렸다. 조정에서 기찰을 강화해 잠상을 원천봉쇄하려 했지만 거의 모든 관아의 서리가 역관들의 친척이라 별다른 효과를 거두지 못했다. 인조는 역관들을 통제하기 위해 그들이 기대고 있던 정명수를 구워삶았지만 별다른 효과를 거두지 못했다. 하지만 정명수는 마냥 자신의 이익만을 취하지는 않았다. 1640년(인조 18) 기근 때문에 요동에서 곡식 구입을 모색하던 영의정 홍서봉과 정명수가 나눈 대화 내용을 잠깐 들어보자.

"요동과 심양의 농민은 그 해에 수확한 곡식을 모두 대상 팔고산八高山의 집으로 들이므로 자기들도 제대로 먹지 못합니다. 그러니 어찌 남는 것이 있어서 팔 수 있겠습니까. 그러니 팔고산에게 곡식을 빌려 쓰고 추후에 봉황성으로 상환 납부하는 것이 좋을 것입니다."

"그 곡식을 얻더라도 어떻게 이주伊州까지 운반하겠습니까?"

"조선에서는 이미 400필의 말을 준비해 두었다 하니 우선 일륜거一輪車 200량을 사들여서 말이 끌도록 하고, 번을 나누어 서로 교대하게 한다면 말 1마리가 운반하는 수효가 3석 이상은 될 것입니다."

정명수는 조선 조정이 알지 못하던 요동 지역의 생소한 식량 정보는 물론 조선 내부의 준비 상황까지 파악하고 가장 효과적인 해결책을 내놓았다. 그러고 보면 정명수가 미워하고 행패를 부린 대상은 권위주의와 수탈이 몸에 배어 있던 왕실과 양반 사대부들이었지 불쌍한 백성들은 아니었다. 태어나면서부터 마소보다 못한 취급을 받던 노비 출신 정명수가 조선의 역관들과 친분이 두터웠던 것도 같은 이유에서였을 터다. 그의 배포를 보여주는 또 다른 일화도 있다.

호조판서 민성휘가 정명수와 친한 역관 하나를 붙잡아 장살한 적이 있었다. 얼마 뒤 그는 원접사가 되어 사신을 맞이하게 되었는데 일행에 정명수가 끼어 있다는 말을 듣자 사직서를 내고 도망쳐 버렸다. 얼마 후 의주에 와서 그 소식을 전해 들은 정명수는 이렇게 비웃었다.

> 호조판서는 국가의 중임인데 어찌하여 지난날의 하찮은 일을 가지고 갑자기 체직시킨단 말인가.

기실 민성휘의 처신은 졸렬했지만 실제로 당시 정명수의 행패는 두려워할 만했다. 종실인 안주의 전위사 이정한이 마중 나오지 않았다고 매질하는가 하면 평안감사 이만을 파면시킨 그였다. 더군다나 그는 조선의 역관들과 매우 친해서 이형장 같은 사람은 그와 사귄 덕에 종1품 숭정대부崇政大夫의 품계를 받기도 했다. 그러므로 조정의 고관이라도 역관을 잘못 건드렸다가는 졸경을 치르기 십상이었다.

그 무렵 조선의 신료들은 친청파와 배청파로 나뉘어 극심하게 대립했다. 게다가 서인들은 김자점과 신면 등의 낙당洛黨과 원두표를 중심으로 한 원당原黨, 김집 · 김장생 · 송시열 등의 산당山黨, 김육 등의 한당漢黨으로 분열된 상태였다. 친청파이던 외척 김자점은 인조 말기 세력을 규합해 정권을 장악했으며, 산당을 중심으로 하는 반청파는 은밀히 북벌론자들을 규합하고 있었다.

1644년, 명나라는 200여 년의 역사를 끝으로 왕조를 접었다. 숭정제는 이자성의 농민군이 북경에 들어오자 경산에 올라 목을 맸고, 오삼계의 협조로 산해관을 통과한 청군이 이자성군을 격파하면서 대륙의 주인도 바뀌었다. 성공적으로 중원 정벌을 마무리한 청나라는 이듬해인 1645년 2월, 소현세자의 귀국을 허락했다.

그 동안 연경에 머물면서 선교사 아담 샬湯若望을 만나 서학에 눈을 뜨고 조선의 개혁을 꿈꾸던 소현세자는 귀국한 지 불과 두 달 후인 4월 26일 의문의 죽음을 당한다. 인조가 청나라에 호감을 표시하는 세자를 의심해 소용 조씨를 시켜 독살한 사건이다. 삼전도의 수치심에 권력 의지까지 개입되어 빚어진 골육간의 참극이었다. 실록에는 세자의 염습에 참여한 진원군 이세완의 아내가 사람들에게 다음과 같이 말했다는 기록이 전한다.

> 온몸이 전부 검은 빛이었고, 이목구비의 일곱 구멍에서는 모두 선혈이 흘러나오므로, 검은 멱목으로 그 얼굴 반쪽만 덮어 놓았으나, 곁에 있는 사람도 그 얼굴빛을 분별할 수 없어서 마치 약물에 중독되어 죽은 사람과 같았다. 그런데 이 사실을 외인들은 아는 자가 없었고 상도 알지 못했다.

이듬해인 1646년 인조는 맏며느리 강씨가 자신을 독살하려 했다는 혐의로 사사했고, 손자들까지 제주도 유배형에 처했다. 당시 소현세자의 맏아들 석철이 열두 살, 둘째 석린은 여덟 살, 셋째 석견은 네 살이었다. 2년 뒤에는 석철과 석린이 병사하고 석견만이 살아남았다. 인조의 행각에 주목한 청나라의 순치제는 정명수에게 사건의 자초지종을 조사해 보고하도록 했다. 그리하여 1647년(인조 25) 10월 8일 조선에 들어온 정명수가 소현세자의 아들에 대한 처분을 문의하자 영접도감 조경은 이렇게 둘러댔다.

> "소현세자가 죽은 뒤 역적 강씨의 변이 일어났으므로 자식들도 마땅히 죽여야 하지만 차마 지친이라 법대로 하지 못하고 먼 섬에 귀양 보냈습니다."

"그 먼 섬이 대체 어디란 말이오. 황제를 속일 생각은 하지 마시오."

정명수가 의심스런 기색을 보이자 인조는 은 2300냥으로 그의 입을 막았다. 사실 그는 조선 왕실의 내분에 별 관심이 없었으므로 두둑한 전대를 챙기는 것으로 만족했다. 그해 11월 10일에는 정명수가 연경으로 돌아가는 길이었는데 파주에서 세명世明이란 승려가 나타나 풍수를 들먹이며 그를 꾀었다.

"명나라 황제의 할머니 추덕秋德의 묘가 길주의 설봉산 밑에 있습니다. 이 땅이 명당 중에 명당이라 10년 뒤에는 명나라가 중원을 되찾을 것입니다."

"네가 하루 앞의 운명도 알지 못하면서 어찌 대국의 운세를 논한단 말이냐."

그처럼 정명수는 코웃음을 치며 그를 파주 관아에 잡아둔 다음 조선 조정에 처분을 맡겼다. 가뜩이나 오랑캐의 등쌀에 시달리던 중신들로서는 반가운 예언이었지만 드러내 놓고 비호할 수도 없는 상황이었다. 당대의 실력자 정명수에게 잘 보여 한자리 얻으려던 승려 세명은 금세 목이 떨어져 나가는 변을 당했다.

영원할 것만 같던 정명수의 입지도 갑자기 흔들리기 시작했다. 북방에서 러시아 세력이 등장하면서 청나라의 대조선 정책이 유화적인 방향으로 바뀌었고, 그의 강력한 후원자이던 용골대와 마부대가 죽은 다음부터 한족 출신 관료들의 견제가 이어졌기 때문이다. 1652년(효종 3) 3월, 심복이던 역관 이형장이 죽자 조선에서 정명수의 입지도 크게 줄어들었다.

역관 이형장은 김자점의 역모를 다스리는 과정에서 1649년 효종과 서인 일파가 추진하고 있던 북벌계획을 청나라에 고했을 뿐만 아니라 1638년(인조 16) 사망한 인조의 계비 인열왕후의 장릉 지문에 명나라의 연호를 썼다는 사실을 밀고한 사실이 밝혀져 즉각 처형되었다. 그때 청나라에서 군대와 사신을 파견해 내막을 조사했고 이경석 · 이시백 · 원두표 등이 나서서 간신히 무마할 수 있었다.

그로부터 불과 1년 뒤인 1653년(효종 4) 6월 3일, 조선에 반가운 소식이 전해졌다. 정명수가 청나라에서 죄를 받고 숙청당했다는 소식이었다. 그러자 오랫동안 정명수의 서슬에 시달리던 신료들은 환호성을 질렀다.

그와 함께 정명수를 통해 팔자를 고쳤던 가족과 동료들에 대한 보복도 시작되었다. 정명수 일가에 부여되었던 모든 품계와 관직은 회수되었고 조카 장계우와 추종자 김남 · 한덕련 · 골대민 등은 처형되었다. 그 와중에 사돈 방득춘만이 겨우 살아남았다. 수령이 거두지 않아도 앞장서 조세를 바치는 등 평소 근신 자중했다는 이유에서였다. 또 그의 덕에 면천되어 벼슬자리에 있던 친구들도 모조리 노비로 되돌려졌다. 고향 은산에 붙여 주었던 성천의 땅도 원래대로 복원되었고 은산부사의 호도 낮추어졌다. 실로 화무는 십일홍이었다.

장張 현炫 | 조선 최고의 역관 가문을 만들다

인조 · 효종 · 현종 · 숙종 연간에 활약한 청어역관 장현은 희대의 요부 장희빈의 숙부이자 국중거부로 알려져 있다. 하지만 그는 40여 년 동안 서른 차례나 북경을 넘나들며 공을 세워 품계는 종1품인 숭록대부에 이르고 정2품 지중추부사知中樞府事 벼슬을 여섯 차례나 제수 받은 특급 역관이다.

인동 장씨 가문에서는 20대 장경인과 장응인이 첫 역관이 된 뒤 총 22명의 역관을 배출했는데 그중 3분의 1이 역과에서 장원급제했다. 그야말로 소수 정예의 일류 역관 가문이 바로 인동 장씨 가문이었다. 장현도 아들 여섯 명 가운데 두 명을 역과에 합격시켜 가문의 영광에 일조했다.

장경인은 1628년 명나라에 진향사 역관으로 갔는데 사신의 재촉 때문에 물건을 시세에 맞춰 팔 수 없게 되자 서장관을 욕했다가 곤욕을 치렀다. 또 의주의 역학훈도이던 사촌 장응인은 시재가 뛰어나 1583년(선조 16) 의주목사와 통군정에서 노닐 때 술 한 잔이 채 식기도 전에 시를 지었다고 한다.

장응인의 아들 장형이 바로 장희빈의 생부다. 그는 취재를 거쳐 사역원 봉사를 지냈는데 장인 윤성립도 역관의 명가 밀양 변씨의 사위였다. 장형의 맞아들 장희식은 1657년(효종 8) 역과에 장원으로 급제해 한학직장이 되었고, 둘째 아들 장희재는 여동생 장희빈의 후광으로 총융사까지 지냈다.

장현은 장경인의 맏아들이었는데 어릴 때부터 성품이 담대해서 험한 뱃길을 따라 명나라에 다녀오기도 했다. 한어에 뛰어난 그는 1637년(인조 15)부터 소현세자와 봉림대군을 모시며 심양에서 6년 동안 머물렀다. 그때의 현지 경험이 그를 뛰어난 청어역관으로 거듭나게 했을 것이다. 그는 1639년

(인조 17) 역과에 수석으로 합격해 정식 역관이 되었다.

일설에는 장현이 연경을 오가며 사귄 갑부 정기鄭琦와 의기가 통해 그의 재산 3분의 1을 얻어 거부가 되었다고 한다. 또 조선에서 널리 유행한 투전鬪錢 풍습은 그가 연경에서 들여온 것이라고 한다. 혈기 방장하던 젊은 날 그는 부를 과시하기 위해 새로 지은 집 처마에 궁궐에서나 쓰는 부연을 달았다가 대사헌 김상헌으로부터 탄핵을 받기도 했다. 하지만 그는 효종이 등극하면서 절대적인 신임을 받았다.

1653(효종 4) 인평대군 이요의 사행길에 인삼을 담은 50바리의 짐이 적발되었다. 이는 역관에게 공식 허용된 여덟 포에 비길 수 없는 엄청난 양이었다. 그 짐에는 내수사용이라는 표시인 내패內牌가 꽂혀 있었으므로 딸이 궁인으로 있는 역관 장현의 것이 분명했다. 한데 밀무역 혐의로 심문받던 역관 김귀인이 그의 이름을 대려 하자 형관이 손을 저어 말렸다. 그 덕분에 장현은 아무런 제재를 받지 않고 압록강을 건넜다. 사신들이 귀국한 뒤 그 사실이 조정에 알려지자 장현을 벌하라는 여론이 격렬하게 펼쳐졌다. 효종이 짐짓 엄히 조사하라고 명하자 사행에 참여한 부사 유철과 서장관 이광재 등이 나서서 장현의 짐이 50바리란 것은 전혀 근거가 없다며 적극 비호했다.

누가 봐도 명백한 위법행위가 어떻게 이처럼 무마될 수 있었을까. 그 시기가 효종의 북벌계획이 은밀히 추진되던 때였고, 수역으로서 무역권을 쥐고 있던 장현이 군자금과 군수물자 조달의 총책임자였기 때문이다. 그런 배경이 있었으므로 장현은 국왕을 후견인으로 삼아 밀무역을 공공연히 했고, 그렇게 벌어들인 자금으로 염초와 유황, 심지어 화포까지 들여왔다.

그런데도 대사간 홍명하는 역관들의 비리를 처벌하지 않으려면 자신의 벼슬을 바꿔달라며 효종을 압박했다. 사헌부의 집의 조복양, 장령 윤성과 김옥현, 지평 한진기, 이휴징 등도 연일 국법을 어긴 장현과 동생 장찬을 체포해 국문하라고 종용했다. 서인이던 이들이 남인 정권에 협조적인 역관들의 덜미를 잡고 늘어진 것이다. 하지만 효종은 도강 초기 50바리라는 것을 알았으면 그때 조사하지 않고 이제 와서 시끄럽게 구느냐면서, 역관 모두에게 벌을 준다면 상황이 복잡해지니 해당 부서의 대신에게 물어 처리하겠다며 얼버무렸다.

효종 대에 서인들의 압박에 시달리던 장현은 현종 대에 들어와 깨끗한 홈런 한 방으로 자신의 능력을 입증했다. 자신이 연경에서 주요 문서를 입수해 왔고, 장찬 역시 환송한 방물을 모두 실어 왔다는 것이다. 그 공으로 장현을 비롯해 서효남·박이절·변승형·안일신·변이보·김기문·정충원 등 수많은 역관들의 품계가 가자되었다.

그 후에도 장현의 활약은 계속되었다. 숙종 즉위년인 1674년 11월 7일, 진위사 겸 진향사로 연경에 파견된 영신군 이형은 산해관으로 돌아온 다음 선래통사를 파견해 장현이 입수한 오삼계의 동향에 대해 보고했다.

그의 치계에 따르면 장현은 한인 여러 명을 통해 다양한 방면에서 정보를 입수하고 있었다. 우선 신금申金의 종인 양씨楊氏는 오삼계가 명나라 황족인 주씨를 옹립하고 운남과 귀주 지방에 웅거하면서 정금과 경정충 두 장수로 하여금 수륙 양면으로 청을 공격하려 하고 있으며, 그 자신은 남방의 세 성을 점거하고 군사를 모으고 있다고 알려 주었다. 이어서 반군이 아홉 갈래로 병력을 확장하자 청군이 곤경에 빠져 있다는 정보였다.

또 장현과 오래전부터 알고 있던 70세의 한인 곡과曲科는 오삼계가 옹립한 황제에게 동東 서西 두 황후가 있는데 서후西后는 몽왕蒙王의 딸이요 동후東后는 한인의 딸로, 황제가 흑사씨黑舍氏에게 매혹되어 서후를 내치자 그녀는 본국으로 임신한 채 돌아가 아들을 낳았다고 했다. 이 때문에 몽고군 1만 4000명이 남방으로 출동했다가 대패했으므로 앞으로의 일을 잘 모르겠다는 것이었다.

당시 청나라의 대통관 장효례가 조선과 복건성까지의 거리를 물으며 조선군의 참전을 은근히 기대하자 역관들은 중국 남방은 길이 통하지 않아 알 수 없다고 대답했다. 그 와중에 장현과 가깝던 통관 김덕지는 청나라 병부에서 조선의 조총군을 참전시키려 했지만 최근 현종이 승하했으므로 사왕嗣王의 책봉 이후로 미루고 있다고 귀띔해 주었다. 어린 숙종의 등극 초기에 대륙에서는 삼번의 난으로 혼란상이 가중되어 있고, 조선에서는 북벌정책을 도모하는 등 긴장감이 고조되고 있는 상황이었으므로 장현이 입수한 고급 정보는 조정의 대외정책 설정에 큰 도움이 되었다.

1680년(숙종 6) 경신환국이 일어나자 장현은 남인 허적, 허견과 가까웠고, 3복 집안과 친밀했다는 이유로 장찬과 함께 유배형에 처해졌다. 그때 아들 장천익도 이정과 이남의 궁술 친구라는 이유로 같은 벌을 받았다. 하지만 1686년(숙종 12) 12월 10일 종질녀 장옥정이 숙원淑媛에 오르면서 새로운 전기를 맞이했다.

장옥정은 장현의 사촌인 역관 장형이 조사석의 여종인 윤씨를 후처로 맞이한 뒤 얻은 딸이었다. 어린 시절부터 장안에 경국지색으로 소문이 자자하던 장옥정은 천민으로 평생을 보내느니 궁에 들어가 최고의 여인이 되겠다는 남다른 꿈을 안고 있었다. 그리하여 어머니와 친분이 있던 조사석의 소개로 입궁해 자의대비 조씨의 궁녀가 되었다. 대비전은 국왕이 매일 아침 저녁으로 문안을 드리는 장소다. 뛰어난 미모를 지닌 장옥정은 필연적으로 숙종의 시선을 받을 수밖에 없었다.

장옥정이 그 후 숙종의 총애를 받으며 내명부에서 승승장구할 수 있던 것도 자신의 노력보다는 미인계에 넘어간 남인들의 지원을 받았기에 가능했다. 여기에 숙부 장현의 재력이 더해지면서 그녀의 존재는 엄청난 파괴력을 가질 수 있었다. 이 때문에 서인 측에서 인현왕후와 명성대비 김씨를 부추겨 장옥정을 궁에서 내쫓고, 장현을 역관명부에서 삭제하려 한 것이다. 그런 서인들을 비호하던 명성대비는 숙종이 천연두로 신음하자 무당의 처방대로 한겨울에 냉수로 목욕재계하고 쾌유를 기원하다 병에 걸려 세상을 떠났다. 그로 인해 방어막이 뚫린 서인들은 숙종이 장옥정을 다시 궁에 불러들이고 장현을 복권시키는 일련의 사태를 저지하지 못했다.

1688년(숙종 14) 10월 27일, 숙원 장씨가 왕자 균을 생산하면서 정국의 저울추도 일변했다. 재위 14년 만에 아버지가 된 숙종은 몹시 기뻐하며 3개월도 채 지나기 전에 아기를 원자로 삼고 장씨 일문 3대를 영의정에 추증했다. 그로 인해 인동 장씨는 중인 가문으로서 최고의 반열에 올랐다. 이어 원자 정호에 반대한 서인의 영수 송시열을 비롯해 이익, 김익훈, 이이순, 김수항, 민정중 등 서인 세력을 조정에서 축출하고 남인들로 조정을 개편하는 기사환국이 일어나면서 장현은 역관의 직임을 되돌려받을 수 있었다.

그 후 장현은 청나라에서 화포 25대를 구해 오다 봉황성장에게 적발되어 궁지에 몰렸다. 이 밀수 사건은 1691년(숙종 17) 6월 청나라에서 조선으로 전해졌다. 그로 인해 숙종은 그를 2급 강등하고 청에 그 결과를 보고해야 했다. 이 사건은 그때까지도 장현이 조선의 군사장비 수입을 총지휘하고 있었음을 보여준다.

1692년(숙종 18) 10월 24일, 숙종이 주강에 나오자 장희빈의 오빠인 총융사 장희재가 병조판서 민종도와 함께 군수물자 보급에 관해 상주했다. 병조의 은 1만 냥을 빌려가 중국에서 동으로 바꾸어 주전 재료로 삼겠다는 내용이었다. 군사력을 유지하는 도구로 사행무역을 이용했음을 알 수 있다. 하지만 날이 갈수록 방만해지는 조카의 행각에 장현은 냉소를 던졌다. 당시 장희재는 여럿이 메는 가마를 타고 다녔는데 장현은 일부러 대문을 꼬불꼬불한 골목길에 두어 가마의 출입이 불가능하게 함으로써 그를 멀리했다. 오랜 경험을 통해 그의 권력이 머지않았음을 감지한 것이다.

그 뒤에도 장현은 역관으로서의 소임에 충실했다. 70세가 넘은 1694년(숙종 20)에는 청나라 조정의 비밀문서를 입수해 보고하기까지 했다. 그러나 인현왕후의 복귀와 장희빈의 사사로 이어지던 갑술환국의 격랑 속에서 노론의 총공격을 받은 그는 1694년(숙종 20) 윤 5월 13일 유배형에 처해졌다. 다음과 같은 장령 심극의 탄핵 발언을 마지막으로 실록에서 장현의 행적은 완전히 끊겼다.

> 장현과 장찬은 장희재와 가까운 친족으로 타고난 성질이 매우 흉악하고 교활하여 재물은 온 집안에서 으뜸이요, 자질子姪들은 모두 수재守宰를 차지하고 있습니다. 가옥이나 의복의 장식은 사치하여 법도를 넘어서고 경상卿相과 서로 결탁하여 동류처럼 보며 크고 작은 조정의 논의에 반드시 끼어들어 모의를 하고 장희재를 지도하여 흉모를 이룩하도록 도왔습니다. 여러 자식들을 풀어 조정의 관원들을 반열班列의 사이에서 돼지처럼 꾸짖기도 하고 그의 종들을 사주하여 많은 사람들이 모인 가운데서 가서 시비를 엿듣게 하더니, 성화聖化가 새로워져서 여러 간신들이 쫓겨나자 밤낮으로 쏘다니므로 그들의 하는 짓을 헤아릴 수가 없습니다. 청컨대 모두 절도에 유배하소서.

이李 추樞

중국에 관한 것은 내게 물어라

조선시대에는 오늘날처럼 현지에서 외교를 전담하는 상주대사라는 개념이 없었으므로 문제가 생기면 고위 문신을 사신으로 파견했다. 사신들은 관례상 승문원이나 사역원에서 작성한 외교문서를 상대국에 전하고 답서를 가져오는 형식적인 의례만을 담당했다. 그러므로 상대국과의 까다로운 실무 교섭이나 사후 처리와 보고는 모두 역관들의 몫이 되었다.

공功은 사신에게 돌아가고 과過는 자신에게 돌아오는 부조리한 현실 속에서 역관들은 사행무역을 통해 재물을 모아 부자가 되는 삶에서 위안을 삼을 뿐이었다. 그런데 자신이 쌓을 부나 자손들의 출세에 연연하지 않고 오직 국가를 위해 봉사한 역관도 많았다. 그 가운에 18세기의 한학역관 이추가 있다.

역관 이추는 크게 돋보이는 업적은 없지만 전문적인 소양과 탁월한 식견으로 조청 외교 무대를 독보한 인물이다. 숙종 · 경종 · 영조 대를 풍미한 이추는 오랫동안 사역원 정을 지냈는데 사람됨이 공명정대하고 청렴했으며 인정이 두터워 싫어하는 사람이 없었다고 한다. 특히 그는 다른 역관들처럼 축재에 뜻을 두지 않고 베풀기를 좋아했으며 자손들의 출세를 도모하지도 않았다. 《숙종실록》과 《병세재언록》에 따르면 숙종은 '그의 청렴과 근실함을 내가 잘 안다.' 라고 칭찬하기까지 했다.

1712년(숙종 38) 12월 24일, 사은사로 심양에 간 김창집은 역관 이추에게 청나라 조정에서 해가 바뀌기 전에 조선에 칙사를 파견하는지 여부를 알아보게 했다. 그 무렵 강희제는 열하의 피서산장에 머물며 신료들을 잇달아

투옥하는 등 원격 통치를 하고 있었다. 명을 받은 이추는 청나라 관리들을 통해 황실 내부 문제가 심각해서 당장 사신 파견은 불가능하다는 사실을 알아냈다. 당시 태자는 황제가 열하로 가자 심복들을 13성省 각처에 보내 재물을 긁어모으고 미녀를 상납받았다. 현지 관리들이 불응하면 갖은 빌미를 동원해 파직시켰다. 그 사실을 알게 된 황제가 태자를 별궁에 유폐한 뒤 하수인들을 체포하고 있던 참이었다. 이추로부터 그 보고를 받은 조선의 중신들은 여유를 갖고 사신의 도래에 대비할 수 있었다.

이추는 그 후 청나라 조정에서 희귀한 약재를 입수하는 공로를 세워 명성을 얻기도 했다. 조선 국왕 중에 성미 급하기로 둘째가라면 서러워할 정도이던 다혈질의 숙종은 늘 몸에서 화기가 치솟아 한겨울에도 부채를 손에서 놓지 못했다. 그로 인해 시력이 급격히 나빠지자 승지들에게 장지에 간략히 써서 보고하게 했다. 1717년(숙종 43)에는 문안차 찾아온 세자빈의 얼굴을 알아보기 힘들다며 탄식할 지경에 이르렀다.

전의들은 왕의 증상에 공청空靑이 특효약이라고 진언했지만 조선 땅에서는 구할 수 없는 매우 희귀한 광물이었다. 《동의보감》 〈탕액편〉에 따르면 공청은 약으로 쓰는 돌로 성질이 차며 맛은 달고 시며 독은 없는데, 청맹과 귀머거리를 낫게 하며 간기를 보하고 눈에 열기로 피가 지고 아픈 것을 낫게 하며 부기를 없애며 눈물이 나는 것을 멈춘다. 특히 백내장이나 녹내장 치료에 효능이 있고 눈동자가 상한 것도 고칠 수 있다는 영약이었다.

어의로부터 사정을 들은 이추는 연경에 가서 숙종의 건강 상태를 예부에 알리고 공청을 구입하게 해달라는 자문咨文을 바쳤다. 그러자 황제는 그해 10월 13일 일강관 기거주 한림원 시독학사日講官起居注翰林院侍讀學士 아극돈阿克敦과 부사 난의위치의정 겸 좌령鑾儀衛治儀正兼佐領 장정매張廷枚를 통해 공청 한 매를 조선에 들여보냈다. 숙종이 크게 기뻐하며 이추의 품계를 올리려 하자 사간원 관리들이 격렬히 반대하고 나섰다.

그는 자문을 가지고 왕래했을 뿐 공이 없습니다. 의관들도 가자에는 신중해야 하는데 하물며 역관이겠습니까?

이는 양반들의 나라인 조선에서 중인 역관들이 겪어야 하던 보편적인 시련이었다. 성품이 겸허한 이추가 대리청정하던 세자에게 자신의 품계를 회수해 달라고 청하자 세자는 오히려 사간원의 상소를 꾸짖었다.

충심에 어찌 양반 중인을 나누고 의관 역관을 구별한단 말이냐!

그 후 짧은 경종 대를 지나 영조 대에도 이추는 성실하게 역관의 직임을 수행했다. 당시 조선에서는 청나라의 칙사가 들어오면 으레 군졸 300명이 호위하는 등 절차도 복잡하고 비용도 많이 들었다. 이 때문에 이추는 청나라 실무자들을 설득해 호위군 제도를 폐지했다. 그 공으로 이추는 역관으로서 준 사신에 해당하는 재자관賚咨官이 될 수 있었다.

1727년(영조 3) 청인 수백여 명이 국경을 넘어와 압록강변의 강도江島에 머물렀다. 그러자 의주부윤이 봉황성에 있는 청나라 장수에게 통보한 다음 관병을 보내 체포하게 했다. 그 과정에서 청인들이 무기를 들고 저항했고 조선인 사공과 병사 등 다섯 명이 목숨을 잃었다. 오늘날 서해에서 불법 조업에 나선 중국 선원들이 단속 해경에게 흉기를 휘둘러 상해를 입히는 일과 비슷한 상황이었다.

이에 조정에서 청나라에 사신을 보내 항의하려 하자 오히려 청나라 쪽에서 먼저 조선의 무력 해산 조치를 비난하는 자문을 보내왔다. 게다가 봉황성 장수가 사행로를 가로막고 그 동안 역관들이 공무역에서 빚진 은을 갚으라고 독촉했다.

연이은 청나라의 외교 공세에 당황한 조정에서는 이추로 하여금 변명 자문을 쓰게 했는데, 그 사이에 절강성의 상인이 제주도에 표착했다는 장계가 올라왔다. 이런저런 외교 사안이 중첩되면서 중신들은 어떻게 사태를 조정해야 할지 갈피를 잡지 못했다. 하지만 해결책은 이추에게 있었다.

그해 6월 13일 영조는 이추에게 표류인 송환과 함께 채무와 국경 침범에 대한 자문 송달을 맡겼다. 한데 청나라에 들어간 이추는 오랜 교섭에도 불구하고 민감한 채무 문제를 합의하지 못하고 빈손으로 돌아왔다. 그러자 영조는 일을 제대로 마무리하지 못했다며 그를 옥에 가두었다. 11월 16일 사간 김유는 그가 가져온 청의 자문에 조선이 보낸 자문이 성실하지 않다는 내용이 있다며 이추를 국문한 다음 절도에 안치하라고 촉구했다. 그러자 영조는 이렇게 말하며 더 이상의 처벌을 금했다.

> 이미 내가 읽어본 자문을 가지고 글을 쓴 신하에게 벌을 주는 것은 옳지 않다. 더군다나 그 일로 하옥까지 시켰는데 절도정배라니 너무 심하지 않은가.

얼마 후 석방되어 현직에 복귀한 이추에게 변무辨誣의 사명이 주어졌다. 청나라에서 편찬하고 있던 《명사明史》 〈조선열전〉에 인조반정仁祖反正을 찬역纂逆으로 규정하는 구절이 발견되었는데, 이를 수정하도록 하는 작업이었다. 찬역이란 그야말로 왕위를 찬탈하기 위한 반역을 말한다. 이는 당시 조선 왕실의 정통성에 관계되는 심각한 사안이었다. 영조는 이 문제를 놓고 열세 차례 사신을 파견해 기록 수정을 요청했는데 이추는 그때마다 사행에 참여해 청나라 실무진들을 설득했다. 그 결과 1738년(영조 14) 청나라에서 문제의 기록을 삭제한 《명사》의 등본과 인쇄본을 보내왔고 그렇게 현안은 마무리되었다.

1730년(영조 6) 11월 연경에서 큰 지진이 일어나 많은 백성이 목숨을 잃었다. 당시 사행을 마치고 돌아온 이추는 영조에게 자신이 현지에서 목도한 참상을 자세히 보고했다. 갑작스런 대지진으로 황성 밖에 있는 궁궐도 수없이 무너졌고, 관동에는 큰 비가 내려 수천 리 전답이 잠겼다는 내용이었다. 그러자 영조는 혀를 차면서 이렇게 탄식했다.

> 입술이 사라지면 이빨이 시리지 않겠는가. 청황淸皇은 매양 우리나라를 돌봐주는데 우리나라는 빈들거리며 지내고 있구나.

영조가 그때까지 청나라의 천하 구도를 인정하지 않고 내심 존명배청 의식을 자랑으로 여기던 양반들의 행태를 조소한 것이다. 아울러 그는 신분에 얽매이지 않고 국가를 위해 복무하는 역관들을 적극적으로 보호해 주었다. 한번은 이조판서 송인명이 임진왜란 당시 이항복과 이정구는 역관 없이도 명나라 칙사와 자유롭게 뜻을 나누었다면서, 현직 문관들에게 한어를 권장하고 앞으로 역관을 격려하거나 권장할 필요가 없다고 주청했다. 그러자 영조는 역관과 문관의 소임이 다르다며 이렇게 타박했다.

> 역관들의 한어를 문관들이 제대로 알아듣지 못하면 사행길에 저들이 흰 것을

검다 해도 모를 것이 아닌가. 공평하게 그들을 대하라.

이추가 활동한 영조 대는 동아시아의 평화기였지만 국가 간에 사소한 마찰은 끊이지 않고 일어났다. 특히 불법 월경이 가장 빈발했다. 조선과 청나라의 국경 지대는 경계가 느슨했기 때문에 목재, 인삼을 채취하거나 농사를 지으려고 국경을 넘나드는 사람이 많았다. 게다가 종종 조선 상인이 청나라에서 외상으로 물건을 구입하고는 값을 떼어먹었는데, 액수가 클 경우 양국 조정의 외교 문제로 비화되기까지 했다.

표류민을 처리하는 문제도 골치 아팠다. 청나라 상인이 일본에 왕래하다가 조선 해안에서 조난당하는 일이 빈번했고, 반대로 조선 어부들이 중국 해안에 표착하기도 했다. 그렇게 표류민이 발생하면 음식물과 옷가지를 지급해 기력을 회복케 하고, 국경까지 데리고 가서 상대국 관리에게 인계하는 것이 양국의 관례였다.

이추는 30여 년 동안 수석역관으로서 다양한 현안을 가지고 외교 석상에 앉아 조선의 입장을 대변했다. 그 과정에서 이추는 억울하게 하옥되거나 국문을 받은 적도 있었지만 사행에서 제외된 적은 한 번도 없었다. 그처럼 이추는 조선에서 유일한 중국통으로 인정받았다. 이 때문에 조정에서는 사역원에 사직司直 한 자리를 비워 두고 정년이 지난 뒤에도 그를 머물게 했다.

1746년 청나라 조정에서 봉황성 쪽에 있는 책문을 압록강 쪽으로 물리자는 의론이 나오자 이추가 노구를 이끌고 무신 윤태연과 함께 연경에 가서 치열한 외교전을 펼친 끝에 논의를 중지시켰다. 당시 압록강에서 책문까지는 양국의 봉금지대로서 오늘날 남북의 비무장지대와 비슷한 개념이었다. 책문이 압록강 쪽으로 옮겨지면 청인들의 월경이 잦아질 뿐만 아니라 유사시 안보에도 문제가 될 것이 뻔했으므로 이추가 거둔 성과는 남다른 의미가 있다.

이추의 역량은 다음과 같이 숫자로도 증명된다. 그는 평생 33회나 사행길에 올랐고, 여섯 차례 주청한 일을 성사시켰으며, 아홉 차례 진주를 허락받았다. 또 10회에 걸쳐 황제와 사신 간 대화를 통역했고, 황실의 말을 세 차례 하사받았다. 영조는 이와 같은 그의 공로를 높이 평가해 특별히 종1품 승록대부 품계에 정2품 지중추부사로 봉했다. 실로 이추는 신분제가 엄연한 조선 사회에서 양반들의 견제를 품고 살았지만 중국과의 외교 현안이 발생하면 제일 먼저 그를 찾은 것 또한 양반이었다.

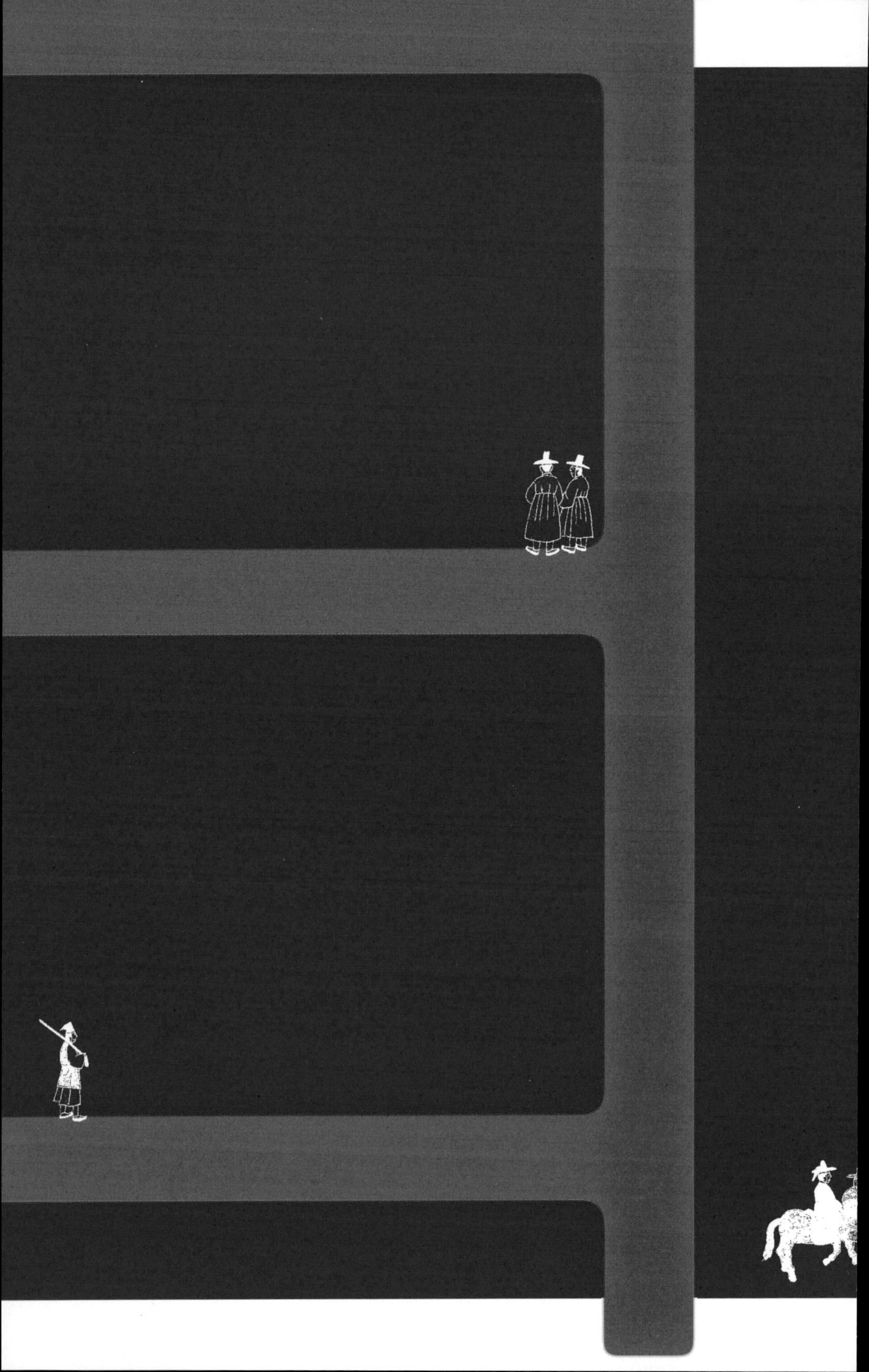

일본과 통通하다

올봄은 일본의 손님이지만,
지난해는 조선의 중인이었네.
뜬구름 같은 세상 어찌 만남을 기약하며
언제 오랜 연못의 봄을 느낄 수 있으랴.

今春倭國客
去年朝中人
浮世何會定
可歸古池春

김한중의 오언절구

조선은 전통적으로 중국과 밀월 관계를 유지하면서 바다 건너 일본의 동향에 늘 촉각을 곤두세웠다. 임진왜란이나 삼포왜란으로 알 수 있듯이 일본과의 화친이 담보되지 않은 평화란 백일몽에 불과했다. 그 사실을 뼈저리게 인식하고 있던 조선의 위정자들은 남부 해안에 왜관을 설치하고 제한적인 교역을 통해 왜인들의 경제·문화적 욕구를 충족시켜 주고 상호 간에 충돌을 예방하려 했다.

1392년 조선이 건국되었을 때 일본에서도 무로마치막부의 장군 아시카가 요시미츠足利義滿가 남북조를 통일했다. 1336년부터 고묘 천황과 고다이고 천황의 남북 두 왕조로 분열된 이래 60여 년 만의 통일이었다. 1386년 대륙의 주인이 명나라로 바뀐 지 불과 6년 만에 이어진 한반도와 일본열도의 지배 세력 교체는 실로 놀라운 사건이 아닐 수 없었다.

1392년(태조 1) 11월 조선에서는 왜구 금압과 피로인 송환을 목적으로 승려 각추를 일본에 파견했지만 본격적인 양국의 외교 관계는 1404년(태종 4)부터였다. 일본의 새로운 지배자로 등장한 아시카가 요시미츠가 1401년에 명나라의 건문제로부터 받은 '일본 국왕 원도의日本國王源道義' 명의로 사신을 파견한 것이다. 그러자 조선은 일본을 교린국으로 설정하고 실질적 권력 주체인 막부 장군을 일본 국왕으로 대접하며 왜구 금압, 피로인 송환 교섭 등을 논의했다. 일본은 대장경 수입, 동과 면포, 곡물 교환 등 문화 경제적인 면에 관심이 많았다.

그때부터 일본은 '일본국왕사'라는 명칭으로 임진왜란이 발발한 1592년까지 200여 년 동안 사신을 71차례 파견했다. 이에 조선에서도 회례사回禮使·보빙사報聘使·경차관敬差官·통신사通信使 등으로 화답했다. 조선 전기의 조일 관계는 이처럼 주로 왜구 문제 해결과 왜인통제책 정비, 활발한 사절 왕래를 통해 우호적이고 안정적으로 진행되었다.

1438년(세종 20) 세종은 조선의 기후 불순과 쓰시마의 기근, 규슈의 전란 때문에 많은 쓰시마인들이 바다를 건너오자 이예를 일본에 파견해 교섭을 벌였다. 그때부터 쓰시마번주가 조선에 오는 왜인들을 관리하는 문인文引(도항증명서)제도가 시행되었고, 1441년(세종 23) 삼포 이외에 고초도(거문도) 근해에서 왜인들의 어업을 제한적으로 허용한 조어금약을 체결했다. 1443년(세종 25)에는 통신사 변호문, 부사 윤인보, 서장관 신숙주, 대마도 체찰사 이예 등이 일본으로 건너가 세견선을 연간 50척으로 한정하는 계해약조를 체결했고 쓰시마를 통한 양국 간 무역과 통교의 원칙도 정비되었다.

당시 조선이 막부와의 직접 수교를 피하고 쓰시마를 대행자로 받아들인 것은 매우 현실적인 판단이었다. 농지가 섬 면적의 1퍼센트에 불과한 쓰시마 주민들은 언제라도 왜구로 돌변해 고려 말기처럼 조선 해안을 초토화시킬 수 있는 위험인자였기 때문이다. 세종 초기의 쓰시마 정벌 이후 한반도 남쪽에 있는 삼포(웅천 제포, 동래 부산포, 울산 염포)에 왜인들의 거주지를 마련해 주고 관리 감독한 것도 같은 이유였다. 1455년(세조 1)에 이르면 삼포에 거주하는 왜인의 수효는 무려 6116명에 이르렀다. 그때 정인지는 왜인들을 통제하기 위해 다음과 같은 온건책을 상주했다.

쓰시마는 적의 소굴이며 여러 왜인의 출입관문이므로 후하게 접대하는 것이 상책입니다. 규슈九州의 멀고 깊은 곳에 있는 여러 왜추倭酋는 중요하지 않지만 그들로부터 얻을 수 있는 동 · 철 · 석류황은 우리에게 요긴하고 나머지 물건도 생활에 필요한 만큼 유리한 면이 없지 않습니다. 그들이 왜구에게 끌려간 조선인들을 돌려보내는 것은 우리의 은혜에 감사하는 것이니 우리도 마찬가지로 대접해야 합니다. 만일 우리 생각대로 저들을 박대한다면 서로의 신의를 잃을까 두렵습니다. 그러니 앞으로 왜선이 오면 우선 역마를 통해 예조에 알리게 하고 예조에서도 즉시 회답할 것이며, 그들이 왕래하는 일정에 이수里數를 계산하여 머물 곳을 정해 주도록 하십시오. 기한이 지나도 떠나지 않는 자가 있으면 그들을 관리하는 향통사를 벌하고, 포浦로 돌아간 뒤에는 양식을 지급하지 않으면 됩니다.

세조가 이를 가납함으로써 왜인들은 조선에서 제한된 기간 안에 상거래를 할 수 있게 되었다. 위의 상주문에서 알 수 있듯이 조선 관리들은 왜인들이 불법을 저지르면 안내하는 향통사를 처벌했다. 정식 역관 취급도 받지 못하던 향통사들은 이래저래 많이 치였다.

1475년(성종 6), 성종이 통신사 파견을 지시하자 그해 7월 정사 배맹후, 부사 이명숭, 서장관 채수가 임명되었지만 실제로 파견되지는 않았다. 그 무렵 신숙주가 일본과의 화친을 잃지 말라는 유언을 남기자 성종은 1479년(성종 11) 재차 일본에 정사 이형원과 서장관 김흔을 파견했다. 그러나 통신사 일행은 쓰시마에서 심한 파도를 만나 병을 얻은 데다 쓰시마번주가 남로南路에 병란을 이유로 사행을 만류해 되돌아왔다. 그때부터 더 이상 조선에서는 사신을 파견하지 않았고 일본에서만 필요에 따라 사신을 보냈다.

신숙주 영정

신숙주(1417~1475)는 당대의 대표적인 학자요 문장가였다. 사대교린에 관련된 외교문서는 물론이고 많은 서책의 편찬에 관여했다.

대일 교린책의 시작과 끝

1573년 일본에선 오다 노부나가가 무로막치막부를 240년 만에 무너뜨렸고, 1583년 도요토미 히데요시가 등장하면서 조일 관계도 파국으로 접어든다. 대륙 정벌이라는 망상에 사로잡힌 히데요시는 1587년 쓰시마번에 조선을 침공하겠다는 뜻을 밝혔다. 이에 당황한 쓰시마번주 소 요시시게宗義調와 소 요시토시宗義智 부자는 우선 조선에 통신사 파견을 종용하는 것이 좋겠다고 건의해 허락받았다.

1587년(선조 20) 소 요시시게는 가신 다치바나 야스히로橘康廣를 일본국왕사로 조선에 보내 통신사 파견을 요청했다. 그러자 조선은 그가 가져온 서계의 형식과 내용이 이전과 다르고 오만하다며 회답을 보류했다. 때맞춰 조헌을 비롯한 유림의 통신사 파견 의견이 비등하자 선조는 수로水路가 좋지 않다는 등을 핑계로 차일피일 시간을 끌었다.

조선의 미온적인 반응에 분개한 도요토미 히데요시는 가토 기요마사加藤淸正와 고니시 유키나가小西行長 등에게 재차 조선 침공 의사를 밝히면서 쓰시마번주에게 조선국왕의 입조入朝를 재촉했다. 궁지에 몰린 쓰시마번주는 1588년에 성주사聖住寺의 주지 겐소玄蘇와 가신 야나가와 시게노부柳川調信를 일본국왕사로 위장해 부산포에 파견해 거듭 통신사 파견을 요구했다.

조선 조정이 즉답을 피하자 그들은 일단 돌아갔다가 이듬해에 다시 겐소를 정사로 파견했다. 결국 조선 조정에서는 내부의 논란 끝에 왜구의 앞잡이로 활동하던 조선의 반민叛民을 잡아 보내면 통신에 응하겠다고 회답했다. 그러자 현소는 즉각 일본에 거주하던 사화동沙火同 등 조선인 10여 명을 잡아 조선에 보냈다. 더 이상 거절할 명분을 잃은 조선은 일본의 내정을 살피고 풍문으로 떠도는 조선 침략 계획의 진상을 탐지한다는 목적으로 통신사 파견을 결정했다. 그리하여 1590년 3월 6일 정사 황윤길, 부사 김성일, 서장관 허성을 대표로 하는 통신사가 한양을 떠났다.

그로부터 1년 뒤인 1591년 1월 28일 귀국한 통신사 일행은 전혀 상반된 의견을 내놓았다. 서인 황윤길과 동인 허성은 일본의 조선 침략을 기정사실화했고, 동인 김성일은 침략의 징후를 전혀 발견하지 못했다고 보고했다. 그처럼 조선의 신료들은 정파 간 갈등 때문에 가장 민감한 안보 문제까지도 일치된 결론을 도출하지 못하고 한반도를 7년여에 걸친 대참화의 소용돌이로 끌어들이고 말았다.

전쟁 말기 명나라는 피해 당사자인 조선을 배제한 채 일본과 강화회담을 진행했다. 그러자 조선의 역관들은 접반사를 수행하면서 명군과 일본군 진영에서 회담 진행 상황을 탐지해 선조에게 보고했다. 1598년 8월 도요토미 히데요시가 교토의 후시미성에서 숨지면서 전쟁은 끝났지만 조선과 일본은 불구대천의 원수지간이 되었다.

냉전은 오래 지속되지 않았다. 조선으로서는 북방 여진족이 세력을 확장하고 있는 상황에서 언제까지나 일본을 적대시하기에는 부담이 컸을 뿐만 아니라 일본에 끌려간 수많은 조선인의 송환도 당면한 과제였다. 일본은 일본대로 전후 흐트러진 내정을 안정시키기 위해서는 조선과의 평화가 전제되어야 했다. 더군다나 양국 사이에 끼어 있는 쓰시마의 절박한 현실을 방치할 수 없었다.

전쟁 당시 쓰시마번은 고니시 유키나가의 제1군에 병사 5000여 명을 참전시켰고 다량의 군량미까지 제공했지만 얻은 것은 없었다. 오히려 청년들의 희생으로 노동력이 급감하면서 농업과 어업 생산량도 급감했을 뿐만 아니라 그동안 쓰시마의 경제를 지탱해 주던 조선과의 무역이 끊어진 탓에 당장 생존 문제가 목에 걸렸다. 궁지에 몰린 쓰시마번주 소 요시토시는 막부의 허락을 받은 다음 조선에 수교 재개를 간청했다. 1600년 쓰시마번은 사신과 함께 피로인 160명을 송환하는 등 조선에 수차례 강화사 파견을 간청했지만 조선은 배은망덕한 쓰시마번의 사신들을 들어오는 족족 처단해 버렸다.

1603년(선조 36) 10월, 일본 남부 사쓰마번에서 억류되어 있다가 귀국한 선비 김광은 하루빨리 교린 외교를 재개하지 않으면 일본이 재침할 수도 있음을 경고했다. 그러자 비변사는 선조에게 일본의 정세를 파악하기 위해서라도 저들이 원하는 사절단을 파견하는 것이 좋겠다고 건의했다. 그 결과 적을 정탐한다는 의미의 탐적사探賊使라는 명칭으로 사명대사 유정을 대표로 하는 사절단이 구성되었다. 1604년 6월 한양을 출발, 쓰시마를 거쳐 일본에 도착한 사명대사는 이듬해인 1605년 3월 교토에서 도쿠가와 이에야스를 만났다.

> "나는 임진년에 간토關東에 머물며 참전하지 않았으므로 조선과 원수진 일이 없다. 나의 뜻은 조속한 통화通和에 있다."
>
> "양국의 통화의 여부는 오로지 일본의 성실 여부에 달려 있습니다."

이에야스가 피로인 송환을 약속하면서 수교 재개를 요구하자 사명대사는 먼저 조선 조정이 만족할 만한 조치를 요구했다. 그러자 이에야스는 후계자인 3남 히데타다秀忠를 통해 피로인 3500명을 돌려주었다. 대임을 마치고 귀국한 사명대사는 선조에게 막부의 강화 의지가 진실해 보인다고 보고했다. 그때부터 대일 강화를 결정한 조선 조정은 수교의 명분으로 첫째 관백의 국서를 만들어 보내고, 둘째 전란 중에 선릉宣陵과 정릉靖陵을 파헤친 범인을 인도하며, 셋째 포로들을 송환하라는 등의 비교적 온건한 조건을 내밀었다.

이에 쓰시마번에서는 1606년(선조 39) 11월, 일본 국왕이라는 명칭이 새겨진 인장과 명나라 연호가 들어간 국서와 함께 왕릉 훼손의 범인이라며 마고사구麻古沙九와 마다화지麻多化之라는 이름의 죄수 두 명을 조선에 보냈다. 조선에서는 두 죄수가 스무 살 남짓한 청년이었으므로 가짜임을 금세 알아차렸지만 요구 사항이 대체로 관철되었다고 판단하고 눈감아 주었다.

1607년(선조 40) 1월 12일, 정사 여우길 · 부사 경섬 · 종사관 정호관으로 구성된 조선의 회답겸쇄환사가 수행원 500여 명을 이끌고 서울을 출발했다. 그해 2월 29일 부산포를 거쳐 3개월 뒤인 5월 24일 에도江戶에 도착한 사절단은 6월 6일 관백 도쿠가와 이에야스에게 국서를 전달했다. 그때 오매불망 수교를 고대하던 쓰시마번에서는 이들을 수행해 에도까지 왕복하는 정성을 보였다.

사절단 일행은 7월 3일 귀국했는데 이때 쇄환해 온 피로인이 총 1418명이었다. 피로인의 수효가 많지 않은 것은 전쟁이 끝난 지 10여 년이 흘러 현지에 뿌리 내린 조선인이 많았고, 각 번에서 피로인 쇄환에 미온적이었기 때문이다. 통신사 재개를 통해 오랜 갈등에서 벗어난 조일 양국은 정상적인 외교 관계를 회복했다. 1609년 조선은 일본의 대조선 외교를 전담하고 있던 쓰시마번과 12개 조항의 기유약조를 맺고 통교무역의 길을 텄다.

기유약조의 골자는 쓰시마번주에게 내리는 미곡을 1년에 100석으로 하며, 세견선은 연 20척으로 제한하는 것이다. 또 관직을 제수받은 자는 1년에 한 차례씩 조선에 와야 하며, 도래하는 왜선은 모두 쓰시마번주의 허가장을 지녀야 한다. 조선 조정에서는 쓰시마번주에게 도서圖書를 만들어 주고, 허가장이 없는 자와 부산포 이외의 포구에 정박하는 배는 적선으로 간주한다. 또 왜인이 왜관에 머무르는 기간은 쓰시마번주의 특송선은 110일, 세견선 85일, 그 밖에는 55일로 한다는 등의 내용이었다.

이 조약에서 과거 50척이던 세견선이 20척으로 줄었는데, 쓰시마번의 침략 책임을 물은 것이다. 또 과거 일본사절단의 상경로가 전란 당시 일본군의 침략로가 되었다는 점을 감안해 부산의 왜관에서 국서 전달 등 모든 용무를 마치도록 했다. 게다가 쓰시마번의 가신들은 세사미두와 무역 특권을 받는 대가로 조선 국왕에게 매년 신하로서의 예를 갖춰야 했다.

1617년(광해군 9) 광해군은 점진하는 후금 세력의 위협에 대응하면서 남방의 안정을 위해 재차 회답겸쇄환사를 파견했다. 2년 전 도쿠가와 가문이 오사카 전투에서 도요토미 히데요시 가문을 멸망시킨 일을 축하한다는 명목이었다. 이괄의 난이 일어난 1624년(인조 2)에는 제3대 장군 도쿠가와 이에미스의 취임 축하를 이유로 회답겸쇄환사를 파견하기도 했다.

1633년 쓰시마번의 가신 야나가와 시게오키柳川調興는 어린 번주 소 요시나리宗義成와의 분쟁 과정에서 그 동안 조선에 보낸 국서를 쓰시마번에서 위조했다는 특급 기밀을 폭로했다. 그와 같은 쓰시마번의 농간이 조선에 알려지면서 통신사 왕래도 일시에 끊겼다. 하지만 대조선 외교 체계를 손상시키고 싶지 않던 막부는 1635년 야나가와 시게오키를 처형하고 조선과의 외교문서를 변조한 외교승 켄보玄方를 유배형에 처함으로써 쓰시마번주의 손을 들어주었다.

그때부터 막부는 쓰시마번에 전적으로 맡겼던 조선과의 교섭을 제한하고 국서 위조를 방지하기 위해 쓰시마의 이테이안以酊庵에 실무담당자 두 명을 파견해 외교문서를 관장케 했다. 이를 이정암윤번제以酊庵輪番制라고 한다. 이정암에는 교토5산의 승려 가운데 한 명을 2년마다 교대로 상주해 각종 외교문서를 검열·번역·작성했다. 이들은 조선에서 통신사가 오면 에도까지 수행하는 접반接伴 혹은 관반館伴 역할까지 도맡았다.

그 무렵 정묘호란(1627년), 병자호란(1636년) 등 거듭된 전화로 그로기 상태에 빠진 조선은 남쪽을 안정시키기 위해 1636년부터 통신사를 부활시켰다. 당시 조선은 역관 홍희남과 최희길을 통해 피로인 쇄환을 도모했다가 용맹스런 항왜降倭의 맞송환을 주장할까봐 신중하게 접근하기도 했다.

1643년 통신사행에서는 역관 홍희남이 막부의 유학자인 하야시 라잔林羅山과 필담을 나누었고 그 과정에서 크리스트교도 문제와 가도에 주둔하고 있는 명나라 장수 모문룡의 처리 문제를 유연하게 처리했다. 그 무렵 일본과 조선은 대륙의 정세에 주목하면서 외교전을 펼쳤던 것이다. 이때의 통신사행에서 사신단은 에도를 지나 도쿠가와 이에야스의 사당이 있는 닛코日光까지 가서 외교행례를 해야 했다. 당시 일본 측에서 쇼군의 세 살배기 아들 와카키미若君에게 네 번 절할 것을 조선 사신에게 주장하자 홍희남은 조정의 명이 없었고 조선에선 사신이 이웃나라 왕자에게 절하는 법이 없다고 분명하게 거절했다. 하지만 그는 사당을 참배할 때 사용한 축문을 태우지 않고 일본 관리들에게 건네주어 환심을 샀다.

그 후 조선은 1811년까지 통신사를 아홉 번 파견했지만 일본에서는 외교를 쓰시마번에서 전담한다는 이유로 막부의 사절을 조선에 파견하지 않았다. 1811년 마지막으로 파견된 조선 통신사는 양국 재정이 불안한 탓에

운요호 사건을 그린 1877년 그림
그림 속 왼쪽의 검은 배가 운요호다.

쓰시마에서 역지통신易地通信으로 실시되었다. 일본에서는 통신사 응접에 따르는 막대한 비용 때문에 논란이 되었고, 조선 역시 자연재해로 인한 국정의 피폐와 주요 예물이던 인삼 확보가 어려운 상황이었다. 그 때문에 통신사 외교도 끊어지고 교역마저 뜸해진 가운데 서양 세력이 침투하면서 조일 관계는 최악의 상황을 맞는다.

1863년 5월 쓰시마번주는 열강들이 조선을 노리기 전에 일본이 먼저 침략해야 한다는 건백서建白書를 막부에 제출해 또 다시 배신의 칼날을 쳐들었다. 하지만 내홍에 빠져 있던 막부는 그 의견을 접수할 여력이 없었다. 얼마 후 대정봉환大政奉還을 통해 막부를 붕괴시키고 등장한 메이지 정부는 1869년 조선에 신정부 수립을 알리는 외교문서를 보냈다. 하지만 문서에 조선 국왕이 준 도장이 찍혀 있지 않았고, 중국 황제가 쓰는 '황皇'·'칙勅' 등의 불경한 문자까지 들어 있었으므로 조선은 수령을 거부했다.

그런 가운데 메이지 정부는 일본 내부에서 일어난 정한론의 연장선상에서 1870년 쓰시마번이 가진 대조선 외교 중개권을 박탈하고 외무성 관리를 쓰시마와 왜관에 파견해 조선 외교를 직접 관장했다. 1871년 신미양요가 발생하자 일본은 일방적으로 미국을 편들면서 개항을 종용하기도 했다.

1872년 5월에는 왜관의 관수가 관원들을 이끌고 왜관 밖으로 나와 동래부사에게 교섭을 요청하기에 이르렀다. 이에 동래부사는 난출 행위에 대한 책임을 물어 관수의 직무를 정지시키고 일대관一代官으로 하여금 직무를 대행하게 했다. 그해 9월 일본 외무대신 하나부사 요시타다花房義質는 군함 카수카春日와 유코마루有功丸에 보병 2개 소대를 싣고 와서 왜관을 점령했다. 그들은 관수에게 외무성 직속의 관사館司라는 직함을 주고 조선에 교섭을 요청했다. 하지만 조선 조정이 그들을 인정하지 않고 왜관에 대한 식량 지원과 교역을 중지하는 한편 모든 상행위를 금지하는 포고문을 발표하면서 양국 관계는 완전히 단절되었다. 그로부터 3년 뒤인 1875년 일본 운요호 사건을 빌미로 조선을 강제 개항시켰고 평등했던 교린交隣도 마감되었다.

통신사와 문위행

조선에서 일본에 보내는 사절은 크게 통신사通信使와 문위행問慰行으로 구분된다. 통신사는 일본 막부의 장군에게 파견하는 조선 국왕의 공식 외교사절단이고, 문위행은 외교 실무자인 역관을 쓰시마에 파견한 임시 사절단이다. 명칭에서 알 수 있듯이 조선은 일본 본토에 있는 막부와는 '통신通信', 즉 상호 신뢰를 통해 대국적인 평화를 추구했고, 쓰시마와는 '문위問慰', 즉 쓰시마번주의 길상사에 안부를 묻는 형식으로 사나운 왜구의 발호를 예방하고자 했다.

대일외교사절의 주력이던 통신사는 최고책임자인 3사를 비롯해 통역관 · 제술관 · 상관 · 차관 · 중관 · 하관 등으로 구성된다. 3사三使는 정사正使 · 부사副使 · 종사관從事官을 말한다. 상관上官은 한의사 · 사자관 · 서기 · 화가 · 군인, 차관次官은 마상재 · 선장 · 연주자, 중관中官은 기수 · 시종 · 하급 통역관 · 요리사 · 나팔수, 하관下官은 격군, 잡부 등이다.

통역을 맡은 역관들의 면면도 당상역관 · 상통사 · 차상통사 · 압물통사 · 소통사 · 훈도 등으로 다양했다. 압물통사는 일본인들과의 교역 현장에서 통역을 담당했으며, 소통사는 왜학훈도에게 일본어를 배우면서 상거래에서 통역, 문서와 장부의 정리, 수행원들과 일본인의 왕래 감시, 회계 등에 종사했다. 훈도는 정9품직으로 지위는 낮았지만 일본 사정에 밝은 전직 역관들이었다.

통신사 파견은 통상 500여 명에 이르는 인원을 선발하고 소요 물품과 예물을 마련해야 했으므로 두 달 이상의 준비 기간이 소요되었다. 일본에 가져가는 예물은 주로 인삼 · 호피 · 모시 · 삼베 · 붓 · 먹 · 은장도 · 청심환 등 조선의 특산품이었다.

통신사 일행은 부경사신과 마찬가지로 한양에서 부산까지 내려가는 도중에 충주 · 안동 · 경주 등지에서 떠들썩하게 송별회를 거쳤다. 이들은 또 부산에 도착하면 순풍이 불기를 기다리면서 해로의 무사안녕을 기원하는 해신제를 지냈다. 1655년(효종 6) 5월에 출발한 을미사행 당시 치른 해신제의 축문을 보면 남해를 응시하는 통신사 일행의 기분이 어떠했는지를 능히 짐작할 수 있다.

유세차 을미 오월 갑신삭 이십칠일 경술에 통신정사 조형·부사 유창·종사관 남용익 등은 삼가 맑은 술잔, 여러 가지 제수로 공경히 대해의 신에게 제사를 드립니다. 엎드려 생각하건데 바다가 넷인데 동쪽 바다가 가장 큽니다. 동쪽 바다에 신이 있어 가장 신령스럽습니다. 신과 사람이 비록 다르지만 이치는 같으므로 그윽함과 현저함이 비록 간격은 있지만 정성이 있으면 반드시 통할 것입니다.

지금 우리들은 왕명을 띠고 해 뜨는 먼 나라에 배를 타고 가는 바 50여 년 동안 사신의 내왕이 끊이지 않았습니다. 우리 임금은 성스럽고 밝아서 교린의 도에 따라 전일의 우호를 다지기 위해 예물과 기旗와 절節을 내리고 우리들을 보냈습니다. 이제 배를 준비하고 길일을 받아 500명의 인원이 여섯 척의 배에 나누어 탔습니다만 층층한 물결 놀란 물결에 목숨이 털끝과 같습니다. 신의 은혜가 아니면 어찌 무사히 건너겠습니까?

우리가 감히 몸을 아끼는 것이 아니라 임금의 명령을 받드는 일이 급하니 부디 신께서는 우리를 보우하여 풍신에게 순풍을 내리게 하시고, 사나운 풍파를 물리쳐 고래鯨가 엎드리게 하고 이무기蛟와 악어鰐魚가 도망치게 함으로써 돛을 달고 닻을 들어 눈 한 번 깜짝할 사이에 천 리를 가게 하시고, 늦거나 거리끼는 일 없이 안전하게 부상扶桑에 도달한 다음 날을 헤아려 배를 돌리게 하소서.

타국에서 임무를 잘 수행함은 모두 신이 주신 복이요, 돌아와 우리 임금을 뵙는 것도 신이 주신 덕이라, 신은 어진 이름을 길이 남기고 사람은 넓은 은혜를 입을 것입니다. 한 이치로 감응하여 영원토록 보답하기를 비옵니다. 우리의 정성을 정결하게 하여 술잔을 올리오니 부디 흠향하시고 소원을 들어주십시오.

해신제를 마친 통신사 일행은 안내를 맡은 쓰시마번의 통신사호행 차왜差倭를 따라 짧게는 8개월에서 길게는 2년여에 걸친 통신사행에 돌입하게 된다. 그들은 총 여섯 척의 배를 타고 항해를 했는데 정사가 탄 1선, 부사가 탄 2선, 종사관이 탄 3선이 주선이었고 각각의 배에 예물과 식량을 실은 종선이 한 척씩 따라붙었다.

쓰시마는 요즘에도 날씨가 좋으면 부산 앞바다에서 뻔히 내다보일 정도로 가깝다. 하지만 조선과 항해 기술이 미숙했던 당시엔 거센 현해탄의 물살과 곳곳에 도사린 암초 때문에 해난 사고가 빈발했다. 경섬의 《해사록》에는 1590년(선조 23) 3월 통신사 황윤길 일행이 쓰시마를 지날 때의 상황이 실감나게 기록되어 있다.

> 경인년 봄에 상사 황윤길, 서장관 허성과 함께 하직하고 서울을 떠나 4월에 배가 출발했다. 이미 큰 바다에 당도하자 구풍이 크게 일어나서 닻줄이 끊어지고 돛대가 꺾여 전복할 위험이 잠깐 사이에 있었다. 배 안에 있던 사람들이 모두 소리치며 울부짖었고, 바다에 익숙한 사공도 또한 발을 구르며 어찌할 바를 몰라 했다.

당시 수행원으로 일본에 다녀온 경섬은 1607년(선조 40) 통신사에 부사로 임명되어 또 다시 공포의 뱃길을 경험해야 했다. 그처럼 위험한 바다를 무사히 건넌 사신들의 감회가 어떠했는지는 1655년(효종 6) 통신사행에 종사관으로 참여한 남용익의 기행문 《부상록》에 실려 있는 시 한 수를 보면 알 수 있다.

> 說盡艱危一笑歡　어렵고 위태함을 말하고서 한 번 웃음으로 즐기는데,

孤村幾日阻波瀾　외로운 촌락에 며칠이나 물결에 막혔는고.

人生不死相逢易　인생이 죽지 않으니 서로 만나기 쉽구나.

海路無如此役難　바닷길에 이번 걸음처럼 어려움은 없었다네.

島頻价將箱榼至　섬 하인은 자주 상箱과 합榼을 가져오며,

蠻童競把節旄看　왜 아이들은 다투어 깃발을 잡고 보는구나.

明朝更待東風發　내일 아침에 다시 동풍을 기다려 출발하리니,

却喚篙師問夜闌　사공을 자주 불러 밤이 얼마나 되었는가를 물어보네.

거친 풍랑을 헤치고 쓰시마에 안착한 조선 사신들은 섬 한 귀퉁이에서 또 다시 건너가야 할 바다를 바라보며 가슴을 졸였다. 하지만 해신이 그들에게 항상 관용을 베풀지는 않았다. 1703년(숙종 29) 2월 5일, 사행단 파견에 앞서 실무 협의차 쓰시마로 향하던 한천석 등 역관사 일행 108명과 쓰시마 역관 네 명, 도합 112명을 태운 배가 쓰시마 최북단에 있는 악포鰐浦에서 좌초해 침몰하는 바람에 전원이 몰사하는 참변이 일어나기도 했다.

아침에 부산을 떠나 저녁 무렵 다다른 악포 항구를 눈앞에 두고 벌어진 사건이었다. 해안에 악어 이빨 같은 암초가 선명한 현지에는 현재 초석 112개로 만들어진 '조선국역관사순난비'가 세워져 한국과 일본 사이에 흐르던 격랑을 증언하고 있다. 김지남의 《통문관지》에서는 다음과 같이 악포를 묘사하고 있다.

왜어로 와니노우라完老於羅, 부산의 남쪽으로 거리가 수로로 480리, 땅은 대마도 풍기군 소속으로 우리나라 선박이 도착하여 정박하는 들머리다. 돌산이 험하게 솟아 있고, 인가 50여 호가 양쪽 기슭에 기대어 있다. 관청과 작은 절

도 있다. 항구가 둘러싸여 있어 선박을 정박시키기에 알맞다. 북쪽으로 포구 밖 몇 리 되는 곳에 얕은 여울이 있는데 뾰족한 돌에 부딪쳐 거세게 흐르므로 바람과 조수를 잘 맞춰야 지나갈 수 있다.

그때부터 조선의 통신사들은 악포를 지날 때면 등에 식은땀을 흘렸다. 그리하여 16년 뒤인 1719년(숙종 45) 계미사행 당시 제술관으로 참여한 신유한은 자신의 일본 기행록인 《해유록》에서 쓰시마인들이 일부러 사신단을 악포 쪽으로 끌어들여 겁을 주려 한다고 비난하기까지 했다. 그렇듯 모골이 송연한 뱃길을 지나 통신사를 실은 배가 쓰시마에 도착하면 쓰시마번주는 에도에 조선의 사신단이 도래했음을 알린 다음 번사들과 함께 사행단을 수행해 본토로 향했다.

조선이 통신사 파견에 많은 시간과 비용을 들였듯이 일본에서도 그들을 영접하기 위해 야단법석을 떨었다. 통신사 일행이 묵을 시관을 신축하고 부두를 보수했으며, 봉화대를 정비하는 데만도 6개월이 소요되었다. 또 선박 예인에 배 1400여 척과 연인원 1만여 명이 동원되었다. 통신사가 에도까지 가는 사행로는 깨끗이 정비한 다음 모래를 깔았고 시든 가로수는 바꾸어 심었다. 임진왜란 당시 조선인들의 귀를 가져와 묻은 이총耳塚처럼 껄끄러운 곳은 발이나 이엉으로 가렸다. 그렇게 쓰인 비용은 소규모 번藩의 1년 경비와 맞먹을 정도였다.

통신사 행렬은 보통 조선 사신단 400여 명, 이를 선도 호위하는 쓰시마 번사가 800명, 또 연도에 각 번에서 동원된 가마의 교군, 인부 등 2600명, 말 800여 마리 등이 뒤엉켜 일대 장관을 이루었다. 그 과정에서 통신사 일행은 일본의 선비들에게 유학을 가르치고 시문을 나누면서 조선의 학문을 과시했다. 1636년부터는 마상재馬上才와 같은 전문 기예자를 총동원해 연도의 일본인들을 즐겁게 했다. 통신사 일행이 에도에 도착하면 수석역관은 쓰시마번주를 통해 조선 국왕의 국서를 관백에게 전달했다. 이어서 관백이 베푸는 다례와 연향례에 참석한 다음 회답서와 예단을 받으면서 공식 일정을 모두 마치면 곧바로 귀국 길에 올랐다.

통신사가 조선의 국력과 문화 수준을 과시하는 의례적 행사라면 문위행은 일본 내부의 상황을 정탐하고 대일 무역의 현안을 해결하기 위한 교섭이었다. 임진왜란 이후 1607년부터 재개된 통신사와 달리 문위행은 1636년부터 정례화된 이래 쓰시마번주의 요청이 있으면 수시로 파견되었다. 사신단은 당상역관과 당하역관 등 역관 2명을 수장으로 군관 · 선장 · 도훈도 · 소통사 · 소동 · 예단색 · 악대 · 사공 · 격군 등으로 구성되었는데, 총인원은 최소 50여 명에서 최대 150여 명에 이르렀다.

《조선왕조실록》이나 《증정교린지》 등에는 문위행 와중에 일어난 다양한 사건이 전해진다. 1640년(인조 18) 역관 홍희남은 동료 김근행과 함께 쓰시마번주 소 요시나리의 득남과 에도에서의 귀환을 축하한다는 명목으로 문위행에 나섰다. 당시 그는 쓰시마인들을 통해 일본의 내정을 정탐하는 한편 동래에 있는 왜관의 시설 개선을 약속해 주었다. 두 사람은 1655년(효종 6) 쓰시마에 가서 유황 1만 5000근을 들여오기도 했다. 1659년(효종 10) 소 요시나리가 죽고 아들 소 요시자네宗義眞가 뒤를 잇자 홍희남과 박원랑은 재차 축하 사절로 파견되어 유황과 염초 교역을 허락해 준 데 감사의 뜻을 표했다.

통신사행과 문위행 과정에서 역관들은 주도적 위치에 있었다. 일본 국왕사나 차왜가 조선에 들어왔을 때도 그들의 임무는 큰 차이가 없었다. 다만 통역 담당자가 사역원의 고위 역관이 아니라 왜관에 상주하고 있는 왜학 훈도와 별차로 바뀔 뿐이었다.

조선 전기에는 한양의 동평관에서 일본 사신을 맞이했다. 그러나 1510년(중종 5) 삼포왜란이 일어나자 조선에서는 일시적으로 삼포에 왜인의 왕래를 금했다가 두모포에 왜관을 지어주고 일본 사신들을 머물게 했다. 임진왜란 이후에는 두모포에서 이전한 초량왜관에 역관을 상주하게 한 다음 각종 외교 현안 논의와 접대 절차를 현지에서 마무리하게 했다.

그때부터 양국 간에 외교 문제나 무역 분쟁이 발생하면 쓰시마의 사신인 차왜가 동래왜관으로 달려왔다. 차왜가 부산에 도착하면 동래부사와 부산첨사가 왜국의 사신을 맞이했다. 그때 회답 서계와 예단을 지참하고 조정에서 내려간 접위관은 동래부에서 본격적인 사신맞이 행사를 진행했는데 그 절차는 다음과 같다.

차왜는 접위관의 안내에 따라 왜관 동관에 진열된 역대 조선 국왕의 전패에 숙배를 올린다. 이어서 소통사가 서계를 받들어 차왜에게 전달하면, 도선주와 부산첨사는 진상품을 점검한 다음 다시 밀봉해 객사로 보낸다. 이윽고 차왜가 객사의 마당에서 조선의 도성을 향해 숙배의 예를 행한 다음 환영연에 참석해서 술잔을 돌리며 연향의식을 한다. 그렇게 조선 방문의 모든 행사를 마친 차왜 일행은 초량왜관에 머물다가 쓰시마로 돌아갔다.

대일무역의 중심지, 쓰시마

일본은 조선에 매년 정월 하례사를 보내고 서계書契를 제출했다. 오늘날의 신임장 격인 서계에는 사신 일행의 수효, 조선에서 머무르는 포구, 체류 일자 등이 명기되었다. 그런데 막부에서 보내는 일본국왕사, 쓰시마번주 소씨가 보내는 쓰시마번주사, 규슈의 번주들이 보내는 사신의 서계는 통일되지 않은 격식 때문에 종종 말썽을 불러일으켰다. 게다가 진상과 회사라는 공무역 과정에서도 서로의 이해관계 때문에 분쟁이 일어나기도 했다.

일본에서 진상품이 들어오면 예조의 낭청이 품질을 검토한 다음 호조에 문서를 이첩한다. 그러면 호조에서 진상품의 가격에 대응하는 회사품을 지급했다. 그런데 일본 사신들은 수시로 회사품이 마음에 들지 않는다며 항의했고 심한 경우에는 연회에도 불참했다. 이 때문에 세종은 공정을 기하기 위해 시장 상인과 예조 낭청이 진상품의 가격을 산정하도록 호조에 명하기도 했다.

일본국왕사와 수호다이묘守護大名들이 초기에 선호하던 회사품은 대장경 같은 경전류, 불화, 동종 등이었다. 내란으로 피해를 입었거나 새로 지은 사원에 안치하기 위해서였다. 막부는 교토에 있는 겐닌지建仁寺·덴류지天龍寺·난젠지南禪寺 등을 복구할 자금을 요청하기도 했다.

양국 사이 교역이 늘면서 일본이 가장 많이 수입해 간 물품은 의류 재료인 섬유류와 의약품인 인삼이었다. 초기에는 모시·마포·명주가 대종을 이루었지만 조선의 목면 생산이 늘어난 15세기 후반부터는 대부분 면포로 바뀌었다. 1475년 한 해에만 2만 7200필, 1488년에는 3개월 동안 10만 필이 바다를 건넜다. 1523년 일본국왕사는 10만 필, 1525년에는 8만 5000필, 1542년에는 6만 필을 가져갔다. 1542년(중종 37) 일본국왕사로 입국한 안심동당安心東堂은 은 8만 냥과 유황 20만 근을 가져와 관목면 45만 필로 바꾸어 갔는데 그 양이 너무 많아 배 서너 척에 다 실을 수 없을 정도였다고 한다.

반대로 교류 초기에 조선은 일본에서 주로 구리를 들여왔다. 15세기 이후 조선에서는 놋쇠 그릇이 유행했고, 동전과 금속활자 주조도 성행했기 때문이다. 남방에서 들여온 조미료와 약용 후추도 일본을 거쳐 조선으로 들어왔다. 성종 대에는 왕실과 고위 관리 집안에서 목란피, 차자, 후추 등 고가의 물품 소비가 늘어나자 이를 규제하기도 했다. 조선 중기부터는 은과 유황이 대량으로 유입되었다.

조선과 일본의 공무역이 번성하면서 사무역과 밀무역도 함께 늘었다. 양국 정부는 그런 현실을 공히 인지했지만 실질적인 필요 때문에 사무역과 밀무역을 거의 방관했다. 교역 초기에는 일본 사신이 들어오면 감사가 차사원을 부두에 보내 물건의 품목과 수량을 일일이 조사해 조정에 보고한 다음 무역을 허가했는데, 시간이 지날수록 규제가 약화되자 한강이나 도중의 숙소에서 상인들과 왜사들이 짜고 물품을 빼돌리곤 했다. 그 과정에서 통역을 맡은 역관들이 끼어드는 것은 당연했다.

1429년(세종 11) 세종은 조선 물화가 일본에 대량으로 유출되는 일을 막기 위해 사무역을 엄금하고 왜관무역은 금란관과 녹사가 전담하며, 배 안에서의 무역도 차사원과 객인이 대면해 매매하도록 했다. 그러나 이문이 많이 남는 밀무역은 좀처럼 줄지 않았다. 특히 일본에서 들여온 표피豹皮·흑칠상黑漆箱·흑칠농黑漆籠·모방석毛方席·항화項靴 등은 사대부 집안에서 애용되었고 지방관들이 이를 비호했으므로 밀무역은 계속 번성했다.

밀무역 과정에서 조선인과 일본인 사이에 갈등도 자주 빚어졌다. 1469년(예종 1) 3월 상인 이길생은 역관 김치중을 통해 삼포에 있던 일본인 난이라難而羅와 만나 은 40냥과 금 8냥 5돈과 바꾸기로 했다. 하지만 이길생은 금을 넘겨받은 후 은 40냥 대신 은 18냥과 인삼 50근을 주었다. 약속 위반이라 여긴 일본인 평무속平茂續은 형조에 이 일을 고소했다. 그 결과 이길생은 효수와 가산을 몰수당했으며 역관 김치중도 가산을 몰수당하고 북방의 관노가 되었다. 난이라는 이길생에게 적몰한 명주 400필을 대가로 받았다. 당시 신숙주는 김치중이 통사로서 오랑캐를 어지럽게 해 간사함을 행하고 양국 간 분쟁을 만들었으니 참수하라고 상주하기도 했다. 이 사건으로 삼포에서 생필품 이외의 사무역은 금지되었지만 밀무역의 수요계층인 양반 사대부 계층의 불만도 늘어났다. 결국 1485년(성종 16) 조선 조정은 공식적으로 일본과의 사무역을 허용할 수밖에 없었다.

공무역의 실무책임자이던 왜학역관들은 밀무역을 통해 전쟁 물자인 유황과 초석, 물소 뿔을 수입했으며 인삼 밀수출에도 개입해 많은 이문을 남겼다. 1623년(인조 1) 7월 4일, 동래의 잠상 임소는 왜관을 통해 밀무역으로 은화 7만 냥을 벌어들인 일이 적발되어 참형을 당했다. 그때 호조판서 이서는 관련된 역관도 처벌해야 한다고 주장했고 인조는 역관을 처벌하면 관원도 함께 처벌해야 한다며 내버려 두었다. 이처럼 역관들은 무기 수입의 주역이었으므로 간혹 밀무역 사실이 적발되더라도 처벌받는 일이 드물었다.

조선에서는 공무역 결제수단으로 공목公木, 즉 목면을 지급했다. 그런데 조선 중엽부터 흉년과 재해가 겹치면서 목면의 품질이 나빠지자 쓰시마번에서 좋은 목면만 받고 나머지는 되돌려 보내는 바람에 마찰이 자주 일어났다. 1630년부터 1650년까지 20년 동안 목면을 둘러싼 분쟁이 격화되자 왜관의 훈도들은 공무역의 회계 문서를 후임자에게 인계하지도 않고 이임하기도 했다. 그런 상황이 이어지자 1651년(효종 2) 차왜 다이라平成扶는 새로운 제안을 내놓았다.

> 쓰시마번주의 식읍인 치쿠젠주筑前州에서 거둔 수확은 에도에서 가져다 쓰기 때문에 쓰시마인들은 달리 생계를 유지할 방도가 없습니다. 원컨대 공목의 반은 쌀로 바꾸어 주십시오.

쓰시마에서 절실한 미곡으로 적체된 공목 지급을 대신해 달라는 제안이다. 동래부사 유심柳淰의 보고를 받은 조정에서는 그때부터 공목 300동을 매 필당 쌀 열두 말로 환산해 5년 동안 쌀로 지급케 했다. 이렇게 시작된 공작미公作米 제도는 3, 5, 10년을 주기로 계속 연장되었는데, 그 수량은 1660년(현종 원년)에 1만 6000섬, 1809년(순조 9)에는 1만 3333섬 5말에 이르렀다.

공작미는 경상도 하납읍下納邑에서 수집된 다음 부산진의 부창釜倉에 있는 공작미고에 보관되었다가 쓰시마로 운반되었다. 하납읍이란 동래東萊로 납부한다는 의미인데 초기에는 동래 · 기장 · 경주 · 대구 · 인동 · 칠곡 · 울산 · 성주 · 선산 · 초계 · 고령 · 영해 · 영덕, · 청해 · 흥해 · 연일 · 장기 등 17개 읍이 지정되었고, 도중에 40개 읍으로 늘어나기도 했다. 또 부창은 동래부 소속 창고였는데, 여기에 있던 공작미고는 42칸으로 단일 규모의 창고로는 국내에서 가장 컸다.

1678년 부산의 초량에 왜관이 건설되면서 조일 무역은 최고조에 달했다. 쓰시마 상인들은 왜관을 통해 조선 상인들로부터 생사와 견직물을 구입한 다음 교토, 오사카, 에도 등지에 설치된 번저藩邸에서 어용상인을 통해 판매했다. 그 무렵 왜학역관들이 중개수입을 통해 벌어들인 돈으로 사치를 일삼자 사역원에서는 1697년(숙종 23) 7월 12일 다음과 같이 역관들을 벌해 달라고 요청했다.

> 동래에 차송하는 왜역훈도·별차는 왜인과 아침저녁으로 상대하는 긴요한 직임인데 이익이 많다고 알려져 있습니다. 그런데 요즘 저들이 근신하지 않고 나라의 체모를 손상시키니 징계하고 격려하는 방법을 모색해야 합니다. 훈도 박재홍은 가족이 밀양에 살고 있는데 동래에 집을 짓고 첩을 들인 뒤 양쪽을 오가며 노느라 복명조차 하지 않았습니다. 그래서 잡아다 유배를 보냈지만 뇌물을 써서 배소를 밀양으로 삼으려고까지 했습니다. 훈도 한천석도 동래에 첩을 두었는데 상喪을 당해 돌아온 뒤에도 제 물건을 동래에 두었습니다. 이처럼 법을 무시하는 방자한 무리들을 엄벌하지 않는다면 다른 역관들은 앞다투어 왜관 앞에 집을 지을 것입니다. 아울러 두 사람을 잡아다 추문하고 이들의 동래에 있는 집을 헐어 국고에 귀속시키십시오.

여기에 등장하는 역관 한천석이 바로 1603년 계미사행 때 실무역관으로 쓰시마에 가다가 악포에서 빠져 죽은 인물이다. 또 박재홍은 변승업, 김근행과 함께 초량왜관 신축에 거금을 투자한 갑부였다. 이들이 동래에 집과 첩을 두었다는 사실은 왜관에 근무하는 훈도와 별차의 직임이 얼마나 노른자위 보직이었는지를 보여 준다.

한편 17세기경 동아시아 최대의 은 생산국이던 일본은 조선과의 교역에 엄청난 양의 은을 지불했다. 당시 막부가 주조한 경장정은慶長丁銀은 왜은倭銀, 혹은 견설은犬舌銀이라고 불렀는데 순도 80퍼센트의 고급 통화로서 조선

물품 구입 대금의 대부분을 차지했다. 이 때문에 쓰시마번에서는 왜관으로 은을 수송하기 위해 은선銀船이라는 배를 띄우기도 했다. 은선이 7 · 8월에 싣고 가는 은을 황력은皇曆銀, 10 · 11월에 싣고 가는 은을 동지은冬至銀이라고 불렀다. 조선에 들어온 은은 역자행과 동지사행에 참여한 한학역관과 상인들의 손에 의해 중국으로 건너가 생사와 견직물로 바뀐 다음 이듬해 2 · 3월과 6 · 7월경 왜관을 거쳐 일본으로 다시 건너갔다. 그와 같은 중개무역을 통해 한중일 삼국 교역은 황금기를 구가했고 역관들은 알부자가 되었다.

조선 후기 동아시아 교역 상품 가운데 가장 값비싼 상품은 조선의 인삼이었다. 일본인들이 인삼을 광적으로 좋아해서 인삼 수입에 소요되는 은의 유출량도 무시 못 할 수준이었다. 이에 경각심을 느낀 막부에서 인삼 국산화에 성공했고 내수인삼의 자급자족을 실현했다. 이어서 생사生絲 생산량도 급증하자 조선을 통한 중국산 견사 수입량은 대폭 줄었다. 그 결과 1740년경 은화가 해외로 유출되는 양이 줄었고 일본 국내 시장도 안정되었다. 또 은선이 출항하는 횟수도 차츰 줄더니 1753년 1월, 두 척의 은선을 마지막으로 은선 출항도 완전히 끊겼다.

조선에서는 17세기 말 대일무역이 쇠퇴하자 공사무역의 주역이던 역관들도 큰 타격을 받았다. 한데 피해자는 그들뿐만이 아니었다. 그 동안 일본의 인삼독점권과 무역중개지로서의 이점을 누리던 쓰시마번이 최악의 경제 상황을 맞게 된 것이다. 역사적으로 볼 때 본토의 호재가 자신들의 악재라는 사실을 간과한 업보였다. 하지만 쓰시마번은 이 뼈저린 교훈을 되새기지 못하고 서세동점 시기에 편승해 또 다시 조선 침략이라는 비열한 방식으로 활로를 모색했다.

왜관, 대일외교와 무역의 전용 창구

14세기 초부터 명나라 홍무제가 실시한 민간 교역 금지의 여파로 동아시아 제국들 역시 내외국인 출입을 강력하게 통제했다. 예외적으로 타국의 외교관이나 공무역 종사자들에게는 일정 기간 체류를 허락했지만 이들이 자국민과 접촉하지 못하도록 특별 거류 지역을 만들어 철저히 관리했다.

당시 명나라에서는 외국 사절단을 접대하는 회동관이 있었고, 일본에서는 에도시대부터 네덜란드 상인들을 위한 나가사키의 데지마出島, 중국인 거주지인 도진야시키唐人屋敷, 가고시마鹿兒島에 유구관琉球館이 있었다. 조선에서는 한양에 중국 사신을 위한 태평관, 여진인을 위한 북평관, 왜인들을 위한 동평관을 운영했고, 특별히 대일 무역의 원활한 교섭을 위해 남쪽 포구에 왜관을 설치했다.

조선에 왜관이 등장한 것은 1407년(태종 7)이었다. 태종이 경상도병마사 강사덕의 건의에 따라 흥리왜인興利倭人들의 폐해를 없애겠다는 명분으로 도만호都萬戶의 소재지인 부산포와 제포 두 곳에 왜관을 설치한 것이다. 《순암집順菴集》 〈왜관시말倭館始末〉에 따르면 국가의 법령으로 외국인 거류지가 만들어진 것은 역사상 최초의 일이었다.

> 고려 시대에 쓰시마인들이 항시 금주金州(김해)에 왕래하면서 시장을 열고 무역을 했으므로 접대하는 관館이 있었다고 하나 듣지 못했다. 유숙하는 관이 생긴 것은 본조의 제도가 처음이다.

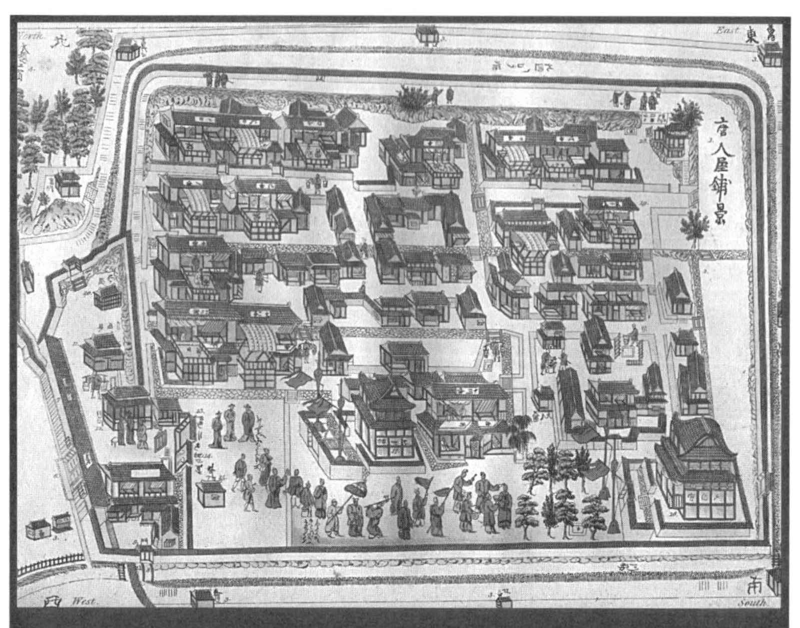

도진야시키

에도시대의 쇄국정책에 의해 나가사키에 설치된 중국인 주거지구. 일종의 차이나 타운. 도진唐人은 당나라 사람, 또는 외국인을 의미한다.

데지마

19세기 데지마의 모습. 1634년 에도 막부의 쇄국정책의 일환으로 나가사키에 건설된 부채꼴 모양의 인공섬이다. 1641년에서 1859년 사이에 대 네덜란드 무역은 오직 이곳에서만 독점적으로 허용되었다.

태종은 또 1409년(태종 9) 2월, 세자의 후견인을 자처하던 민무구 형제를 제거한 뒤 그들의 집을 헐어서 동평관東平館과 서평관西平館을 짓고 일본과 유구인 사신을 머물게 했다. 1422년(세종 4)에 일본국왕사 규주圭籌와 수행원 135명이 상경했을 때는 객사가 부족해 동·서평관 이외에 묵사墨寺라는 절을 추가로 사용하기도 했다. 당시 사신들이 동평관에 체류한 기간은 짐의 양에 따라 30바리 이하는 10일 이내, 40바리 이상은 20일 이내, 80바리 이상은 30일 이내로 제한되었다.

초기에 동평관은 단순히 상경왜인들의 숙소였지만 점차 숙소 기능에서 벗어나 왜인 관련 행정을 전담하는 기관으로 발전했다. 5품 관아이던 동평관의 직제는 감호관을 책임자로 하고 현임 산관을 3품 이하 6품 이상으로 하며, 감호관 3인에 녹사 2인을 두되 감호관 3인 중 1명은 의금부 관원으로 임명했다.

1418년(태종 18)에는 추가로 염포와 가배량에도 왜관을 설치했다. 조선 초기 왜관은 4개소에 달했다. 하지만 왜구들의 노략질이 그치지 않자 이듬해인 1419년(세종 원년) 쓰시마 정벌과 함께 모든 왜관을 폐지하기도 했다. 그 후 1426년(세종 8) 조정에서 왜인들에게 삼포三浦를 개항하고 각 포소에 왜관을 설치함으로서 삼포왜관이 성립되었다.

15세기 초 일본의 아시카가막부와 통교한 조선은 바다를 건너오는 왜인들에게 아시카가 장군足利將軍·슈고 다이묘守護大名·쓰시마번주對馬藩主 등이 발행하는 도항증 휴대를 의무화했다. 또 왜인과 조선인의 접촉이 잦아지면서 국가 기밀 누설, 밀무역 성행 등 다양한 문제가 발생하자 부산포·제포·염포에 왜관을 설치하고 거주자를 60명으로 제한하며 무역을 허용해 주었다.

세종 대에 들어와 왜관에 거주하는 왜인들이 2000여 명으로 증가하면서 거래 품목도 늘자 많은 문제점이 노출되었다. 당시 쓰시마번주는 삼포에 자신들의 자치 조직을 만들고 이들을 통해 면포를 공물로 받아가기도 했다. 통제가 느슨해지자 처자를 데려와 왜관 밖에 살면서 농사를 짓는 왜인도 나타났다. 이들 항거왜인恒居倭人 가운데 일부는 왜관에 상주하는 역관들과 결탁해 밀무역을 하면서 재산을 불렸고 밀렵을 일삼았으며 조선인을 대상으로 한 고리채를 통해 토지를 빼앗기까지 했다.

조선은 중종 대부터 삼포의 왜인들에 대한 혜택을 철폐하고 교역품에 철저하게 세금을 부과하는 한편 쓰시마번주에게 초과된 인원은 철수하라고 강력히 요구했다. 또 선박을 감시하는 등 엄격하게 법규를 적용하자 경제활동이 위축된 왜인들은 조선 관리들과 자주 충돌을 일으켰다.

당시 왜관의 역관들은 왜인들이 조선에 체류하는 일자를 조작해 유포량留浦糧을 과다 수령하기도 했고, 왜인들에게 손가락질하는 백성들을 붙잡아 구타하는 등 횡포를 일삼았다. 1509년(중종 4) 홍경주는 임금에게 역관들이 왜인들과 야합해 백성들을 괴롭히고 있다며 엄벌에 처하라고 주청했다. 특진관 이손도 자신이 김해부사로 있을 때 통사의 부추김을 받은 왜인들이 조선인들을 괴롭히는 일이 예사라고 보고했다. 이에 중종은 의금부 낭관을 보내 역관들을 처벌했지만 소요를 우려해 왜인들에게는 죄를 묻지 않았다. 그로 인해 관리들과 왜인들의 갈등은 깊어만 갔다.

1510년(중종 5) 4월, 삼포의 왜관에서 대대적인 폭동이 일어났다. 삼포왜란으로 일컬어지는 이 사건은 조선 관리들이 제포에서 낚시질하던 항거왜인 네 명을 왜구로 오인해 사살하면서 시작되었다. 그 소식을 들은 내이포의 왜인 우두머리 오바리시大趙馬道와 야스코奴古守長가 중무장한 왜인 수천 명을 거느리고 폭동을 일으켰다. 여기에 쓰시마번주 소 모라노부宗盛順의 원병 5000여 명이 가세해 사태는 커져 갔다.

순식간에 왜구로 돌변한 그들은 웅천성을 포위한 다음 인근 마을을 습격해 민가 796채를 불태우고 백성 270여 명을 살해했다. 그 와중에 부산포첨사 이우증李友曾이 죽고 제포첨사 김세균金世鈞은 납치되기까지 했다. 조정에서는 황형黃衡을 좌도방어사左道防禦使로, 유담년柳聃年을 우도방어사로 삼아 삼포로 급파했다. 결국 폭동의 주모자인 쓰시마번주의 아들 소 사宗盛弘를 비롯해 왜인 295명이 죽고 왜선 다섯 척이 격침되자 겁을 먹은 왜인들이 쓰시마로 도주하면서 15일 만에 난은 진압되었다. 이 해가 경오년庚午年이므로 달리 경오의 난이라고도 한다. 분개한 조선 조정에서는 삼포에 거주하고 있던 모든 왜인을 추방해 버렸다.

삼포왜란으로 양국의 통교가 중단되자 궁해진 쪽은 일본이었다. 당장 쓰시마에서 식량난으로 비명이 터져 나왔기 때문이다. 그리하여 1512년(중종 7) 5월과 윤 5월 쓰시마번주는 삼포왜란의 주동자를 처형하는 한편 조선인 포로들을 송환하는 등 필사적으로 재수교를 간청했다. 이에 조선은 새로 체결한 임신약조壬申約條를 통해 개항소를 내이포(제포) 한 곳으로 제한하고 도해하는 일본의 선박 수와 인원 등을 대폭 축소해 버렸다. 그 때문에 왜관은 항거왜가 거주하는 공관에서 사절을 접대하는 객관으로 환원되었다. 1521년(중종 16)에 가까스로 부산포 왜관이 재개되었지만 1541년(중종 36) 재차 왜선 20여 척이 고성의 사량진蛇梁鎭을 습격하는 사건이 일어나자 이번에는 제포의 왜관을 폐쇄하고 부산포 한 곳만 남겨 두었다.

그 후 대일무역이 정상을 되찾으면서 조일 관계엔 별다른 마찰이 없었지만 왜관을 무대로 역관들이 일으킨 부정은 수시로 발각되었다. 1552년(명종 7) 9월 호조판서 정세호는 예빈시 전복禮賓寺典僕을 왜관의 창고지기로 임명해 주고 뇌물을 챙겼으며, 역관 18인의 포흠채逋欠債가 사면으로 이미 면제되었는데도 공갈 협박해 돈을 갈취했다가 의금부의 수사망에 걸려 파직당하기도 했다.

1592년(선조 25) 임진왜란이 발발하면서 부산포 왜관은 폐쇄되었고 한양에 있던 동평관도 소실되었다. 전후 쓰시마번에서 조선과의 교류 재개를 위해 1599년 파견한 가신 카케하시梯七太夫 · 요시조에吉副左近, 이듬해의 유타니야스케柚谷彌助 등은 한 사람도 귀국하지 못했다. 그런데도 쓰시마번은 끈질기게 사절을 파견하고 피로인을 송환하면서 조선의 반응을 끌어냈다. 1601년 쓰시마번은 선조의 얼매부孼妹夫인 남충원을 송환하면서 그의 딸을 풀어주지 않는 등의 방법으로 강화를 요구하기도 했다. 그 과정에서 조선은 절영도에 가왜관을 설치하고 쓰시마번주 소 요시토시宗義智 일행을 머물게 했다.

얼마 후 조선에서 국정탐색사 명목으로 사명대사를 파견하자 안도한 쓰시마번주는 가신 야나가와 시게노부柳川調信와 성주사의 주지 현소玄蘇 등과 함께 후시미성伏見城에 있던 도쿠가와 이에야스를 찾아가 조선과의 교류 재개를 허락받았다. 당시 도쿠가와 이에야스는 소 요시토시에게 비전국肥前國 키이基肄 · 야부養父 두 군 내에 영지 2800석을 주고 번주들의 의무 사항인 참근교대를 3년에 한 차례로 줄이는 등 각종 특권을 베풀며 대조선 외교의 전권을 맡겼다.

1607년(선조 40) 일본과 수교를 재개한 조선은 두모포에 1만여 평 규모의 왜관을 설치했고, 1609년에 한양의 동평관을 폐지했다. 이전에 일본 사신들의 상경로가 임진왜란 당시 침입 경로로 이용되었고, 동행했던 쓰시마인들이 길잡이 노릇을 한 데 대한 문책성 조치였다. 그때부터 왜인들의 한양 출입은 전면 통제되었고 왜관만이 독립적인 외교와 무역 공관으로 자리매김하게 되었다.

1608년(선조 41) 정월 두모포왜관에 외교 승려 겐소와 쓰시마번의 가신 야나가와 토시나가柳川智永가 들어왔다. 무역 재개가 목적이던 이들은 임의로 일본국왕사를 사칭했는데, 이를 감지하지 못한 조정에서는 선위사 이지완을 왜관에 파견해 협상에 응하도록 했다. 하지만 교섭은 쉽지 않았다. 그 해 2월 선조가 승하하고 광해군이 즉위하는 등 국정상의 이유도 있었지만 양국의 무역량을 결정하는 세견선의 수에 이견이 많았기 때문이다. 쓰시마번 입장에서는 전쟁 이전 수준으로 부활시키고 싶었겠지만 조선 측은 전쟁 책임이 쓰시마에도 있다면서 감액 의사를 굽히지 않았다.

낙망한 겐소와 토시나가는 일단 귀국했다가 1609년(광해군 1) 3월, 수행원 324명을 데리고 재차 조선에 들어왔다. 그들은 교섭이 장기화하면 할수록 손해라는 계산 하에 조선 측 주장을 순순히 받아들이고 13개 조항의 기유약조己酉約條를 체결했다. 그 결과 쓰시마번주는 조선으로부터 세사미두歲賜米豆 100석을 하사받게 되었고, 세견선은 20척으로 줄었으며, 1년에 한 차례씩 조선의 벼슬을 받은 수직인受職人이 내조해야 했다. 또 입국하는 모든 왜선은 쓰시마번주의 문인文引을 소지해야 하고, 만일 문인이 없는 자와 부산포 외에 정박하는 왜선은 적으로 간주되었다.

당시 겐소는 조선 조정으로부터 도서를 받아 이테안송사以酊庵送使를 운용하게 되었다. 그 외에도 쓰시마번주 소씨 일족과 가신 야나가와씨 등에게 허용된 만송원송사萬松院送使·유천송사柳川送使·유방원송사流芳院送使·아명송사兒名送使 등을 통해 쓰시마번 측은 기유약조로 감축된 선박 수를 충분히 보충할 수 있었다.

이처럼 관대한 조치가 취해졌지만 쓰시마 측은 도항선을 늘리기 위해 갖가지 편법을 동원했다. 정규 도항선에 부선副船과 수목선水木船을 뒤따르게 했고, 사절을 왜관에 둔 채 배만 왕복하게 했으며, 장군가나 쓰시마번주의 길흉·은퇴·교체 보고·통신사 파견·송영, 표류민의 송영 등을 이유로 차왜를 파견했다. 당시 쓰시마번에서는 가신들에게 토지 대신 사선使船 경영권을 급료로 주었으므로 얼마나 많은 배가 조선에 드나드는지가 수입을 좌우했다. 이 때문에 차왜들의 조선 도해는 그야말로 결사적이었다.

조선 후기 조일 무역은 크게 진상·공무역·사무역 세 형태로 진행되었다. 통상 진상품은 조총·유황·납 등 무기나 탄약 재료였다. 공무역은 주로 쓰시마에서 구리·주석·동남아시아산 염료·물소 뿔 등을 가져가면 조선 정부가 공목公木(목면)으로 사들이는 방식이었다.

사무역은 조선 상인이 상품을 가져와 왜관에서 관리 입회하에 시장을 여는 방식으로 통상 개시開市라고 했다. 한데 왜관에 민간인들이 출입하면서 국가 정보가 누설되는 일이 종종 발생했고 상인 간의 분쟁도 끊이지 않았다. 그렇지만 사무역을 금지하면 밀무역이 늘것을 염려한 조선은 일본 측과 개시일, 취급품목을 조정한 다음 사무역을 허용했다.

왜관은 17세기 쇄국령이 내려진 일본의 유일한 해외 일본인 마을이었으며 쓰시마 경제의 젖줄이었다. 당시 왜관을 통해 일본이 수출한 은의 양은 중국이 무역선을 통해 수출한 양보다 일곱 배 이상이었다. 두모포왜관은 설치 당시부터 공간이 협소하고 수심이 얕아 배를 정박시키기 어려웠다. 이 때문에 쓰시마번주가 1640년부터 여덟 차례에 걸쳐 집요하게 두모포왜관 이전을 요구했지만 조선 조정에서는 1673년에 이르러서야 초량으로 이관을 허락했다.

당시 조정에서는 사역원에 감동역관監董譯官직을 신설하고 왜관을 건축하는 데 드는 비용의 조달 · 관리 · 감독을 전담시켰다. 왜관은 오늘날의 대사관이나 영사관 개념과 달리 전적으로 조선 조정의 재산이었다. 조선 대외무역의 주체이던 역관들은 초량왜관의 이전 비용를 마련하기 위해 공개적으로 모금을 하는 한편 고리대금업까지 했다. 그들은 동래부를 비롯한 관련 지방관아의 비축자금을 빌려 종자돈으로 썼다.

그렇듯 왜관 이전의 책임이 주어지자 새로운 수입원이 생긴 역관들은 쾌재를 불렀다. 1676년에 왜학역관 김근행은 동료 박재흥과 관화 1만 냥을 빌려 고리대를 통해 6000냥의 이익을 얻었고, 나머지 7000냥을 왜관 건립 비용으로 바쳤다. 1678년에는 역관 박재흥 · 박유년 · 김진하 · 홍우재가 함께 영남 민결 5000냥을 빌린 다음 고리대를 통해 자금을 불려 왜 목수의 임금을 지불하고 나머지를 나누어 가졌다. 1740년 왜관 서관의 행랑 공사를 맡은 감동역관 현덕연과 박춘서는 동래부에 비축된 공목을 돈으로 바꿔 고리대를 하기도 했다.

초량왜관 건립 공사는 조선인과 일본인이 합작한 대규모 국가사업이었다. 《부산부사원고釜山府使原稿》에 따르면 총공사비가 미곡 9000섬, 화폐 1만 6000냥, 연인원 12만 명이 동원되었는데 쓰시마인도 2000여 명이 참여했다. 《변례집요邊例集要》 〈관우館宇〉 편에 따르면 당시 대목수왜大木手倭 70명, 소목수왜小木手倭 150명의 경비로 도합 은 6223냥 9전 5푼, 쌀 4253섬 5말 8되가 지급되었다.

왜관은 오늘날 치외법권 지대인 대사관이나 공사관과 달리 조선의 영토이자 관할구역이었다. 왜관 건물 자체가 조선의 자금과 인력으로 지어졌고,

왜관도倭館圖
1783년(정조 7)에 변박卞璞이 그린 초량왜관의 전경이다. 국립중앙박물관 소장

조선이 정한 통교 규정에 따라 왜관 운영과 사용이 허가되었기 때문이다.

1678년 4월 23일 완공된 초량왜관의 면적은 약 10만 평 내외로 이전의 두모포 왜관보다 열 배나 넓었다. 일본의 나가사키에 있는 중국인 거류지 도진야시키보다 열 배, 네덜란드인들의 데지마 상관에 비하면 스물다섯 배에 달하는 면적이었다. 남쪽과 동쪽이 바다와 맞닿은 왜관은 중앙의 용두산을 경계로 서관과 동관으로 나뉘었다.

서관은 쓰시마에서 파견된 정례 사절이 머물던 숙소이고 동관은 관리의 숙소 겸 집무소인 관수옥館守屋을 비롯해 조선인과 쓰시마인이 거래하던 개시대청開市大廳, 재판옥裁判屋과 절, 신사와 도자기를 굽는 가마까지 있었다. 서관의 북쪽에는 일본 사신을 응접하는 연향대청宴饗大廳, 응접을 맡은 조선 측 관리의 숙소인 유원관柔遠館, 역관들이 머무르는 성신당誠信堂, 국왕을 향해 절을 올리는 객사客舍 등 외교 의례를 위한 건물들이 지붕을 맞대고 있었다. 동관이 왜관 종사자들의 경제 활동 장소라면 서관은 외교 활동 장소였던 셈이다.

왜관 주위는 외부와의 접촉을 금하기 위해서 높이 여섯 척의 돌담을 쌓았고 출입구는 단 두 곳뿐이었다. 담 밖에 있는 복병소伏兵所 여섯 곳에서는 조선 병사들이 통행자들을 엄중히 감시했다. 왜관 거주자들이 관 밖으로 나가려면 반드시 이곳을 거쳐야 했다. 관리나 상인들도 '물금패식勿禁牌式'이라는 목패로 된 통행증을 지참하지 않으면 출입할 수 없었다. 목패의 앞면에는 '관직물금館直勿禁', 뒷면에는 '사使' 자가 새겨져 있었다.

왜관 운영을 위해 조선에서는 사신 접대와 통교 사무를 담당하던 접위관接慰官, 동래부에 소속된 역관으로서 접위관, 일본 사신들의 안내와 통역을 맡은 차비관差備官·훈도·별차·소통사, 일본인이 조선 근해에 표류했을 때 조사와 구호를 위해 파견된 관리인 문정관問情官 등과 함께 수문장守門將·설문장設門將·소동小童·관지기·예단지기·사령使令·파발군擺撥軍 등 150여 명을 상주시켰다.

왜관에 머무는 일본 관리에는 모두 쓰시마번주의 가신들로서 관수·재판·대관·동향사승 등 왜관4역倭館四役이 있었고, 그 외에도 통역을 담당하는 통사, 왜관 내 물품과 사람을 검문하는 등 왜관의 경비를 담당하는 요코메橫目·메쓰케目付, 조선의 매를 배에 선적할 때까지 사육·관리하는 응장鷹匠, 거류민의 건강을 관리하는 의사, 왜관 내에서 그릇을 제작하는 도공, 관내의 일용품 조달을 담당하는 우케오이야請負屋, 화물의 선적과 항해에 빼놓을 수 없는 수부水夫 등이 있었다.

관수館守는 1637년(인조 15)부터 상주한 일본 측 최고 책임자로서 왜관 내 업무를 총괄했다. 관내 규약 준행, 조일 통교 무역의 원활한 수행, 조선과 중국 방면의 정보 수집과 통보, 외교서한 검사 등이 주요업무였다. 임기는 2년으로 일본 외무성에 왜관이 접수되던 1873년까지 95명이 부임했다.

재판裁判은 양국 간에 특수한 외교교섭을 위해 파견되어 오는 관리로서 왜관에 머무는 일수는 정해지지 않았다. 1681년 이후 상주 관리 취급을 받은 재판차왜裁判差倭는 18세기 이후 실질적으로 양국 간의 외교를 도맡았다.

동향사승東向寺僧은 외교문서의 작성 · 심사 · 기록을 담당한 외교승으로 약 1년 내지 2년을 임기로 윤년제로 근무했다. 대관代官은 무역의 매매 교섭과 결재, 조선에서 지급되는 각종 물품의 수취나 재촉 등 경제 부문을 담당하는 관리였다.

왜관에서는 내국인인 조선인들의 이목을 의식해 여러 엄격한 규정을 만들었다. 각자의 신분에 따라서 의복의 재료와 형태를 상세하게 정해 놓은 〈왜관의복규정倭館衣服之制〉을 지켜야 했고, 식생활도 한 끼에 1식 3찬一食三饌으로 한정했다. 하지만 조선인이 참석하면 국 두 가지와 반찬 일곱 가지, 혹은 국 두 가지와 반찬 다섯 가지를 차렸다. 그 밖에 '훈도시 차림으로 밖에 나가지 말 것', '큰 소리 지르지 말 것', '싸움할 때 상대방을 때리지 말 것' 등 다양한 금령들이 있었다.

초량왜관 주민이 되려면 쓰시마번의 허가를 받아야 했고, 관내에서만 거주해야 했는데 가족과 여성 동반은 철저하게 금지되었다. 이는 일본 국내의 데지마 상관이나 도진야시키도 마찬가지였다. 이 때문에 왜관의 울타리는 그대로 일본인 거주 구역의 경계선을 의미했다. 이 금역을 벗어나면 난출闌出이라 해 엄히 처벌되었다.

왜관의 수문守門 밖에서는 매일 아침 장이 열렸는데 이를 조시朝市라 했다. 초량 주민들이 왜관에 거주하는 왜인들에게 어물 · 채소 · 미곡 등 생필품을 거래하는 마당이었다. 이때 조선 측에서는 문장門將과 통사, 왜인 측에서는 금도禁徒가 소금도와 함께 나와 사적인 접촉을 차단했다. 조시에서는 초기에 은화가 통용되었는데 1701년 동래부사 김덕기가 용전用錢의 폐단을 지적한 후부터 물물교환 방식으로 바뀌었다.

조시에서 왜인들이 여자 상인들의 물건만 구입하는 바람에 남자 상인들이 발을 끊기도 했다는 이야기는 매우 흥미롭다. 특히 나이 어리고 예쁜 여자가 파는 물건은 긴요하지 않아도 값을 배나 주었다. 금녀 구역인 왜관에 사는 남자들의 어쩔 수 없는 성정이었다. 하지만 1710년 동래부사 권이진權以鎭은 이를 두고 조시에서 어채魚菜를 파는 것이 아니라, 여자를 파는 것이라고 조정에 상주해 젊은 여자들의 출입을 금해 버렸다.

초량왜관에 왜인들이 늘면서 많은 미곡과 포물이 조시에서 거래되자 조정에서는 미곡상과 잠상이 적발되면 장杖 100대에 도徒 3년형을 처한다고 엄포를 놓았지만 별다른 효과를 거두지 못했다. 그리하여 19세기 후반에는 조시꾼朝市軍 50, 60명이 왜관 주변에서 활동했고, 그들과 결탁한 사상私商들이 무리 지어 왜관 안을 출입하기도 했다.

왜관이 설립될 당시 초량촌의 호구는 92호 남짓이었다. 그중에 남자 주민은 왜인들의 상품을 넘겨받아 다른 지역에 팔아넘기면서 돈을 벌었고, 여자 주민은 조시를 통해 단골 관계를 맺었다. 그로 인해 왜인들이 은밀하게 초량촌을 드나들면서 소위 난출과 교간交奸 사건이 자주 일어났다.

조선 조정에서는 교간 사건이 적발되면 조선인 알선자와 여성을 모두 사형에 처했지만 왜관을 관리하는 쓰시마번의 조치는 전혀 달랐다. 《왜인작나등록》에 따르면 1690년(숙종 16) 이명원이란 자가 딸과 여동생을 왜관에 잠입시켜 매춘을 시켰다가 적발되었는데, 이들 조선인들은 동래부에서 모두 처형되었지만 왜인들은 관수에 따라 쓰시마로 돌려보내진 것이다. 그렇듯 같은 범죄행위를 놓고 행형에 차이가 나자 공정성 시비가 일었다. 그 때문에 1711년(숙종 37) 통신사의 일본 방문을 계기로 신묘약조 3개 조항이 체결되었다.

신묘약조의 조항은 왜인과 조선 여인과의 교간에 관계되었으므로 일명 교간약조라고도 부른다. 첫째 쓰시마인이 왜관을 빠져나가 여성을 강간하면 사형, 둘째 여성을 유인해 화간和姦하는 자, 혹은 강간미수범은 유배, 셋째 왜관에 들어온 여성을 통보하지 않고 교간하는 자는 그 이외의 죄를 적용한다는 내용이었다.

앞서 계해약조에 빠졌던 교간이 신묘약조에 처음으로 등장하게 된 것이다. 새로운 약조에서 교간 알선자를 사형시키는 내용은 변함이 없었으나 여성은 사형을 적용하지 않고 곤장이나 귀양으로 감형되었다. 또 사형의 경우도 왜관 바깥에서 이뤄진 강간만을 대상으로 했다. 애써 규정을 만들었지만 조약 체결 이후 교간 사건이 적발된 회수는 고작 다섯 차례뿐이었다.

1786년(정조 10) 12월 초량촌에 사는 여인 서일월徐一月이 같은 마을 고갑산高甲山에게 유인되어 몰래 왜관에 들어가서 왜인과 간통한 일이 발각되었다. 사하면 독지리에 살던 그녀는 네 차례나 왜관에 들어가 다섯 명의 왜인과 간통했다. 그녀의 상대는 7월에 물화상 길장吉藏, 윤 7월 가전어관 선우위문善右衛門, 10월 감동목수 준조準助, 인거장 진오랑辰五郎, 11월 하대행조下代幸助 등이었다. 사건이 드러나자 1787년 1월 2일에 이들은 비선편飛船便으로 쓰시마에 돌려보내졌다. 교간약조에 따라 알선자인 고갑산은 참수된 뒤 관문 밖에 효시되었고 서일월은 곤장 100대에 유배형 3년에 처해졌다. 또 관련자인 이이량李以良, 김아지노미金阿只老未, 전고불이田古不伊, 유한일劉漢日 등은 엄한 형벌을 세 차례 받고 죽음만을 면해 원배遠配에 처했으며, 백상우白尙右

는 엄한 형벌을 받은 뒤 풀려났다. 또 그녀가 몰래 왜관에 들어갈 때의 파수把守 등은 곤장을 맞았고, 그녀를 체포한 장응제張應悌는 포상을 받았다.

이처럼 교간 사건은 적발된 뒤에도 밀무역이라는 여죄가 없으면 중개자는 사형, 여성은 귀양, 일본인은 쓰시마로 보낸 뒤 귀양이라는 방법으로 처리되었다. 어쨌든 조선에서도 왜관 근처에서 일어난 교간 사건을 엄중하게 처리하지 않았으므로 적발되면 그야말로 '재수 없는 사람'이 되었다.

최崔상仕집㙫 이李석淅린麟 | 열도에 인삼이 고루 자라나게 하라

막부 중흥의 영주로 일컬어진 8대 장군 도쿠가와 요시무네德川吉宗는 에도시대 최초의 개혁인 '교호享保의 개혁'으로 일본을 거듭나게 한 영웅이다. 장군에 취임하자마자 그는 조선과의 무역 불균형 해소를 목적으로 획기적인 인삼 국산화 정책을 시도했으며, 1721년부터 1751년까지 무려 30여 년 동안 한반도의 동식물 조사 프로그램을 가동시켰다.

요시무네가 이런 정책을 펼치는 데 조선의 역관이나 의사들이 직간접으로 이용되었다는 사실은 매우 충격적이다. 당시 중인 계층이 그와 같은 정보의 중요성을 전혀 인식하지 못했거나, 양반들이 이전투구泥田鬪狗하는 정계에 무관심했다는 증거이기도 하다.

17세기 말 일본은 조선을 통해 중국산 백사白絲와 견직물, 인삼 등을 수입했는데, 그중 인삼이 20퍼센트를 차지했다. 일본은 조선에 은·구리·납·유황 등 광산물과 여우·너구리 등 가죽류, 물소 뿔·단목·후추·담배·안경 등 동남아시아산 물품, 무기 등을 수출했는데, 그중 은이 70퍼센트에 달했다.

1674년(현종 15)부터 에도에 설치된 대마도 직영 인삼좌 앞에는 새벽부터 사람들이 장사진을 쳤고, 낭인들이 수고비를 받고 전날 밤부터 대신 줄을 서주는 진풍경도 펼쳐졌다. 인삼이 조기에 품절되면 낙심해 자살 소동을 벌이는 사람도 있었고, 효녀가 인삼 값을 벌기 위해 몸을 팔았다는 등 갖가지 소문도 무성했다. 그 여파로 1700년(숙종 26)부터 인삼 가격이 폭등해 인삼 1근에 은 1관 440돈, 금으로는 24냥까지 치솟았다. 이런 상황에서 최고

지도자 요시무네가 인삼 국산화 계획을 펼친 것은 당연했다.

> 조선 인삼을 일본에서 재배할 수 있다면 서민은 싼 값에 구할 수 있고 정부는 비싼 대가를 지불하지 않아도 된다.

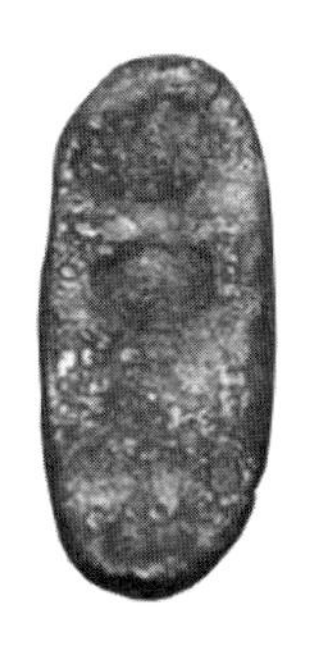

인삼대왕고은人蔘對往古銀
17세기 후반 오로지 조선에서 들어오는 인삼을 구입하기 위한 목적으로 만들어진 은화. 일본은행박물관 소장

요시무네는 일본에서 인삼을 자급자족할 수만 있다면 은의 대량 유출을 막을 수 있다고 판단하고 쓰시마번에 조선의 인삼 재배 기술을 입수하라고 지시했다. 쓰시마번으로서는 장군의 명령이 달갑지 않았지만 정성을 다해 받드는 척했다. 1639년 3대 장군 이에미쓰德川家光에게 경상도산 인삼 묘종 몇 본을 헌상했고, 1643년에도 요시무네의 조부 키슈가의 요리노부賴宣에게 인삼 2통을 보냈으며 미토의 미쓰쿠니光國에게도 묘종을 보냈지만 죄다 재배에 실패한 전례가 있기 때문이었다.

애당초 요시무네의 아이디어는 그가 장군이 된 지 2년째인 1718년 1월 쓰시마번으로부터 진상받은 허준의 《동의보감》에서 비롯되었다. 어린 시절부터 본초학本草學에 조예가 깊던 그는 이 책에서 약재 1400종이 망라되어 있는 〈탕액편湯液篇〉에 주목하고 약학에 정통한 하야시 료키를 불러들여 일본의 조수초목鳥獸草木과 《동의보감》에 기록되어 있는 조선의 약재를 비교 활용할 수 있는 방법을 모색했다. 그때부터 하야시 료키는 2년여에 걸쳐 준비 작업에 돌입했다. 그는 1719년 일본에 온 통신사 수행 의사들과 의술을 토론하며 조선의 약재에 대한 정보를 입수했다. 1720년에 노중老中 이노우에 마사미네井上正岑를 통해 쓰시마번의 에도 가로家老 히라타 하야토平田隼人를 끌어들인 다음 장부 두 권을 건네주면서 왜관에서 '조선국 조수초목조사' 를 실시케 했다.

장부 중 한 권에는《동의보감》〈탕액편〉 가운데 일본 명칭이 불확실한 한자로 된 약재가 망라되어 있었고, 다른 한 권은 일본 명칭은 있지만 한자 명칭을 알 수 없으므로 조선에서 쓰는 한자 명칭을 기입하도록 만들어졌다. 장부는 각 항목을 소속, 종별로 분류했는데, 한자 명칭의 조류 12종, 짐승 6종, 고기 4종, 곤충 5종, 과일 8종, 야채 9종, 식물 43종, 나무 17종, 일본 명칭의 식물 5종, 나무 40종, 야채 7종, 조류 11종, 짐승 2종, 어패류 9종, 항목 수는 한자 명칭이 104종류, 일본 명칭이 74종류 합계 178종류나 되었다.

하야시 료키는 왜관에서 이 약재들을 조사할 때 현물과 똑같은 그림을 첨부하도록 한 다음 장군이 인삼의 생초生草를 보고 싶어 한다고 넌지시 알려 주었다. 기실 조선 약재를 조사하는 일은 인삼 국산화 정책의 엄폐용이었지만 왜관 측에는 주력 임무로 인식하게끔 했다. 료키는 조사 실무를 맡은 쓰시마번조차 작전의 실체를 정확히 알지 못하도록 연막작전을 폈다. 그런데 1721년 12월 하야시 료키가 27세의 나이로 요절하자 의관 코우노 쇼안河野松庵에 이어 본초학자 니와 쇼하쿠丹羽正伯가 임무를 물려받았다. 조선의 약재인 동식물 조사에는 조선 관리의 협조가 필수적이었다. 이 때문에 쇼하쿠는 조선 역관사의 정사 최상집을 매수하기로 결정한다.

1664년생으로 당시 58세이던 최상집은 왜학역관으로서 정2품 정헌대부 품계를 받은 인물이다. 그는 1709년(숙종 35) 동료 한중억 등과 함께 쓰시마에 가서 범죄 사실이 드러난 왜인 백수원칠白水源七 일행을 처벌하라는 예조의 서계를 전했다. 그러자 쓰시마번에서는 막부에서 그 사실을 알면 자신들이 큰 책망을 받게 될 것이라면서 범인들의 신병과 함께 서계를 돌려주었다. 그로 인해 동래부사 권이진으로부터 나라를 욕되게 했다는 죄목으로 탄핵을 받은 그는 지도智島에서 2년 동안 유배 생활을 해야 했다.

1711년 통신사 정사로 임명된 임수간의 간청으로 유배에서 풀려난 그는 수차례 쓰시마를 드나들며 현안을 해결한 공으로 1716년 쓰시마번으로부터 동銅 1000근을 받기도 했다. 또 1715년(숙종 41) 3월 18일에는 역관 김현문, 재판왜裁判倭와 함께 초량왜관 중건 비용 6 72냥을 추렴한 대가로 고리대금업을 보장받기도 했다.

이런 최상집에게 쓰시마번은 장군의 직접 명령임을 강조하면서 동래부에 알선, 협력해달라고 요청했다. 일본의 저의를 알지 못한 최상집은 선선히 그들의 제안을 수락하고 동래부에서 조사에 필요한 허가서를 받아주었다. 그러자 쓰시마번은 약재질정관藥材質正官으로 코시쓰네 우에몬越常右衛門과 화가 히라카와 유키우에몬平川幸右衛門을 왜관에 파견했다.

그들은 약재를 수집하는 과정에서 초목류는 화분에 심어 왜관으로 운반했고, 동물류는 박제로 만들거나 산 채로 일본에 가져갔다. 당시 조선의 쇠물닭鷭 · 뜸부기水鷄 · 언치새樫鳥 · 개개비葦雀 · 멧새頰白 · 때까치鵙 · 섬촉새蒿雀 · 푸른박로 · 산비둘기山鳩 · 황록색비둘기綠鳩 · 늙은박로 · 도요새鴫 등 조류 12종 암수 24종류가 박제로 만들어졌다.

착실하게 조사가 이루어지는 가운데 쓰시마번에서 중대한 사건이 발생했다. 조사 협력자이던 역관 최상집이 인삼 밀무역을 하다 적발된 것이다. 그 무렵 조선과의 인삼 무역을 독점하고 있던 쓰시마번에서는 밀거래를 철저하게 단속했다. 수시로 왜관을 수색하고 출입자의 소지품을 검사했는데 선박이나 화물도 예외가 아니었다. 1702년 조선, 사스나佐須奈, 와니우라

鰐浦의 선박 검문소 앞으로 통보된 조문에는 다양한 밀수품 은닉 수법이 기재되어 있다.

> 첫째, 동銅 수송용 용기 뚜껑 안쪽에 은을 감춘다. 또한 인삼 줄기를 길게 엮어 왜관에서 갖고 나온다.
>
> 둘째, 인삼을 대량 밀무역할 때에는 나무로 만든 술통이나 간장통에 넣어 납으로 봉한다. 상대인 조선인이 이것을 야간에 조각배로 운반해 순풍을 기다리고 있는 선박 곁의 바다에 빠트려 놓는다.
>
> 셋째, 검문소 근처 은이나 인삼을 묻어 놓고 고구마나 썩은 짚더미를 썰어 담은 가마를 덮어둔다. 검사가 끝난 후 물건을 꺼내 가마니에 주워 담는다.
>
> 넷째, 미곡을 운반하는 조선인과 결탁해 담벼락의 쥐구멍에 인삼을 감춘다.

그 외에도 소량의 인삼을 숨기는 방법은 다양했다. 선박의 취사실 밑 대들보, 선미 쪽 대들보. 자리 속, 껍질을 벗긴 통나무, 삿대, 삿대를 쌓아 놓은 더미, 빗장나무를 쌓아 둔 곳, 반침. 서류 창고, 벼루 상자, 옷장, 바닥에 놓인 상자, 두터운 목제 기물, 망대 위, 승마용 말의 귀국 때의 안장, 쌀 곳간, 뚜껑이 있는 궤짝, 선원의 침구, 목수의 공구 상자, 쌀가마의 안쪽, 대나무로 만든 새장 등이 주요 은닉 장소였다. 그렇게 해서 한번 성공하기만 하면 큰 돈을 벌 수 있는 인삼 밀매는 조선인이나 일본인에게는 끊을 수 없는 마약과도 같았다.

처음에는 쓰시마 상인과 선원, 조선의 역관 가운데 여덟 명이 수사선상에 올랐는데, 수사 결과 밀무역의 주범이 바로 역관사의 정사인 최상집이고 부사 이장李樟을 포함한 역관 65명 모두 연루되어 있었다. 사절단 전원이 벌인 사상 초유의 범행이었다. 이들은 인삼을 배 밑바닥에 감추거나 번주에게 보내는 답례품의 봉진상자封進箱子 등에 감추는 등 밀수 수법도 매우 교묘했다. 수사관들은 선박과 소지품을 조사해 은 102관, 향보소판享保小判 21량, 향보 1보금步金 30량, 인삼 80근을 찾았다. 금과 은은 밀무역의 대가였고 인삼은 아직 팔지 못한 잔량이었다. 당시 역관들은 조선에서 무려 200근 이상의 인삼을 갖고 들어 온 것으로 추정된다. 1720년 에도의 인삼상회에서 1년 동안 판매한 인삼의 총량이 550근이었음을 감안하면 실로 엄청난 분량이었다.

쓰시마번은 고심했다. 범인이 외교 사절이었으므로 임의대로 처벌할 수 없었다. 과거 두 차례의 역관사가 연루된 밀무역에선 모두 쓰시마 측이 범인을 조선에 보내 왜관에서 처형한 적이 있었다. 또 신광한의 《해유록》에는 불과 2년 전인 1719년(숙종 45) 계미사행에 참가한 역관 권흥식이 인삼 열두 근과 은 2150냥과 황금 24냥을 행장에 숨겨 오다가 종사관에 발각되자 독약을 마시고 자살했다는 기록이 있다.

당시 사행에서 밀무역이 적발되면 10냥 이상은 즉시 참수형에 처하는 것이 조선의 법이었다. 하지만 이번에는 주범이 쓰시마번에 공로가 큰 최상집이라는 점과 역관사 모두가 관계된 범행이라는 점, 또 범행에 동원된 인삼 수량으로 보아 조선의 거물이 몸통일 가능성이 농후했으므로 처결하기가 몹시 껄끄러웠다.

결국 쓰시마번은 최상집과 정치적인 거래를 하기로 결정했다. 밀무역 자체를 조선 조정에 통보하지 않고 그들을 귀국시키기로 한 것이다. 하지만 그들의 조치는 주도면밀했다. 우선 최상집 일행으로부터 자백 조서를 받은 다음 두 번 다시 밀무역을 하지 않겠다는 서약서를 받았다. 이어서 역관들도 일본을 출입할 때 검문소에서 신체검사를 받기로 합의했다. 당시 왜관과 대마도를 왕래하는 민간인은 아무리 신분이 높아도 '풍려행규風呂行規'(옷을 모두 벗기고 하는 신체검사)를 했는데, 치명적인 약점을 잡힌 그들은 외교관으로서 실로 굴욕적인 조건을 허락한 것이다. 그뿐만이 아니었다. 쓰시마번은 역관들에게 현재 왜관에서 시행하고 있는 한반도 약재 조사와 인삼 생초 확보에 협력하라고 강요했다. 물론 거부하면 죽음이 기다리고 있었다.

1721년 7월 코시쓰네 우에몬이 역관사를 호행하는 재판왜 미우라 사케노스케三浦酒之允의 배를 타고 동래의 왜관에 들어왔다. 그는 숙소인 관수옥에서 관수 히구치 야고자에몬樋口彌五左衛門과 미우라 사케노스케 등과 함께 최상집, 이장, 현역 훈도, 별차, 퇴임한 훈도 이석린 등을 불러 모은 뒤 조선인 가운데 박물다식博物多識한 사람을 왜관에 소개한다는 약속을 받아 냈다. 물론 인건비와 조사 비용은 쓰시마번이 지불하는 조건이었다.

이 수순은 본래 최상집이 전담하게 되어 있었지만 그가 귀국 보고를 위해 상경해야 했으므로 은퇴한 역관인 62세의 이석린이 대행하기로 했다. 그런데 한양에 다녀온 최상집이 당상관 6인이 연대 서명한 탄원서를 내밀며 쓰시마번에서 압수한 은을 돌려 달라고 요구하는 바람에 왜관 측은 궁지에 빠졌다.

> 내가 밀무역을 했다면 어떻게 귀국할 수 있었겠는가. 지금 한양에서 수많은 출자자들이 난동을 부려 내 목숨이 위태롭다.

코시쓰네 우에몬은 그가 일본의 약재 조사 계획을 폭로할까봐 마음을 졸였다. 이 때문에 그는 차일피일 시간을 끌면서 협박과 회유를 통해 간신히 최상집의 입을 막았다. 그때부터 코시쓰네는 이석린을 앞세워 조선의 약재를 수집하는 한편 왜관의 별정2대관수대別町二代官手代 카네코 큐우에몬金子九右衛門을 조수로 기용해 비공식 루트를 통해 인삼 생근을 수소문했다. 별정2대관수대는 사무역 담당관인 별대관에 배치된 수대手代로 장부 관리에서 가격교섭까지 맡는 잡역이었는데 큐우에몬이 약재에 지식이 있었던 것으로 보인다. 그는 조선 상인 허비장과 이첨지를 통해 약재 40여 종류를 구입하기도 했다.

그들의 노력으로 얼마 후 3본의 인삼 모종이 보고용 약초와 함께 에도로 보내졌다. 그러자 요시무네는 몹시 기뻐하며 쓰시마번주 소 요시노부에게 시험 재배를 명했다. 그때부터 1728년까지 35본의 인삼 생초와 생근, 60톨의 종자가 일본으로 건너갔다.

그 무렵 이석린은 밀양에 살던 전의감 가문 출신 의사 박첨지를 조사에 끌어들였고, 1722년 4월에는 동식물에 박학다식하다는 경주 의사 이참봉을 왜관에 불러들여 정확한 약재명을 문의했다. 그는 사흘 남짓 자문에 응한 이참봉에게 은 215문이라는 거액을 주며 포섭했다. 그러자 이참봉은 동래의 약재 채취인을 통해 약재 열 종과 황해도에서 포획한 원앙 한 마리, 경주에서 포획한 드렁허리鱓 열네 마리를 보내주었다.

당시 왜관에서 이참봉에게 지불한 대금 청구서에는 드렁허리 24문, 원앙 28문 5푼, 열 종의 약초대가 50문이었다. 약초에 비해 동물의 대금이 고액임을 알 수 있다. 특히 희귀종인 원앙은 그 후 이석린 휘하의 소통사가 서울과 평안도에서도 각각 한 쌍을 구입했고, 막부의 요청으로 두 쌍이 더해져 에도에 보내졌다. 이석린의 동식물 채집 범위는 식물은 약초 지대가 펼쳐진 경상도에 한정되었지만 동물은 북쪽의 함경도에서 남쪽의 남해, 거제도에 이르기까지 한반도 전역을 망라했다. 1722년 1월 이석린이 카라시마唐

嶋, 즉 거제도에 보낸 박통사가 37일 만에 사슴麋 · 고라니麂 · 노루麞 · 고슴도치蝟 4종을 포획했다. 그해 봄에는 바다거북瑇瑁도 사로잡았지만 소통사가 영물이라 해 바다로 되돌려 보내기도 했다.

코시쓰네 우에몬은 1년 반 동안 왜관에 머물면서 열두 차례에 걸쳐 하야시 료키가 지시한 178항목에 대한 보고서를 제출했다. 그런데 료키가 돌연사한 뒤 후임자인 의관 코우노 쇼안河野松庵과 의견 충돌이 일어났고 1722년 일본으로 돌아갔다. 하지만 그가 료키에게 보낸 자료를 고스란히 손에 쥔 쇼안은 인삼을 비롯해 진귀한 조선의 약초와 동물을 계속 수집했고, 료키의 항목에 없는 감초와 대추 등 희귀한 약재까지도 들여왔다.

그 무렵 요시무네의 명에 따라 의사 호소가와 토안細川桃庵이 《정정동의보감》을 완성했지만 왜관 조사 자료는 반영되지 않았다. 그러다 1726년 코우노 쇼안이 발탁한 본초학자 니와 쇼하쿠가 모든 약재를 일본 명칭으로 기입한 《동의보감 탕액류 일본명》 상하 두 권이 완성되어 요시무네에게 헌상되었다. 쇼하쿠는 상권의 첫머리에 총 1387종 가운데 알 수 없는 것이 132종이라고 기록하고 완벽하지는 않으나 약명 90퍼센트를 일본명으로 고쳤다고 자랑했다. 이는 그가 코시쓰네 우에몬의 보고서를 활용한 결과였다. 쇼하쿠는 당시 조선의 《동국여지승람》을 기초로 한 물산 조사, 통신사와의 의료 관계 문답, 조선 인삼 재배 등을 추진하기도 했다.

1732년 쇼하쿠는 재차 코시쓰네 우에몬을 기용해 왜관 조사를 지휘했다. 그런데 1733년 7월 무역 전반을 관리하는 1대관이자 약재질정관을 겸하던 코시쓰네가 과로로 사망하자 조사는 벽에 부딪쳤다. 쇼하쿠는 왜관의 일본인들을 이용해 조사를 계속 진행시켰지만 새롭게 발견된 약재는 불과 10여 종에 불과했다.

그로부터 3년 후인 1735년에 쇼하쿠는 그 동안의 성과와 조사 방법을 원용해 일본 최초로 일본 전국의 생물을 조사 수집했다. 그 결과는 1738년 본초학의 모든 학설을 수록한 《서물류찬庶物類纂》 편찬으로 마무리되었다. 이 책은 정편과 증보판을 합해 1054권으로 3500여 종의 물품 명칭을 망라한 일본 박물사상 불후의 대작으로 알려져 있다. 그 가운데 쇼하쿠가 편찬한 정편 후편 638권(17속 2200여 종)과 증보 54권(8속 200종)은 중국의 본초서 등 한문 서적에서 인용한 것에 그치지 않고 오히려 잘못된 부분을 지적하는 등 획기적인 저작으로 평가되고 있다.

한편 요시무네가 의욕적으로 지원하던 인삼 국산화 정책은 쓰시마번의 예상을 뒤엎고 순조롭게 진행되었다. 1723년 1월, 코우노 쇼안은 인삼 생근을 이식하기에 적합한 토질을 찾기 위해 닛코日光, 에도의 약초 재배 단지, 요시무네의 거소 근처 등 세 곳에 나누어 심었다. 그 가운데 에도와 요시무네의 거소 부근 인삼 생육이 활발했다. 그렇게 채종과 파종의 기본적인 실험을 계속한 끝에 그는 닛코에서 인삼 대량 재배에 성공했다.

1738년부터 에도의 니혼바시혼코쿠쵸日本橋本石町의 약종상이 처음으로 일본산 인삼을 판매했고, 1763년에는 칸다神田에도 일본산 조선 인삼 판매점이 개설되었다. 그 결과 1740년부터 조선으로 유출되던 은 수량이 격감함으로써 요시무네의 비원이 결실을 거두었다. 반대로 막부의 인삼 국산화 정책에 적극 협력하던 쓰시마번은 그때까지 독점하던 인삼의 수입, 판매권을 잃어버림으로써 고난의 나날을 보내야 했다.

변卞승承업業 | 내 돈을 풀면 양반인들 못 사겠는가

변승업은 조선시대 최고의 역관 가문으로 손꼽히던 밀양 변씨의 상징적인 인물이다. 그는 1622년(광해군 2) 중인 역관 변응성의 아홉째 아들로 태어났다. 1645년(인조 23) 23세 때 막내 형 변승형과 함께 역과에 합격해 왜학역관이 되었다. 그의 아홉 형제 가운데 여섯 명이 역관이었는데 넷째 변승희와 다섯째 변승택이 한학역관, 여섯째 변승준과 일곱째 변승준이 몽학역관이었다. 둘째 변승훈이 스물아홉에 요절했고 셋째 변승선은 주부主簿 벼슬에 봉직하고 있었으므로 가업을 잇지 못했다.

변부자로 알려진 그의 할아버지는 종9품 말단공무원인 예빈시 참봉이었는데 장사 수완이 뛰어나 큰 재산을 모았고, 박지원의 소설 《허생전》에 등장하기도 했다. 예빈시 참봉은 종실이나 고위 관료들의 각종 모임이나 연회에 쓰이는 음식을 관장하는 관리였다. 그가 이룩한 부는 아들 변응관과 변응성 대에 더욱 드높아졌다.

양반 세상에서 우리 같은 중인이 행세하려면 돈이 있어야 한다.

17세기 역관의 중개무역이 가장 활발하던 시기에 두 사람은 연행단에 참여해 한어를 익히고 장사 수완을 길렀다. 그들은 직접무역뿐만 아니라 시중 상인들이나 사대부 집안의 특별한 청탁을 받고 필요한 물건이나 귀중품 등을 사다주고 그 차액으로 큰돈을 벌었다.

변응성은 1615년 사은사 일행으로 중국에 가서 고급 비단을 들여와 시전의 면주전 포목상들에게 비싼 값으로 넘기면서 큰 부자가 되었다. 그는 찰방의 여식인 온양 방씨와 혼인했지만 자식을 얻지 못하자 예산 정씨를 후취로 들였다. 그렇게 해서 27세 때인 1601년에 얻은 맏아들 변승길을 무과에 입격시켜 확실한 가문의 지킴이가 되게 했고 나머지 아들은 철저하게 역관으로 키워 냈다. 그 자신도 재산을 동원해 58세에 역관이 되었다.

변응성의 이 같은 집념이야말로 밀양 변씨 가문을 최고의 역관 가문으로 만들었을 뿐만 아니라 막내아들 변승업이 조선 최고의 부자가 되는 바탕이 되었다. 그렇듯 집안을 알찬 역관 가문으로 재정비한 변응성은 1652년(효종 3) 세상을 떠났고, 1년 뒤 건강이 좋지 않던 맏아들 변승길도 불귀의 객이 되었다.

그 후 집안의 대소사를 떠맡게 된 막내 변승업은 조정 대신들과의 친분을 통해 중요한 통상 정보와 권력 이동 상황을 예의 주시했다. 당시 조선은 왜관무역에 대한 통제를 강화하고 있었으며 청나라는 나선정벌을 위해 조선에 조총병을 지원하고 있었다. 1655년 6월, 통신사로 정사 조왕행을 비롯해 468명이 구성되자 변승업은 홍우재 · 김근행 · 박재홍 등 동료 역관들에게 자신의 상품을 팔아달라고 부탁했다. 또 자신이 관장하는 내상萊商(왜관을 중심으로 활동하던 동래상인들)을 통신사행에 끼워 넣었다.

1656년 통신사 일행이 귀국하자 변승업은 즉시 만상 · 내상 · 송상을 불러 모아 일본에서 수입한 물품들을 처분해 큰돈을 벌었다. 이듬해인 1657년에는 부산 왜관의 별차別差로 임명되었고 쓰시마번주를 통해 유황을 수입해 막대한 이익을 얻었다. 이는 조정에서 유황을 필요로 한다는 정보를 사전에 입수한 결과였다. 1659년(효종 10) 5월 효종이 승하하고 현종이 즉위하면서 조정은 예송으로 들끓었다. 자칫하면 가열되는 정쟁의 소용돌이 속에서 그는 남인과 서인 양측에 자금을 대는 것으로 안전장치를 확보한 다음 역관직에 있던 조카 변이포·변이보·변이우 등에게 정치권과 거리를 두라고 충고했다.

48세 때인 1664년 왜관의 최고책임자인 부산훈도가 된 변승업은 정경유착을 통해 획기적으로 재산을 불렸다. 그때 조카 변이포는 당하관 자격으로 쓰시마 문위행에 가담해 궁각·유황 등을 수입하고 비단·매·꿩·산삼 등을 수출해 막대한 이익을 챙겼다. 그 과정에서 많은 비리를 저질렀지만 감찰 기관인 사헌부나 의금부 관리들은 이미 챙긴 뇌물이 있었으므로 눈감아 줄 수밖에 없었다. 그해 7월 상인 임지죽林之竹이 백금 6900냥으로 석류황 1만 1300근을 일본으로부터 밀수입하자 변승업은 조정에 처벌을 요구했다. 내가 하면 로맨스지만 남이 하면 스캔들이 되는 법이다.

그 무렵 최대 역관 가문이던 밀양 변씨와 인동 장씨는 사돈이 되었다. 변승업의 조카 손녀(여섯째 형 변승준의 아들인 변이우의 딸)가 장현의 조카(아우 장찬의 아들) 장천익과 혼인했고, 조카 손자(변이우의 아들) 변정화도 장현의 딸과 혼인한 것이다. 변승업 역시 맏아들 변이창을 장현의 딸과 혼인시킴으로써 역관들의 카르텔을 공고히 유지했다. 1665년 변승업의 형 변승형은 중국사행에서 사돈 장현의 조력으로 사상私商들을 이용해 막대한 이문을 챙겼다. 그런데 조카 변이보가 처남이자 동료 역관인 김기문 등과 함께 서인들을 적극 지원해 말썽의 소지를 쌓아가고 있었다.

1671년(현종 12) 변승업은 형조의 추고, 즉 심문을 받고 있었지만 비변사에서 차왜를 접대해야 한다는 이유로 풀어주었다. 자유의 몸이 된 그는 1672년(현종 13) 사은사 겸 동지사에 당상역관으로 참여해 장현·김기문·변승형과 함께 엄청난 물품을 들여왔다. 그때부터 변승업과 장현은 국중거부로 사람들의 입방아에 오르내렸다.

1674년(현종 15) 갑인예송으로 남인들이 대거 집권하자 그는 조카들의 행보에 촉각을 곤두세웠다. 얼마 후 현종이 붕어하고 숙종이 즉위하자 청나라 대통관 장효제가 조문사로 조선에 들어왔는데 원접사로 오시수, 역관으로 안일신 · 변이보 · 김기문이 선발되었다. 사신단이 돌아간 뒤 오시수는 장효제가 전한 황제의 말을 숙종에게 보고했다. 선왕 현종에게 여러 해 동안 중한 병이 있었으나 대국을 섬기는 정성은 쇠하지 않았는데, 다만 강한 신하의 제재를 받아 자기 뜻대로 일을 하지 못했으니 남다른 은전을 써서 두 번 사제賜祭한다는 내용이었다. 현종의 죽음에도 의혹이 있음을 시사하는 것이다. 오시수는 훗날 이때의 보고 때문에 고초를 겪는데 변씨 일가도 큰 피해를 입게 된다.

그 무렵 변이보의 아들 변학령과 여섯째 형 변승준의 둘째 아들 변이조가 역시 한학역과에 합격했다. 밀양 변씨가 거대 역관 가문으로 탈바꿈하고 있었다. 하지만 그런 만큼 위험도 가중되고 있었다. 남인 정권은 서인에게 자금을 지원했던 역관 변이보를 모함해 귀양을 보내는 한편 역관 장현의 당질녀 장옥정을 궁궐에 들여보내 숙종에게 미인계를 구사했지만 1680년 경신대출척으로 된서리를 맞았다.

서인들이 집권하면서 상계에도 큰 변화가 일었다. 남인을 후원하던 종로 어물전 상인들의 집요한 요청으로 폐쇄되었던 서소문 밖의 어물전이 되살아난 것이다. 얼마 후 숙종의 첫째 비인 인경왕후가 승하하자 서인의 수장인 김수항, 송시열의 주도하에 병조판서 민유중의 딸이 왕비가 되었다. 그때 서인을 지원하던 변승업은 59세라는 나이에도 불구하고 문위 역관으로 활동했다.

변승업은 1682년(숙종 15) 임술사행에 당상역관으로 에도에 다녀온 다음 가선대부에 가자되고 부호군에 임명되었다. 그러나 2년 뒤인 1684년 쓰시마번주에게 뇌물을 주고 밀무역을 했다는 혐의로 체포되어 의금부에서 5개월간 옥고를 치렀다. 이때 변씨 가문에서는 엄청난 자금을 동원해 각계에 로비를 벌인 끝에 무혐의 처분을 받았다. 유전무죄 무전유죄의 모범을 보여준 셈이다.

그때부터 부를 쌓기보다 유지하는 것이 더 어렵다는 사실을 절감한 변승업은 각종 선행을 통해 세간의 질시를 희석시키고자 했다. 당시 그는 급전이 필요한 시전 상인이나 일반인들에게 아낌없이 돈을 빌려 주었는데 액수가 무려 50만 냥에 이르렀다. 그는 또 휘하 식솔들의 경조사에 직접 참석해 금일봉을 내리는 등 가문의 이미지 쇄신에 총력을 기울였다. 그 와중에 조카 변이보가 재차 거론된 오시수 사건에 연루되어 서인들에게 목숨을 잃는 비극도 일어났다. 그렇지만 변승업은 인현왕후의 폐출과 함께 서인 세력이 몰락한 기사환국의 서슬 퍼런 정국에서도 살아남았고, 장희빈이 중전이 되어 남인들이 득세하는 상황에서도 혼맥과 인맥을 총동원해 왜관무역의 실세로서 온전하게 버틸 수 있었다.

1696년(숙종 22) 3남 6녀를 낳은 부인 영천 이씨가 죽자 변승업은 성대하게 장례식을 치러 주었다. 한데 조정에서 그녀의 관에 옻칠을 한 것을 문제 삼자 그는 수만 냥의 자금을 아낌없이 뿌려 시비를 잠재웠다.

이제 우리 집안의 신분을 바꾸자. 내 재산으로 양반인들 못 사겠는가.

변승업은 한 걸음 더 나아가 맏아들 변이창의 팔자를 바꾸기로 작심했다. 더 이상 양반들의 손아귀에서 놀아나지 않겠다는 뜻이었다. 당시 흉년이 들어 기민들이 늘어나자 그는 진휼청에 쌀 50석을 내고《가설첨지첩》을 받아내려 했다. 한데 대간에서 정원 이외의 임시직인 가설직加設職은 반드시 사족에게 내려져야 한다고 반대하는 통에 목적을 이루지 못했다. 하지만 변승업은 포기하지 않고 꾸준히 서인들을 구워삶았다.

그 결과 국구인 민유중이 1661년(현종 2)에 제정된《징청계하사목》에 의거해 '양민은 사족에 비해 열 석을 더 납부해야 한다.' 라는 규정을 세웠다. 이에 변승업은 재빨리 열 석을 더 바치고 아들의 이름이 들어간 동지첩同知帖을 부여받았다. 그렇게 해서 그의 아들 변이창은 첨지, 즉 양반이 되었다.

86세 때인 1709년(숙종 35) 죽음을 앞둔 변승업은 시중에 풀어둔 돈 50만 냥을 돌려받지 못하도록 채권 문서를 모두 불태우라고 유언했다. 이는 밀양 변씨 가문을 온전하게 유지하는 최후의 유산이 되었다. 그 뒤에도 많은 역관이 정쟁에 연루되거나 세간의 구설수에 휘말려 패가망신했지만 변승업의 후예들만은 갚지 않아도 되는 부채를 짊어진 한양 백성들의 비호로 살아남을 수 있었다.

홍洪 세世 태泰

말을 하면 곧 문장이 되다

조선의 황금기인 영·정조 시대, 바야흐로 상업 경제가 눈을 뜨고 중인문학이 똬리를 틀면서 천민들까지 양반 사대부의 전유물이던 문학에 참여하고 나섰다. 대표적인 인물이 홍세태였다. 영조 대에 활동한 그는 시를 통해 노비의 신분에서 벗어나 역관 벼슬까지 지낸 전설적인 시인이다.

홍세태는 1653년(효종 4) 12월 7일 중인 출신 무관 홍익하의 장남으로 한양에서 태어났다. 본관은 남양南陽, 자는 도장道長, 호는 창랑滄浪·유하柳下다. 다섯 살 때부터 책을 읽었고 일곱 살 무렵 글을 지은 천재였다.

성대중의 《청성잡기靑城雜記》에 따르면 그는 본래 이씨 집안의 종이었다. 한데 농사일을 하지 않는다는 이유로 죽을 뻔 했고 이때 김석주가 꾀를 내어 살려 주었다고 한다. 그로부터 얼마 후 김석주는 동평군 이항과 함께 은자 200냥을 내어 그를 속량시켜 주었다. 때문에 홍세태는 두 사람을 평생 은인으로 여겼다.

그는 김창협·김창흡·이규명 등 사대부들과 가깝게 지냈고 임준원·최승태·유찬홍·김충렬·김부현·최대립 등 중인들과 어울려 시회를 자주 열었다. 23세 때인 1675년(숙종 1) 을묘식년시에서 잡과인 역과에 응시해 합격한 뒤 한학관으로 뽑혀 이문학관에 제수되었다. 1682년 홍세태는 동갑내기 김창흡과 이규명 등 사대부들과 함께 북악산 아래 낙송시사洛誦詩社를 만들었다. 이들은 한동네에 살고 있었던 데다 관심사가 비슷했기 때문에 시를 함께 지으면서 자연스럽게 우정을 쌓았다. 《이향견문록》에 따르면 김창협이 그의 문장을 높이 평가해 '그대는 말을 하기만 하면 문장이 되는 사람' 이라고 칭찬했다. 청년 시절 그는 〈자고사鷓鴣詞〉를 지어 당대의 권력자인 김석주로부터 당나라의 유명한 시인 고적高適 · 잠삼岑參의 부류로 인정받았다.

언젠가 김석주는 연경에 사신으로 가다가 진자점榛子店의 객잔에서 기이한 벽서를 발견했다. 점인에게 사정을 알아보니 명이 멸망한 뒤 청군에 의해 심양으로 끌려가던 계문란季文蘭이란 규수가 자신의 억울하고 괴로운 심사를 남긴 것이었다. 그 마지막 줄, '천하의 유심한 남자들은 이것을 보면 가엾게 여길 것이다.天下有心男子 見而憐之' 란 대목에 감동한 그는 칠언 절구 한 수를 지은 다음 홍세태에게 화답시를 청했다. 그때 지어진 시가 홍세태의 명작으로 손꼽히는 〈자고사〉다.

江南江北鷓鴣啼　강남 강북에서 울던 자고새
風雨驚飛失故棲　비바람에 놀라 날아가 둥지를 잃었네.
一落天涯歸不得　한번 하늘가 멀리 떨어져 돌아갈 수 없는데
瀋陽城外草萋萋　심양성 밖엔 풀만 무성하구나.

1680년 일본에서는 막부의 장군 도쿠가와 이에쓰나德川家綱가 죽고 그의 아들 도쿠가와 쓰나요시德川綱吉가 직임을 계승하면서 조선에 통신사 파견을 요청했다. 그러자 조정에서는 경상도관찰사 윤지완을 정사, 홍문관 교리 이언강을 부사로 임명해 사절단 474명을 구성한 다음 1682년에 정식으로 통신사를 파견했다. 이른바 임술사행의 시작이었다.

임술사행에는 역관을 비롯해 글을 짓는 제술관, 글씨를 잘 쓰는 사자관寫字官, 그림을 잘 그리는 화원畵員, 음악을 맡은 전악典樂, 치료를 맡은 양의良

醫, 마술 곡예를 보여주는 마상재馬上才와 광대에 이르기까지 다양한 분야의 전문가가 총동원되었다. 이때 30세로 한학관 신분이던 홍세태는 일본에 대한 호기심을 충족하기 위해 김창흡의 도움을 받아 부사인 이언강의 자제군관 명목으로 사행에 동참했다.

당시 중국과 외교를 단절하고 있던 에도막부는 조선 통신사를 받아들여 백성들로부터 권위를 세우고자 했다. 일본의 서민들은 무사 중심의 다이묘 행렬은 자주 보았지만 조선통신사 행렬은 매우 낯설면서도 희귀한 구경거리였다. 첫 기착지인 쓰시마에서부터 홍세태는 자신의 문학적 능력을 펼쳐 보이기 시작했다. 당시 수석 역관이던 홍우재의 《동사일록》에는 서승書僧 조삼朝三과 진사 성완, 진사 이재령, 첨정 홍세태가 반나절 동안 시를 주고받았다는 기록이 남아 있다. 쓰시마에서 에도까지 통신사를 안내하던 승려 조삼은 그 후에도 홍세태와 수시로 글을 나누었다고 한다.

통신사가 본토에 상륙해 에도로 향하자 연도에는 일본인들이 떼를 지어 구경했다. 일본 수행원들까지 합쳐 수천 명의 통신사 일행이 지나가는 장면은 그야말로 장관이었다. 그 과정에서 일본인들은 비단과 종이를 들고 찾아와 문화 선진국인 조선 선비들에게 시나 그림을 요구했다. 그때 정식 사절이 아니었으므로 별로 할 일이 없던 홍세태는 그들에게 수많은 글을 써 주고 그림까지 그려 주었다.

《동사일록》 9월 1일 기록에는 에도에서 받은 윤필료潤筆料 가운데 홍세태 몫으로 '30금'이 적혀 있다. 화원 함재린의 윤필료도 30금이었으니, 곁다리로 일본에 간 홍세태의 글 값이 정식으로 파견된 화원의 그림 값과 같았던 셈이다. 정내교鄭來僑는 홍세태가 일본에서 활약한 모습을 묘지명에서 이렇게 묘사했다.

섬나라 오랑캐들이 종이나 비단을 가지고 와서 시와 글씨를 얻어 갔다. 그가 지나가는 곳마다 그들이 담처럼 죽 늘어서면, 그는 말에 기대선 채로 마치 비바람이라도 치는 것처럼 써 갈겨 댔다. 그의 글을 얻은 자들은 모두 깊이 간직해 보배로 삼았는데, 심지어는 문에다 그의 모습을 그리는 자까지 있었다.

홍세태를 칭송한 정내교 역시 위항 4대 시인으로 1705년(숙종 31) 왜학역관으로 통신사의 일원이 되어 일본에 갔을 때 독특한 시문으로 명성을 얻은 인물이다. 《국조인물지》에 따르면 그는 시와 문장이 하나같이 천기天機에서 나온 것 같은 품격을 지녔다고 한다.

홍세태는 에도에서 공식적인 행사를 마치고 돌아갈 때 일정에 쫓기지 않았으므로 더 많은 손님을 만났다. 쓰시마에서 윤필료를 청산할 때 홍세태는 많은 돈을 받았을 것이다. 그로부터 30여 년이 지난 1711년 조선 통신사가 일본에 도착하자 접반 책임자이던 문사 아라이 하쿠세키新井白石가 정사 조태억과 환담하면서 그의 안부를 물을 정도였으니 그의 명성이 어떠했는지 짐작 할 만하다.

홍세태의 명성은 일본뿐만 아니라 중국에까지 알려졌다. 그는 46세가 되어서야 비로소 이문학관에 정식으로 제수되었는데, 그 무렵 1695년 청나라 사신으로 조선에 들어온 한림학사 상수尙壽가 《동문선東文選》과 《난설헌집蘭雪軒集》을 비롯해 최치원, 김생, 안평대군 등 조선 명필들의 글씨를 수집하면서 홍세태의 시를 가져갔을 정도였다. 그때 숙종은 좌의정 최석정의 추천으로 그의 시를 읽어보고 제술관에 임명했다.

1698년 청의 호부시랑 박화낙博和諾이 의주에 머물면서 조선 조정에 시를 지어 바칠 것을 요구하자 홍세태가 시를 써서 바쳤다. 그 공으로 이문학관吏文學官에 제수되었다. 실록을 포함한 과거 문헌에 홍세태가 외교 사절과 지인들에게 시를 지어 주었다는 내용이 자주 등장한다. 그의 문장력이 일본과 청나라에서도 인정받고 있었음을 알 수 있다.

1723년(경종 1)에 들어온 청나라 사신 도란圖蘭은 관례화된 뇌물도 거절하고 홍세태의 시 한 수를 요구했다. 당시 경종이 병환 중이었으므로 왕세제이던 연잉군이 사신을 접대했는데, 30여 년 뒤인 1758년(영조 34) 10월 7일 영조는 예조판서 홍상한에게 이렇게 말했다.

> 내가 어렸을 때 홍세태라는 노예의 문장이 고귀하다는 말을 들었다. 그래서 사람을 시켜 그의 시를 받아오게 했다. 그러나 내가 일찍부터 몸을 삼가고 조심해 여항인들과 교제하지 않았으므로 그의 얼굴을 알지는 못한다.

영조가 왕세제 시절에 몸을 삼가고 조심했다는 것은 장희빈의 아들이자 이복형인 경종의 후사가 없어 왕세제로 책봉돼 남인과 노론, 소론의 삼각관계 속에서 처신을 조심했다는 뜻이다. 그러므로 노비 출신의 홍세태를 만나지 않은 것이다.

그처럼 강고한 신분제 하에서 홍세태는 53세 때 둔전장, 58세에 통례원 인의, 61세에 서부주부 겸 찬수랑, 63세에 제술관, 64세에 의영고 주부 등 하급 관리직을 전전했지만 늘 궁핍했다. 말년에는 당대의 대시인이 끼니를 잇기 어렵다는 사실을 알게 된 이광좌의 추천으로 67세에 울산감목관, 70세에 다시 제술관, 71세에 남양감목관에 임명되기도 했다.

주위의 배려에도 불구하고 홍세태의 삶은 불행의 연속이었다. 전문 지식을 이용해 막대한 돈을 벌던 당시 역관들과는 달리 이권과 관계없는 하급 관리직을 전전한 탓에 가족들은 굶주렸고, 8남 2녀나 되는 자식들이 전부 자기보다 먼저 세상을 등지는 것을 목도해야만 했다. 1700년경 북악산 백련봉 아래 유하정柳下亭이라는 집을 짓고 살 때 지은 〈그냥 한번 읊어보다偶吟〉란 시에는 그의 심사가 적나라하게 드러나 있다.

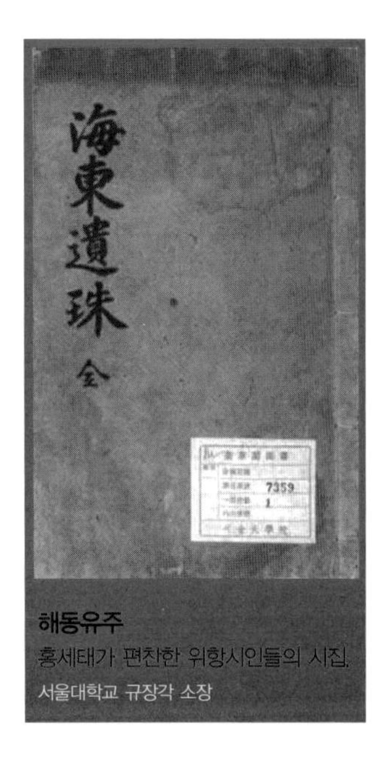

해동유주
홍세태가 편찬한 위항시인들의 시집.
서울대학교 규장각 소장

是非閱來身倦　시비를 겪고 나서 몸은 지쳤고

榮辱遣後心空　영욕을 버린 뒤라 마음은 비었다.

閉戶無人淸夜　사람 없는 맑은 밤 문 닫고 누우니

臥聽溪上松風　들려오는 저 시냇가 솔바람 소리.

홍세태는 조선 후기에 번성하던 중인들의 위항문학에서도 큰 업적을 남겼다. 일찍이 중인층의 문학을 옹호하는 천기론天機論을 전개했고, 친구 김창협이 위항시집 편찬을 권유하자 10년에 걸친 탐색 기간을 거쳐 48명이 남긴 시 235편을 엄선해 1712년 《해동유주海東遺珠》를 간행하기도 했다. 그 이전에 위항시집으로는 1651년 노비 출신 유희경 등이 편찬한 《육가잡영六家雜詠》이 유일했다. 당대의 부조리와 개인적인 좌절 속에서도 자부심이 남달랐던 홍세태는 빈한한 가운데서도 돈을 모아 개인 시집을 내고자 했다. 그 사실을 알게 된 친구 이덕무는 훗날 자신의 저서인 《이목구심서》에서 이렇게 탄식했다.

홍세태가 늙은 뒤에 자신의 시를 손질하고, 베갯속에 백은白銀 70냥을 저축해 두었다. 여러 문하생들에게 자랑삼아 보여주면서 '이것은 훗날 내 문집을 발간할 자본이니 너희들은 알고 있으라 했다. 아! 문인들이 명예를 좋아함이 예로부터 이와 같았다. 지금 사람들이 비록 그의 시를 익숙하게 낭송하지만, 유하는 이미 죽어 그의 귀가 썩었으니 어찌 그 소리를 들을 수 있겠는가. ……어찌하여 살아 있을 적에 은전 70냥으로 돼지고기와 좋은 술을 사서 70일 동안 즐기면서 일생 동안 주린 창자를 채우지 않았는가.

1725년(영조 1) 홍세태가 세상을 떠나자, 그로부터 6년 뒤인 1731년(영조 7) 사위와 문인들에 의해 그의 시집 《유하집》 14권이 간행되었다. 그 덕에 오늘날 우리는 불우하던 그들의 아픔을 조금이나마 이해할 수 있게 되었다.

최崔천天종宗 | 왜 나를 죽이는지 정말 억울하오

육로를 통해 연경을 오가며 축재의 꿈에 부풀었던 부연역관들과 달리 왜학 역관들은 성정이 사나운 쓰시마인들을 상대하며 항상 위험에 노출되어 있었다. 일본인들은 분쟁이 벌어지면 말보다 먼저 주먹과 칼을 내세웠기 때문이다.

1554년(명종 9) 11월 11일 쓰시마의 왜인 겐나루源成의 부하인 엔샤야모延灑也毛와 왜사직倭司直 세이슈盛種 등이 유신현惟新縣에 도착하자 별관에서 위로연을 열어 주었다. 하지만 이들은 준례에 어긋난다며 칼을 빼 들고 소란을 부렸다. 현감이 타이르려고 향통사를 불렀지만 그는 도리어 왜인들의 화를 부추겼다. 간신히 그들을 달래가며 잔치를 끝낸 현감이 향통사를 벌하려 하자 왜인들은 상 위에 놓인 그릇들을 부수고 색리와 관직의 옷을 빼앗기까지 했다. 이 사건을 두고 《명종실록》의 사관은 '섬 오랑캐들의 성질은 외곬이고 강박하며 조급해 기쁜 일이나 성나는 일에 있어 성화星火처럼 빠르다.' 라고 비난하고 있다.

1663년(현종 4)에는 왜관에서 일본인이 소통사 김달을 칼로 찔러 죽이고 도망치는 일이 벌어졌다. 이에 문위관 김근행이 쓰시마번주와 담판을 지은 끝에 범인을 잡아 관문 밖에 효시했다. 1704년 7월 8일에는 소통사 윤호기가 3일 전에 왜관으로 가서 돌아오지 않는다고 역관들이 왜관에 알려와 발각되기도 했다. 샅샅이 관내를 수색했고 왜관의 개울가에 묻혀 있는 소통사의 사체를 발견했다. 검시 결과 목과 옆구리 여러 부위에 상처가 있어 살인으로 추정했다.

수사관들이 본격적으로 수사에 돌입하자 다완총옥수茶碗竈屋守(관사 당번)인 기치에몬吉右衛門이 자수했다. 그의 자백에 따르면 윤호기가 자신에게 인삼 밀매를 제의했으므로 술을 먹여 취하게 했고 쓰러져 잠들자 칼로 찔러 죽인 다음 갖고 있던 인삼을 빼앗았다는 것이다. 그의 집을 수색했더니 과연 인삼 240목이 나왔다. 결국 기치에몬은 쓰시마번청의 판결에 따라 참수당한 뒤 옥문에 효수되었다. 1829년(순조 29)에는 통사 배말돈이 왜인 마츠이 키치松井龜治와 사소한 말다툼 끝에 칼에 다리를 찔려 60일 후에 죽는 사고도 있었다. 말이 통하는 역관들이 그럴진대 일반 백성들은 왜인들이 지나간다는 소식만 들려도 도망치기 일쑤였다.

왜학역관들에겐 왜관에서 일본인을 상대하는 일도 힘겨웠지만 배를 타고 쓰시마나 본토로 건너가는 일이 더 두려웠다. 1703년에는 사행에 앞서 실무 역관으로 쓰시마에 가던 당상역관 한천석과 당하역관 박세량 일행이 악포 앞바다에서 배가 침몰되어 전원 몰살당했고, 1766년(영조 42)의 문위행에서는 당상역관 현태익과 이명윤, 당하역관 현태형 등이 높은 파도를 만나 익사했다. 그와 같은 해난은 수시로 일어났으므로 동래를 떠나는 통신사 일행은 늘 용신제를 지내 해신에게 무사 귀국을 빌어야 했다. 하지만 바다를 건너면 산 설고 물 설은 왜국 땅, 도중에 어떤 돌발 사태가 벌어질지 모르는 일이었다.

1763년(영조 40) 계미사행은 도쿠가와 이에하루德川家治가 10대 장군으로 취임한 것을 축하하기 위해 조선이 일본으로 파견한 열한 번째 사행이었다. 그 무렵 일본에서는 홍수와 기근, 에도의 화재로 내정이 어지러웠지만 쓰시마에 금 8만 냥을 빌려주고 조선의 통신사를 초빙하게 했다. 어려운 시기일수록 막부의 권위를 높이기 위해서였다.

조선 역시 사정이 별로 좋지 않았다. 영조 말기 당쟁과 민란으로 나라가 어지러웠고 금주령을 내릴 정도로 재정난에 허덕였으며 흉년과 기아로 백성들이 도성에 밀려 들어왔다. 1762년에는 사도세자를 뒤주 안에 가둬 죽이는 임오화변壬午禍變이 있었다. 그런 상황에서도 양국은 통상적인 통신사 파견과 접대를 준비함으로써 각각의 국격을 과시하려 했다. 이때의 사행에는 정사 조엄, 부사 이인배, 종사관 김상익 등 삼사를 비롯해 제술관 남옥, 서기 성대중, 원중거, 김인겸 등 도합 477명이 참가했다.

과거 대일본 외교를 주관하는 동래부사와 경상도관찰사를 역임했던 조엄은 출발에 앞서 원역들의 행동에 주의를 주고, 관소의 기물을 훼손하지 말 것과 불조심, 예절을 강조했다. 또 공물에 대한 폐단을 없애고 물품은 후하게 주며 박하게 받으라고 일렀다. 일본인을 대할 때는 절대로 업신여기거나 비웃지 말고 충신과 성심으로 대접하며 일본인이라 부르고 너라고 부르지 말라고 일렀다. 그는 또 잠상, 간통, 국가 기밀 누설, 예절 등을 누누이 강조했다. 이런 준비 과정을 거쳐 통신사 일행은 1763년 8월 한양을 출발했다. 조엄의 《해사일기海槎日記》 서문에서 성대중은 출발할 때의 행로에 대해 이렇게 썼다.

이키壹岐로 건너갈 때에는 480리를 겨우 3시간에 달렸다. 해양 중간에 당도하여 치목鴟木의 허리가 부러져 위태롭기 짝이 없었는데 공이 국서를 짊어지고 키 끝에 나와 여러 사람을 독려하여 배를 구출하되 말과 기색이 평상시 태도와 다름이 없으므로, 배안 사람들이 거기에 힘입어 두려워하지 않게 되었다. 마침내 예비 치목으로 건너는데 갑자기 거센 물결이 배를 재빨리 달리게 해 마치 신명의 도움이 있는 듯 했으며, 갑자기 앞에 무지개가 나타나 광채가 사방에 비추어 돛을 감싸고 갔는데, 그때는 무지개가 서지 않는 때이므로 왜인들도 기이하게 여기지 않는 사람이 없었다.'

당시 조엄은 쓰시마에 도착하자마자 사수포에서 고구마 종자를 구해 부산으로 보냈고, 교토로 가던 도중 수차를 보고 그 제도와 모양을 살펴오게 했으며, 죽부인처럼 만든 대바구니에 돌을 담아 제방의 유실을 막는 것을 보고 서남해에 이용할 생각을 하는 등 일본의 문물을 적극 수용하려는 태도를 보였다. 그는 또 도훈도 변박에게 쓰시마 지도와 일본 지도를 모사하게 했고, 당시 오류가 많던 왜어 물명倭語物名이 적힌 책을 역관 현계근·유도홍 등을 시켜 바로잡게 했으며, 무자위와 물방아를 발견하자 변박과 별파진別破陣 허규에게 그 제도를 살펴 그리게 하는 등 정보 수집에도 소홀하지 않았다.

이때 사행에서는 무려 8종의 사행록이 찬술되었고, 양국 문화 교류는 어느 때보다 활발하게 진행되었다. 그러나 조엄의 노심초사에 걸맞지 않게 도중에 네 명이나 죽음을 당한 불행한 여정이기도 했다. 선장 유진원은 배 밑창 곳간에 떨어져 죽고, 격군 이광하는 미친 증세가 일어나 제 목을 찔러 죽었다. 이듬해인 1764년 통신사 일행이 쓰시마를 거쳐 오사카에 도착해 치쿠린지竹林寺에서 머물 때 22세의 김한중이 시름시름 앓다가 목숨을 잃기도 했다. 또 역관 현태심은 광증을 일으켜 자해를 했다. 이 기이한 여정의 하이라이트는 귀국 길에 통역과 사무를 담당하던 도훈도都訓導 최천종이 일본인 역관에게 살해당하는 양국 외교사상 유례없는 사건으로 귀착되었다.

에도에서 도쿠가와 이에하루에게 국서를 바치는 등 각종 외교 절차를 마치고 돌아오던 조엄 일행은 1764년 4월 7일 오사카 니시혼간지西本願寺에 머물렀다. 그런데 새벽녘에 도훈도 최천종이 자리에 눕자 갑자기 괴한이 가슴에 걸터앉아 움직이지 못하게 하고 칼로 목을 찔렀다. 놀란 최천종이 칼날을 뽑으면서 소리를 지르자 범인이 달아나다 격군 강우문의 발을 밟았다. "도적이 나간다!" 강우문의 고함 소리를 듣고 달려온 사람들은 최천종의 상처에 첩약을 붙이고 약을 달여 마시게 하는 등 응급조치를 취했다. 약을 달일 때 곁에 있던 사람이 혹 술을 타서 마시면 기氣가 돌 수 있다.' 고 말하자, 최천종은 '술은 우리나라의 금물이니 비록 죽는다 해도 마실 수 없다.' 고 버텼다. 그 시기는 영조의 금주령이 엄하게 시행될 때였다. 결국 최천종은 강녕현감 이해문에게 다음과 같은 말을 남기고 세상을 떠났다.

> 나는 이번 길에 어떤 왜인과도 다투었거나 원망을 맺을 꼬투리가 없는데, 왜인이 나를 찔러 죽이려 하다니 실로 그 까닭을 모르겠소. 만약 내가 나랏일로 죽거나 사신의 직무를 위하여 죽는다면 죽어도 한이 될 것 없겠지만, 이제 공연히 왜인에게 찔려서 죽게 되니 극히 원통하오.

당시 현장에는 세 개의 모가 나있고 두 개의 칼날이 있어 속칭 창포도菖蒲刀라 부르는 칼 한 자루가 떨어져 있었다. 자세히 살펴보니 '어영魚永' 이라는 글자가 새겨져 있었는데 범인이 사용한 흉기가 분명했다.

사건이 터지자 조엄은 즉시 역관 3명을 연명으로 해 일본 측에 범인 색출과 처벌을 강력히 요구했다. 또 쓰시마에서 에도까지 왕복행차를 호위하는 마주봉행馬州奉行 평여민平如敏, 재판裁判 평여임平如任 · 귤여림橘如林, 대판용인大坂用人 농복태곡신瀧福太谷新, 대목부大目付 빈전칠랑濱田七郎 · 굴좌대부堀佐大夫, 급인給人 팔목청八木清 등이 달려와, 조선 측 군관과 수역 최학령 등이 입회한 자리에서 검시를 했다. 그 결과 일본에서 주조한 칼에 맞아 사망한 것이라는 결론이 나왔다.

4월 9일 조엄은 세 명의 수역을 잡아들여 비명횡사한 시체를 이틀 동안 내버려 둔 책임을 물어 곤장 세 대를 쳤다. 하지만 역관 현태익은 동생 현태심이 광병을 앓아 간호하고 있다는 사실을 감안해 용서해 주었다. 4월 14일 오후부터는 오사카의 봉행奉行 두 명과 에도막부의 관리가 도착하면서 본격적인 수사가 시작되었다.

그들은 쓰시마의 재판 · 봉행과 5일 전어관 2~3인 외에 당일 입직과 대령한 쓰시마인들을 모조리 체포해 심문했다. 용의자들은 칼 · 문서 · 약주머니 등 물건을 빼앗기고 헛간에 갇혀 있다가 한 명씩 끌려 나가 고문을 받았다. 일본인들의 심문 방법은 끔찍했다. 용의자에게 잿물을 마시게 해 배를 불린 다음 큰 나무 몽둥이로 갈아대거나 뾰족한 나무로 다리를 찔렀고, 땅에 대못을 꽂아 두고 그 위를 맨발로 걷게 하는가 하면, 이를 다 뽑아서 혀를 깨물지 못하게 하기도 했다.

가혹한 심문 과정을 통해 범인이 쓰시마의 역관 스즈키 덴조鈴木傳藏라는 사실이 밝혀졌다. 그가 '조선인을 찔러 죽였기 때문에 도망한다.'는 뜻의 글을 전어관청傳語官廳에 보낸 뒤 도망쳐 근처의 청복사淸福寺에서 하룻밤을 머물고 떠났다는 자백도 나왔다. 곧 청복사의 승려와 객인들이 줄줄이 잡혀 왔다. 그때 조엄은 사소한 말다툼이 있었다고 한들 어찌 죽이려고 한 지경에까지 이르렀으며, 살인을 하고 도망하는 자가 자취를 감추기에도 바쁠 텐데 투서를 하고 갈 수 있는지 의심했다. 하지만 왜인 가운데 사소한 원망에도 사람을 찌르거나 사람을 죽이는 자가 있으며, 자수하거나 자결하는 것을 쾌하게 여긴다는 말을 듣고 고개를 끄덕였다.

봉행들은 대마주 통관 48명을 구속하는 한편 덴조의 삼촌 모이치茂一와 종형인 승려 시우에몬市右衛門, 부하 의우에몬儀右衛門, 그날 저녁 화물을 판다는 핑계로 수상쩍게 왕래한 고다이幸太 등 10여 명도 체포했다. 시우위문은 덴조를 성의 동쪽 소교사에 며칠 동안 숨겨준 뒤 도망치게 했다는 혐의를 받았다. 그와 함께 목격자 진술에 따른 인상서人相書를 만들어 배포했다. 범인 스즈키 덴조는 나이 26세, 쓰시마 역관으로 얼굴색이 희고 키는 5척 3촌이었다.

범인 체포 작전에는 군사 2000여 명과 선박 600척이 동원되었다. 이들의 지휘는 낭화浪華의 관리 양감사가 맡았다. 그는 원외垣外를 이용해 덴조가 숨어 있을 만한 장소를 낱낱이 훑었다. 원외란 저자의 출입문이나 시골에 살면서 마을을 지키는 거지와 구걸승, 유흥가의 재주꾼 등 천민 집단이었다. 또 극장의 입구를 지키는 목호木戶 500명도 동원되었다. 그들은 해안가에 관문을 설치하고 배에 탄 승객들을 살폈는데 용의자가 매일 두세 명씩 잡혔지만 덴조는 아니었다.

사건 발생 18일 되던 날 덴조는 낭화 서쪽 60리 지점에 있는 소빈小濱에서 처음으로 정탐꾼에게 탐지되었고, 곧 유마촌의 한 주점에서 체포되었다. 그는 처음에 최천종을 죽인 다음 병을 핑계로 사직하고 소교사에 잠시 머물렀다가 교토로 도망치려 했다. 한데 구산龜山에서 길이 막히자 유마 온천에 놀러가는 여행객으로 위장하고 소빈으로 나갔다가 덜미가 잡힌 것이다. 이튿날 스즈키 덴조는 함거에 갇힌 채 관소로 이송되었다.

그때 스즈키 덴조가 자백한 최천종 살해 동기는 많은 의문의 여지를 남겼다. 사건 당일 거울을 잃어버린 최천종은 덴조를 의심하면서 일본인들은 도둑질을 잘한다고 꾸짖었다. 이에 덴조가 조선인도 마찬가지라고 대꾸하자 최천종이 화를 내며 채찍으로 때렸기 때문에 칼로 찔러 죽였다는 것이다. 하지만 시간이 흐르면서 불편한 진실이 드러났다. 인삼 밀매가 성행하던 당시 조선 역관들이 인삼을 가져가면 쓰시마 역관들이 팔아주고 이익금을 나눴다. 최천종은 그처럼 돈을 배분하는 과정에서 덴조와 다투다가 살해된 것이다.

이 사건에 대해 《명화잡기明和雜記》, 《사실문편事實文編》 등 일본 측 기록 대부분은 최천종이 대금을 독촉하다가 죽임을 당했다고 씌어 있다. 당시 조선 역관들은 몇 달 걸리는 국제 여행 경비를 조정에서 지급받는 대신 인삼무역 권리를 갖고 있었다. 그러므로 사행단 일행은 누구나 일정량의 인삼을 가져갔는데 사대부들은 정량을 지켰지만 역관을 비롯한 수행원들은 남몰래 더 가지고 갔다. 몇 차례 단속에 발각되면 인삼도 빼앗기고 엄한 처벌까지 받았지만 이익이 많았으므로 인삼 밀매는 끊이지 않았다.

범인이 체포되자 막부에서는 검찰사檢察使 곡연승차랑曲淵勝次郎을 파견해 사건을 조속히 처리하게 했다. 곡연승차랑은 양감사로부터 범죄에 대한 판결을 보고받고 형 집행을 명했다. 그달 29일, 최천종을 살해한 범인의 처형식이 있으니 조선 역관과 군관들이 참관해 달라는 통고가 왔다.

사건의 종결을 기다리던 사신 일행에게 30일 또 하나의 비보가 들려왔다. 정사 일행이 타는 일기선一騎船의 격군 나주 사람 이광하가 광증을 보이고 있었는데 그날 갑자기 간호하던 사람의 등을 칼로 찌르고 이어서 자신의 목을 찌른 다음 바다에 몸을 던진 것이다. 왜인이 간신히 꺼내 치료하고 경과가 조금 좋아져 배에서 내리게 했는데 금창金瘡이 크게 발해서 그날 죽은 것이었다.

스즈키 덴조의 처형은 5월 2일 낭화강 하류에 있는 월정주月正洲의 삼헌

옥三軒屋에서 집행되었다. 이로써 전례 없는 외교관 살해 사건이 마무리되자 조엄은 김광호에게 최천종의 원혼을 달래는 제사를 차리게 했다. 최천종은 조엄이 대구감영에 있을 때부터 신임하던 장교였다. 게다가 본래 통신사의 도훈도는 경상좌수영에서 데려오게 되어 있었지만 그가 특별히 이번 사행에 추천했는데 이런 변을 당한 것이다. 조엄은 최천종의 시신을 염斂할 때 자신의 관복을 수의로 쓰게 했고, 제사 지낼 때 슬피 울었다.

5월 6일 양감사가 사건 처리 결과를 통보해 주었다. 덴조의 종형 승려 시우에몬과 하인 두 사람은 유배형에 처해졌고, 무혐의로 석방된 자 열여섯 명, 기한이 차서 석방을 기다리는 자가 10여 명이었다. 그렇게 모든 절차를 마친 사신 일행은 일본을 떠나 쓰시마를 경유한 뒤 1764년 7월 조선에 돌아와 임금에게 복명했다.

최천종 살해 사건은 조선과 쓰시마 간에 쌓인 감정의 골이 깊었을 뿐만 아니라, 역관들의 밀무역 행태가 외교 문제로까지 비화될 수 있다는 사실을 보여준다. 조선과 일본 외교는 교린을 통한 자국의 체면 유지가 목적이었지만 쓰시마인들에겐 처절한 생존수단이었고, 조선 역관들에겐 일확천금의 기회였다. 그렇듯 다른 각자의 입장이 외교관 살해라는 전대미문의 사건을 낳았을 뿐만 아니라 양국 관계가 표류하는 계기로 작용했다.

休愧客裝空
—김세렴의 <절역絶域>

우리는 조선인이다

생사를 타고 멀리 사신 간 곳은
파도치는 약목의 동쪽이었네.
만 리라 처음 돌아오는 날
이미 백두옹이 되었다고요.
해가 바뀌어도 눈은 그대로 날고
날이 차니 바람이 다시 일어라.
황금을 해신에게 던져 버리니
주머니가 비어 부끄럼 없네.

絶域星槎遠
波濤若木東
初回萬里日
已作白頭翁
歲換仍飛雪

백성들은 물론 지배 계층인 양반까지도 외국과의 교통이 제한되어 있던 조선시대에 역관들은 공식적으로 중국이나 일본 등 인접국에 수시로 드나들면서 제일 먼저 새로운 문화나 기술을 접할 수 있던 특수 계층이었다. 그들은 조선 초기부터 왕실과 사대부들의 요구에 따라 중국 북경에 있는 유리창 서점가에서 많은 유교 관련 서적을 들여왔고 화약 제조와 병선 건조 등 각종 첨단 기술 도입에도 앞장섰다.

일례로 태종은 금·은광 개발을 독려했지만 기술 부족으로 경제성을 살리지 못하자 역관 장유신을 명나라에 보내 채금법을 익히게 한 뒤 채방사로 임명했다. 숙종 대에는 역관 김지남이 사행 대열에서 몰래 이탈한 뒤 중국 민간 기술자를 찾아가 화약제조법을 배워오기도 했다. 그처럼 특별한 임무에는 특별한 보상이 뒤따르게 마련이어서 조선의 역관들은 여타 중인들에게 질시의 대상이 되기도 했다.

16세기 후반, 중국에 들어온 예수회 소속 선교사들이 천주교를 포교하는 과정에서 서양의 우수한 과학기술을 소개했고, 천문·수학·의학 등 다양한 분야의 서적들을 한문으로 번역·간행했다. 그 성과물들은 서학이란 이름으로 역관들의 손을 통해 재빨리 조선의 실학자들에게 전해졌다. 인조 대에는 역관 이형준이 연경에서 이탈리아 신부 로드리게즈를 만나 우주천문체계와 추보역산에 관한 지식을 배우고 관련 서적을 들여오기도 했다.

17세기부터 조선의 실학자들은 공리공론에 빠진 성리학에 등을 돌리고 실용적인 서학에 적극적으로 관심을 보였다. 이수광의 《지봉유설》 제2권 〈제국부諸國部〉 '외국조'에는 중국에서 활약하던 이탈리아 선교사 마테오 리치의 《구라파국지도》와 《천주실의》의 내용과 함께 서양 각 나라에 대한 정보가 수록되어 있고, 이익의 《성호사설》 〈천문문天文門〉에도 서양 과학기술에 대한 호감이 드러나 있다.

1741년(영조 17), 역관 안국린은 북경의 천주당을 방문해 선교사들과 필담을 나누고, 그들이 기술을 제공한 흠천감을 견학한 뒤 각종 과학 기기와 한역 서학서를 기증받았다. 당시 그는 유리창에서 《명교식표》, 《명주고》 등 천문 역법 관련 서적도 많이 구입해 왔다. 역관이나 사행단 수행원을 통해 들여온 서학은 정치적으로 소외당하고 있던 남인들에게 학문적 이상향을 꿈꾸게 해주었다. 그 가운데 다산 정약용은 서학의 신앙적인 면보다는 기능적인 면에 매료된 인물이다.

역관들은 외래 문물에 익숙했으므로 서학과 한몸이던 천주교에도 거부감을 느끼지 않았다. 명나라 말기에 이탈리아 선교사 마테오 리치가 중국에 들어온 뒤 북경에는 남북 교회당이 건립되었고, 청조에서도 아담 샬 같은 선교사들이 활동하고 있었기 때문이다. 그들의 손을 거쳐 조선에도 서학 서적과 천주교 성물들이 쌓이면서 이벽, 이승훈, 김범우 등 자생적인 천주교도들이 출현했다. 그들의 노력으로 1794년(정조 18) 중국인 신부 주문모가 서울에 들어와 본격적인 포교에 들어갔다. 당시 주문모의 잠입을 주선하고 숙소를 제공한 역관 김범우는 조선 최초의 순교자로 기록되었다.

1785년(정조 9) 모친상을 당하고도 제사를 지내지 않은 윤지충과 부모의 신주를 불살라 버린 권상연 사건이 조정을 뒤흔들었다. 천주교도들은 전통적인 유교 윤리와 의례를 거부했으므로 기해박해己亥迫害, 병인박해丙寅迫害 등 국가의 지속적인 탄압을 받았고, 때론 정치적 희생양이 되기도 했다. 특히 프랑스 신부 범세형范世亨(앵베르)·나백다록羅伯多祿(모방)·정아각백鄭牙各伯(샤스탕) 등이 희생되면서 조선에 열강들의 무력이 들어오는 구실을 준 기해박해 때는 정3품 당상역관 유진길이 동료 역관 정하상, 노비 조신철 등과 함께 처형되었다.

조선에서 누구보다도 먼저 변화하는 세계를 체험하고 새로운 문명을 받아인 역관들의 삶은 성리학의 굳은 가치관에 매몰되어 있던 양반들은 물론 운명에 체념하고 살던 백성들의 가슴에도 잔잔한 파문을 일으키기에 충분했다. 조선 후기 전국 방방곡곡에서 일어난 민란과 신분제 붕괴 현상은 부조리한 사회 체계에 더 이상 순응하지 않고 사람답게 한번 살아보겠다는 인간 선언의 한 표징이었다.

중인 역관의 우여곡절

건국 초기부터 조선의 신분제는 양인과 천인으로 대별되지만 사회가 분화하면서 양반 · 중인 · 양인 · 천인이라는 네 계층으로 분화되었다. 그 가운데 중인은 대체로 여말선초에 지배 계급에서 도태된 계층이었다. 중인이란 명칭은 그들이 서울의 중심부에 거주했기 때문에 생겼다는 견해와 정치적 당론에 가담하지 않는 중립분자들이기 때문에 생겼다는 견해가 중첩된다.

중인 신분이 완전히 정착되지 않은 개국 초기에는 역관이 고위직에 임명된 경우도 꽤 있었다. 1397년(태조 6) 통사 박인귀가 왜구의 포로가 된 울주지사 이은의 쇄환을 위해 일본에 파견되었고, 세종 대에는 김시우가 정1품 사역원 제조, 김을현이 사역원 제조에 중추원부사에 제수되었다. 1461년(세조 7)에는 역관 피상의, 1470년(성종 1)에는 역관 전양민이 정사로 쓰시마에 파견되었다. 그렇지만 지배 계층의 서열이 굳어지기 시작한 예종 대부터 역관들은 무역을 통해 사익을 취하는 장사꾼으로 배척당하기 시작했다.

1469년(예종 1) 3월 11일 예종이 역관 장유성을 당상관으로 임명하려 하자 사헌부에서 설인舌人의 무리를 사류의 반열에 끼게 할 수 없다며 거세게 반발했다. 임금은 상소문을 쓴 집의 김계창을 파면하고 종신토록 서용하지 못하게 하는 등 강력하게 징벌했지만 한번 고개를 쳐든 양반들의 기세는 수그러들지 않았다. 1480년(성종 11)에는 성종이 장유성과 황중에게 2품을 가자하고 사행단의 관압사로 임명하자 대사헌 정괄과 대사간 김작이 극력 반대했다.

장유성과 황중이 중국에 출입하면서 익힌 것이라고는 시정에서 물건을 파는 속어뿐인데 하루아침에 2품으로 승진시킨 것은 실로 부당합니다. 신 등이 모르긴 하지만 덕이 있다고 높인 것입니까? 현명하고 능력이 있다고 대우한 것입니까? 공로가 있다고 갚아 준 것입니까? 만약 어전에서 통역하는 것이 능력이라면 지난번에 중국 사신 기순과 장근이 왔을 때 말이 문자에 미치자 모두 대답을 못했으니 그들이 역어에 정통하지 못한 것을 알 만합니다.

사헌부에서는 두 역관의 한어 실력을 깎아내리는 한편 사역원에서 한어를 공부하는 강이관講肄官이 그들을 비토하고 있다며 당상관 서용을 가로막고 나섰다. 하지만 성종은 다음과 같이 말하며 두 사람의 승진을 철회하지 않았다.

의술과 역학은 모두 나라의 대사다. 지금 대비께서 편치 못하신데 나라에 좋은 의원이 없으니 몹시 한스럽다. 사람들은 평소 의원을 천하게 여기다가도 병이 들면 모두가 급히 의지하여 살기를 구하는데 그대들은 의원의 임무가 가볍다고 보는가? 역학 역시 교린사대하는 데 있어서 그 임무가 지중하다. 여진통사는 내가 알지 못하지만 왜통사에 만약 서인달이 없다면 누구에게서 배우겠는가? 한어는 김자정·지달하·장유성·황중 이외에는 사람이 없다. 장유성과 황중이 문자를 알지 못한다지만 만약에 대국에서 장관이 나온다면 누가 능히 행간의 뜻을 알아차릴 수 있겠느냐. 그러므로 내가 탁용擢用하고 권려勸勵해서 그 업에 정진케 하려는 것이다.

임금이 그토록 간곡하게 역관 서용의 뜻을 설명했지만 양반들의 불만은 수그러들지 않았다. 1486년(성종 17) 성종이 역관 장유화와 김조를 사역원 제조로 삼으려 하자 대신들이 일제히 반발하고 나섰다. 그때 정창손의 발언에서 반대의 이유가 명확히 드러난다.

> 강이관은 모두 사족의 자제인데, 만약 장유화 등을 제조로 삼는다면 그들이 반드시 수치스럽게 여기고 업을 열심히 연마하려 들지 않을 것입니다.

그들은 한마디로 양반이 중인의 지휘를 받는 상황을 받아들일 수 없던 것이다. 이는 당시 양반들의 중인에 대한 멸시 의식이 얼마나 강고했는지를 보여준다. 그로부터 1년 뒤인 1487년(성종 18) 9월, 쓰시마번주 소씨 일행을 환영하는 연회에 장유성·황중·조득림이 역관이 아닌 당상관 자격으로 참석하게 되었다. 그런데 사헌부 대사헌 성건이 딴죽을 걸었다. 장유성과 황중이 역관 출신이고 조득림은 천예賤隸에서 발탁된 자이므로 아무리 지위가 2품에 이르렀더라도 잡류이기 때문에 재추宰樞와 한 자리에 앉을 수 없다는 이유였다. 다행히 윤필상·홍응·이극배·노사신 등이 비호해 세 사람은 연회에 참석할 수 있었지만 뭇 양반들의 싸늘한 시선을 피할 수는 없었을 것이다.

《성종실록》을 쓴 사관은 이 사건을 두고 '정전에 나아가 예연을 베푸니 임금과 신하가 즐거워하여 목목穆穆하고 제제濟濟한데, 이곳이 어찌 노예·설인이 참여할 수 있는 곳이겠는가' 라고 비판하면서 윤필상과 노사신 등이 귀천을 가리지 않아 조정의 위신을 추락시켰다고 비판하고 있다. 그렇듯 중인들이 아무리 실력이 뛰어나고 품계가 높더라도 양반들의 눈에는 천한 무리로 치부되던 나라가 바로 조선이었다.

중인에 대한 차별은 16세기 중엽에 편찬된 《대전후속록大典後續錄》에 서얼의 잡과 응시가 허락되면서 완전히 고착화되었다. 중인들과 서얼을 같은 계급으로 설정해 버린 것이다. 그 후 17세기에 접어들면서 중인은 중앙관청에 종사하는 역관譯官 · 의관醫官 · 산관算官 · 율관律官 · 음양관陰陽官 · 사자관寫字官 · 역관曆官 등 전문직 관원의 대명사가 되었다. 그 무렵 조정의 녹봉을 받으면서 양인들에 비해 안정된 생활을 영위하던 중인들은 조정에서 재무행정에 관련된 정책을 수립하는 척도가 되기도 했다. 일례로 효종 대에는 중인 10가의 재산만큼 동전을 발행했고, 숙종 대 공주궁가의 재산이 중인 100가의 재산과 같다는 등의 기록이 남아 있다.

조선 후기 중인들은 법제상 과거 응시가 가능하고 급제 후에는 문관顯官이 될 수 있었지만 실제로는 출세가 보장된 승문원이나 홍문관 등의 청요직에는 임명되지 못했다. 어쩌다 공을 세워 벼슬이 당상관에 이르더라도 명예직인 체아직에 한정되었다. 하지만 중인들은 공사무역을 통해 쌓은 재력을 바탕으로 여항문학을 발흥시켜 양반들의 전유물이던 한문학 분야까지 잠식해 들어갔다. 1851년(철종 2) 신해허통으로 서얼들의 청요직 진출이 성사되자 이에 자극받은 중인들은 대표 주자인 역관과 의관의 주동으로 그해 윤8월 18일 임금이 경릉과 건원릉을 행차할 때 김광수 등 1872명의 연명으로 다음과 같이 상언했다.

> 저희들은 제학諸學을 세습하여 신분이 비록 낮고 미천하지만 본래는 국초 이래 구별되고 제한된 자들이 아니고 재능에 따라 수용한다는 것이 옛 상식이었습니다. 《대전통편》에서도 의醫 · 역譯 · 율律 · 역曆 등에 정통한 자는 지방관에 임명한다고 되어 있습니다. ……문헌을 훑어보면 한 구절도 차별한다는

글귀가 없습니다. 인조반정 이후 의역은 그 업을 세습하게 되었고 비로소 중인이라는 명칭이 생겼습니다.

중인들은 인조반정 이후부터 세습되면서 중인이란 칭호가 생겨나 사대부들에게 차별당했다고 주장하고 자신들에게도 청요직을 보장해 달라고 요구한 것이다. 하지만 이들의 상언은 묵살되었고 기록에서도 삭제되었다. 이들의 통청운동이 실패한 배경에는 안정적인 생활을 영위하고 있던 중앙 전문직 중인들의 보신주의가 작용한 것으로 보인다.

그 후 역관과 의관 등 중인들의 핵심 그룹은 자신들의 역량을 계속 키워 나가면서 양반계급에 필적하는 사회 세력으로 등장했고, 1894년(고종 31) 갑오개혁을 계기로 신분제가 완전히 철폐되면서 현관顯官에 등용될 수 있었다. 그때부터 중인들은 통상과 개화의 전문 지식을 발휘해 정치적 지배 세력으로 자리 잡을 수 있었다.

통계에 의하면 1880년 총리기무아문 관료 중 13.4퍼센트가 중인이었고, 갑오개혁 직후 신내각 21.6퍼센트가 중인이었다. 그중에 역관의 활약이 두드러지는데 해주 오씨의 오경석 · 오경림 · 오세광 · 오세창, 제주 고씨의 고영희 · 고영주 · 고영철, 천령 현씨의 현석운 · 현보운 · 현영운, 원주 변씨의 변진환 · 변수 등이 뚜렷한 이름을 남겼다. 이 가운데 오세창 · 현제복 · 홍우관 등은 독립협회 간부로 활약하기도 했다.

역관들을 울린 《황명통기》 사건

성리학을 국가 통치 이념으로 삼은 조선은 유교적 가치 체계 위에서 왕조의 정통성을 강화하고 새로운 제도와 정책을 마련하기 위해 중국에서 많은 서적을 수입했다. 그 과정에서 중국 문화를 이해하고 언어 소통이 가능하던 역관들의 활약은 필연적이었다. 국초에는 서적 수입도 중국 조정에서 하사하는 절차를 거쳤지만 점차 서책 무역 형태로 바뀌었다. 중국에서 들여온 다방면의 서적들은 문화 군주 세종 대에 집현전에 규합되어 문물제도 정비에 이용되었고, 중종 대에는 《주자대전朱子大全》을 수입 간행해 유학 수준을 한 차원 끌어올리기도 했다.

그 후 임진왜란과 병자호란을 겪으며 조선은 막대한 문화적 피해를 입었다. 궁정비각과 지방사고, 관아장서가 소실되면서 그 동안 모아 놓은 각종 서적들도 깨끗이 사라졌다. 이 때문에 청나라와의 관계가 회복되자 조선에서는 중국의 유교 서적과 사서, 기술 서적, 기타 특수한 분야 서적을 대량으로 수입했다. 숙종 대에는 일시에 52종, 1400여 권의 서책을 들여오기도 했다. 한데 서적 수입을 전담하던 역관들이 개인적인 관심이나 양반들의 청탁에 의해 종종 중국과 조선에서 금서로 지정한 책들을 들여와 파문을 일으켰다. 1691년(숙종 17), 장현의 조카인 역관 장찬이 연공원역으로 청나라에 가서 수출 금지 품목이던 《일통지一統志》를 가져오다가 적발되기도 했다.

조선의 황금기로 일컬어지는 영조 치세 후반기에 역관들은 금서 한 권 때문에 갖은 고초를 겪어야 했다. 1771년(영조 47) 6월 5일, 영조는 역관 50여 명을 잡아들여 각각 곤장 열두 대씩 치고 하옥시켰다. 역관 고세양이 선천에서 복무할 때 계덕해라는 사람으로부터 《황명통기皇明通紀》를 빌려 동료 역관들과 돌려 읽었다는 죄목이었다.

그해 6월 11일 영조는 친히 내사복시에 나아가 고세양을 친국한 다음 음험하고 참혹한 책을 보고도 즉시 보고하지 않았다는 이유로 사형에 처하고 두 아들을 흑산도로 귀양 보냈다. 이어서 옥사를 전후로 관련자들을 잡아들인 뒤 정득환 · 정임 · 윤혁 등 10여 명을 처형하는 등 가혹한 조치를 취했다. 그때 대사헌 엄숙과 대사간 윤방이 형벌의 과중함을 극력 간했지만 소용없었다.

현재까지 알려진 조선의 금서는 1614년(광해군 6)부터 현종 대까지 《오학편》 · 《황명대정기》 · 《속문헌통고》 · 《경세실용편》 · 《엄산당별집》 · 《소대전칙》 · 《작애집》 · 《고수부담》 · 《황명통기》 · 《십륙조광기》 · 《양조종신록》 · 《황명통기집요》 · 《황명기략》 등 20여 권이다. 영조 대에 재차 《명기집략》 · 《황명통기》 등이 금서로 지정되었고 순조 대에 《황조문헌통고》, 철종 대에 《입일사약편》 등이 추가되었다. 당시 영조가 빌미로 삼은 명나라 진건陳建의 《황명통기》에서는 다음과 같은 다섯 가지 내용이 문제였다.

첫째, 태조 이성계가 이인임의 아들로 고려 임금을 시해하고 왕위를 찬탈했다.

첫째, 태조 이성계는 이인임의 아들로 고려 임금을 시해 찬탈했다.

둘째, 부산은 본래 일본의 영토이고 임진왜란은 조선의 군신들이 자초한 화다.

셋째, 광해군의 즉위는 부당하다.

넷째, 인조는 왜의 사위로 광해군을 살해 찬탈했다.

다섯째, 조선의 대신 김창집 등 네 명은 역모 죄로 처형되었다.

이 가운데 첫째와 둘째 조항은 조선 외교사상 최대의 난제이던 종계변무의 주제이기도 했다. 명나라의 실록인 《대명회전》에도 그대로 실려 조선 왕실의 정통성을 뒤흔들었던 이 내용은 200여 년 동안의 집요한 외교 노력 끝에 1587년(선조 20) 만력개수본 《대명회전》에서 수정되었지만 수많은 민간 서적까지 수정할 수는 없었다. 그러므로 조선에서는 이와 같은 내용이 실린 중국의 서적을 금서로 지정해 국내 유입을 차단했다.

영조는 등극 이후 지속적으로 청나라에 사신을 보내 사서에서 수정되지 않은 왜곡 부분을 조속히 시정해 달라고 요구했다. 이에 청나라에서는 《십육조기十六朝記》, 《명사明史》 등 몇몇 사서들의 곡필을 인정하는 등 적극적인 수정 노력을 보였다. 그 결과 1732년(영조 8) 조선에서는 금서의 하나이던 《명사고明史藁》의 수정된 등본을 입수하기도 했다.

그렇듯 청나라가 호의적으로 대응했는데도 영조가 《황명통기》 사건을 요란하게 수면 위로 올린 것은 자신을 후원하던 노론의 환심을 사면서 지지부진한 대청 무역 환경을 뒤흔들기 위한 양수겸장의 노림수였다. 사신을 통해 역사 왜곡의 시정을 요구받은 청나라에서는 별다른 반발 없이 《황명통기》에서 문제가 된 조항을 개정해주기로 약속했다.

기실 청나라 입장에서는 자국의 수출 금지 서적이던 《황명통기》가 조선으로 흘러들어간 정황을 따져야 마땅했지만 영조가 워낙 떠들썩하게 내부를 들쑤셨으므로 가볍게 항의하는 수준에 그쳤다. 그로 인해 청나라는 자신들이 정해 놓은 무역 원칙의 일부 기능을 상실하게 되었고 향후 조선과의 무역에서 허점을 보이게 되었다. 노회한 영조는 자신의 고육지책이 성공을 거두자 6월 27일 영의정 김치인에게 하옥되어 있던 역관들을 전원 석방하도록 하고 내관에게 《통문관지》를 가져오게 한 다음 이렇게 말했다.

선인들이 이르기를 세금을 적게 거두도록 법을 만들어도 그 폐단은 더욱 탐욕스럽게 된다고 했다. 이번 일은 너무나 중대하여 엄중한 처분을 내렸지만 조용히 누워 생각하니 훗날 이들이 없으면 막중한 국사를 누가 담당하겠는가. 그래서 《통문관지》를 읽어 보려는 것이다. 사실 이번 일은 몹시 분하고 속상해서 그랬지만 이 무리들이 실제로 그렇게 행동하려는 뜻은 아니었을 것이다.

영조는 금서 한 권을 빌미로 청나라의 무역 장벽을 무너뜨리는 한편 내부적으로 공무역을 전담하던 역관들에게 따끔한 경고를 내린 것이다. 《영조실록》을 쓴 사관은 이 사건을 '무사誣史에 관련된 옥사獄事'로 규정하면서 죄인들에 대한 처분이 너무나 가혹했고 처자식들까지 벌한 것은 너무 지나쳤다고 비난했다. 더군다나 영조의 조치는 수십 년 동안 《황명통기》를 간직했던 박명원을 무사 방면함으로써 형평성을 잃었다는 지적이다. 이때 거론된 금성위 박명원은 영조의 사위로 화평옹주의 남편이자 조선 최고의 사행기록으로 일컬어지는 《열하일기》의 주인공 박지원의 삼종형이다.

오시수 설화사건

외교사절들의 통역을 담당하는 역관들은 항상 입조심을 하며 지내야 했다. 부지불식간에 기밀이 누설되기라도 하는 날에는 평지풍파가 일어날 뿐만 아니라 무거운 책임을 져야 하기 때문이다. 숙종 연간에 벌어진 오시수 설화사건은 이를 잘 보여준다.

서인과 남인 사이에 모략과 음모가 판치던 당시 몇몇 역관은 부경무역을 통해 모은 재산을 정치자금으로 헌납하는 등 정경유착을 통해 자신들의 특권을 유지하려 했다. 그중 장현이 속한 인동 장씨와 변승업이 속한 밀양 변씨 가문이 가장 적극적이었다. 그들은 당대의 정국에 편승해 각각 남인과 서인을 후원했는데 숙종 대에 발생한 경신환국의 파편이 갑작스럽게 양가로 날아들었다.

오시수의 본관은 동복同福으로 현종의 척족이었다. 그는 1656년(효종 7) 별시문과에 급제한 뒤 정언·지평 등을 지냈으며 현종 초에는 수찬·교리·이조좌랑·집의·응교·사인 등 요직을 두루 거쳤다. 1666년 재차 응시한 문과 중시에서 장원급제한 뒤 예빈시 정禮賓寺正·승지를 역임했고 1670년에는 외직인 전라도관찰사가 되어 대기근의 참화를 겪고 있던 백성들의 구휼과 방역에 전념하기도 했다. 1672년 이조참의를 거쳐 평안도관찰사·도승지를 역임하는 등 순탄한 길을 걷고 있었다.

현종이 승하하고 숙종이 등극하면서부터 오시수의 순탄하던 생에 마가 끼기 시작했다. 1675년(숙종 1) 2월, 청나라의 조제칙사弔祭勅使가 조선에 파견되자 그는 원접사로 임명되어 의주에서 칙사들을 접대했다. 그때 칙사 일행은 대통관 장효례를 통해 선왕 현종의 제사를 두 차례 치르겠다고 통보했다. 그가 까닭을 묻자 장효례는 이렇게 대답했다.

> 한 차례는 선왕조의 지성스러운 사대事大 때문이고, 한 차례는 임금이 여러 해 동안 병을 앓아 향수享壽가 오래지 않기 때문이다.

상국의 사신들이 이처럼 선왕에게 깊은 애도를 표명하자 숙종은 몹시 흐뭇했다. 하지만 전례 없는 일이었으므로 오시수에게 그 연유를 자세히 알아보라고 명했다. 그해 3월 3일, 임금이 칙사들을 맞이하기 위해 모화관에 행차했을 때 오시수는 이렇게 보고했다.

> 신이 역관들을 시켜 두 번 치제하는 까닭을 알아보니, 용천龍川에 이르러 장효례가 말하기를, '황제께서 선왕이 여러 해 동안 병을 앓는 중에 강신强臣에게 견제 받아 일마다 자유로이 하지 못하다가 갑자기 승하했다 하여 갑절이나 측연해 하셨는데, 이번에 두 번 치제하는 것은 특별한 은혜일뿐이다.' 했는데, 이것은 신하로서 차마 들을 수도 없고 말할 수도 없는 말이므로, 감히 장계에 언급하지 않았습니다. 이 말은 황해도 관찰사 윤계를 통해 들었습니다.

선왕 현종이 과거에 서인의 영수 송시열에게 시달려 국정을 제대로 장악하지 못했다는 뜻이다. 오시수의 말은 이전부터 예송 시비로 첨예하게 대치하고 있던 정계에 엄청난 파장을 몰고 왔다. 집권 남인들은 황제의 발언에 기대어 서인들을 맹공격했고, 당황한 서인들은 사태 해결에 부심했다. 얼마 후 그 말의 진원지로 지목된 윤계가 급히 상소를 올려 자신은 그런 말을 들은 적도 한 적도 없다고 변명했다. 그는 서인이었다.

> 저는 장효례와 같은 청파青坡 출신으로 나이도 같아서 어린 시절 소꿉동무였지만 사적으로 만난 적은 없습니다. 더군다나 오시수가 들었다는 신강强臣이란 말은 전혀 내뱉은 바가 없습니다.

얼마 후 주청사로 연경에 다녀온 복선군 이남은 황제가 재차 우리나라에 강한 신하가 있다는 말을 했다고 임금에게 보고했다. 그 무렵 남인들이 송시열을 탄핵했고 윤계가 경성으로 유배당하자 서인들은 애초에 오시수가 의도적으로 없는 말을 만들어 정사를 뒤집으려 했다며 분개했다. 그들은 거의 모든 부경역관이 오시수의 심복이라 장효례의 말을 조작할 수도 있다고 믿었다.

그때 오시수의 수행역관이던 안일신은 서인들에게 자신은 그 말을 듣지 못했다고 증언했고, 청나라 칙사들이 가져온 제문과 칙서에도 그런 내용이 전혀 기재되어 있지 않았다. 그 일로 조정이 시끄러워지자 장효례와 역관 박정신도 그런 말을 한 적도 들은 적도 없다고 진술하는 바람에 오시수의 입장이 난처해졌다.

이 사건의 배경에는 숙종 초기 막후에서 남인과 서인들을 쥐락펴락하던 척족 김석주가 있었다. 청풍 김씨 일문인 현종의 장인 김우명과 그의 손자 김석주는 당시 남인들과 손잡고 송시열을 축출한 다음 3복으로 일컬어지는 인평대군의 세 아들 복창군 이정 · 복선군 이남 · 복평군 이연과 그들의 외가인 동복 오씨마저 제거하려 했다.

동복 오씨는 인평대군의 장인 오단의 가문이었는데, 그의 아들 오정위 · 오정창 · 오정일 · 오정단 · 오정복 등은 3복의 외숙으로 남인 정권의 실세들이었다. 서인 출신의 외척인 청풍 김씨는 경쟁자인 남인 출신의 외척 동복 오씨의 약진을 좌시할 수 없었다. 더군다나 갓 등극한 숙종은 나이가 어리고 자식도 없었으므로 만일 남인들이 동복 오씨와 합세하면 언제라도 3복 가운데 한 사람을 옹립할 수 있다고 여겼다. 그리하여 서인들이 장악하고 있던 한성부와 포도청은 대사헌 윤휴와 영의정 겸 도체찰사 허적의 주변을 맴돌며 트집을 잡으려 했고, 남인이 장악한 의금부는 반대로 서인들을 옭아매기 위해 안간힘을 썼다.

그해 3월, 청풍부원군 김우명은 3복이 임금의 총애를 믿고 궁녀와 간통했으니 엄히 처벌하라고 상주했다. 깜짝 놀란 숙종은 즉시 복창군과 복평군, 나인 상엽과 귀례를 하옥시켰지만 곧 무고로 밝혀졌고 그들을 석방했다. 이윽고 임금이 신료들과 함께 김우명의 처벌을 논의하고 있는데 명성대비 김씨가 편전으로 들어와 울면서 항의했다.

> 홍수紅袖의 변은 내가 선왕과 함께 친히 보고 들은 것인데 주상께서는 어찌 진실을 밝힌 부원군을 치죄하려 하시오.

갑작스런 모후의 개입으로 난감해진 숙종은 형식적으로나마 관련자들을 귀양 보낼 수밖에 없었다. 그때 부제학 홍우원이 삼종지도三從之道를 거론하며 대비의 국정 간여를 성토했고, 윤휴와 조사기 등도 대비를 간접적으로 비난하는 등 대내가 시끄러웠다. 그해 7월 유배에서 풀려난 두 대군은 자신들이 서인들의 타깃이 되었음을 깨닫고 남인들과의 접촉을 피했다. 당시 세간에는 장차 남인과 동복 오씨가 몰락하리라는 풍문과 함께 서인이 유포했을 것으로 짐작되는 수상한 노래가 떠돌았다. 거기에는 장차 허적이 죽고 허목이 포의 신세가 될 것이라는 내용과 오시수와 민희에 대한 풍자도 섞여 있었다.

> 許積爲散炙 許穆爲回目 허적은 산적이 되고, 허목은 도루묵이 되니,
>
> 吳始壽食是壽 閔熙瑟熙 오시수 먹이수, 민희 싫어.

그로부터 4년여가 지난 뒤 국제 관계의 변수가 남인과 동복 오씨들을 수렁으로 밀어 넣었다. 중국 남부에서 일어난 삼번의 난이 종식되면서 조선이 난처한 상황에 빠져버린 것이다. 1678년(숙종 4) 난을 일으킨 오삼계가 죽고 손자 오세번이 뒤를 이었지만 청군의 대공세에 휘말려 이듬해인 1679년(숙종 5)에 반군의 근거지인 악주도 함락되었다.

정보망을 통해 그 소식을 인지한 숙종은 깊은 고민에 빠져들었다. 사태가 종결되면 강희제가 그 동안 조선의 불온한 움직임을 문제 삼을 것이 분명해 보였다. 선대의 유훈에 따라 북벌정책의 일환으로 설치한 도체찰사부와 대흥산성이 숙종에겐 목에 걸린 가시였다. 결국 숙종은 국정을 주도하던 남인들을 희생양으로 삼아 위기를 타개하기로 결정했다.

1680년(숙종 6) 4월 1일, 숙종은 영의정 허적이 조부 허잠의 '충정忠貞' 이란 시호를 받아 잔치를 벌이는 영시일迎諡日에 유악油幄을 무단 사용했다는 빌미를 잡아 일대 환국을 감행했다. 그날 숙종은 서인 김만기를 훈련대장, 신여철을 총융사, 김익훈을 수어사에 임명하고 철원에서 귀양살이하고 있던 김수항을 불러들여 영의정에 제수했다. 또 민정중을 우의정, 정지화를 좌의정, 남구만을 도승지, 조지겸을 이조좌랑에 임명하는 등 서인들의 독무대로 만들어 주었다. 이것이 바로 경신환국 혹은 경신대출척이라 불리는 일대 사건의 서막이었다.

그로부터 4일 후인 4월 5일에 김석주의 조종을 받은 정원로, 강만철의 고변이 이어졌다. 허적의 아들 허견이 역모를 꾸미고 인평대군의 아들 복선군 이남을 추대하려 했다는 내용이었다. 여기에 김석주가 직접 나서서 도체찰사 허견이 경기도 이천의 둔군屯軍들을 매일 훈련시켰고, 도체찰사부가 지휘하던 대흥산성에서도 군사훈련이 있었는데, 이는 분명 복선군을 옹립하기 위한 준비였다고 장단을 맞추었다.

그 결과 허견은 12일 군기시 앞에서 능지처사당했고 복선군 이남은 당고개에서 교형에 처해졌다. 남인 정권을 이끌던 허적 역시 서인으로 강등되었다가 5월 11일 사사되었다. 서인들의 공적 1호 윤휴는 명성대비 김씨를 단속하라고 말한 불경죄와 역모를 위해 도체찰사부의 설치를 제안하고 자신이 부체찰사로 선임되지 않자 얼굴에 불쾌한 빛을 띠었다는 혐의가 덧씌워져 20일 사사되었다. 그때 오정위 등 동복 오씨들도 피바람을 맞았고 우의정이던 오시수 역시 허견에게 아부했다는 혐의로 유배형에 처해졌다. 아울러 평소 남인과 가까웠던 역관 장현도 유배지로 끌려가야 했다.

충격적인 환국 상황이 마무리되자 서인 정권은 오시수에 대한 총공세에 돌입했다. 이른바 '강신强臣' 발언을 물고 늘어진 것이다. 그해 6월 6일 숙종은 영의정 김수항과 호조판서 민유정에게 오시수의 발언에 대한 사실 유무를 밝히라고 명했다.

사신이 청에 들어갈 때 뇌물을 바쳐서라도 진실을 알아오게 하시오.

그러자 김수항은 역관이 모두 그의 사람이고 경술년의 장계도 비변사에서 잃어버렸으며, 《사변일기事變日記》에도 기재되지 않아 거짓을 밝히기 어렵지만 장효례 본인을 매수해서라도 상황을 바꿔 놓겠다고 다짐했다. 이튿날 숙종은 다시 과거 오시수의 수행역관들을 소집한 다음 자초지종을 캐물었다. 그때 차비역관 박정신은 장효례가 그런 말을 한 적도 없고 자신도 들은 바가 없다고 대답했다. 하지만 동료 역관인 안일신·변이보·김기문 등은 오시수가 장효례의 발언을 차비역관으로부터 전해 듣고 화를 내며 숨기지 말라면서 화를 냈다고 보고했다.

> 너희 중에 분명 거짓말을 하는 자가 있는데 지금을 알 수 없는 노릇이다.

양측의 발언이 평행선을 달리자 숙종은 결론을 유보하고 사신들의 활약에 기대기로 마음먹었다. 그해 8월 사은사 겸 진주사로 연경에 갔다 돌아온 심익현과 신정은 현지에서 만난 청나라 대통관 이일선과 장효례의 말을 전했다.

> 청의 대통관 이일선은 과거에 황제가 복선군 이남에게 '그대 나라의 신하들이 어투응於透應 어허於虛하여 백성들을 못살게 굴어 백성들로 하여금 편안하게 살 수 없게 한다.' 라고 말했다 합니다. 어투응 어허란 말은 청어로 강強하고 악惡한 것을 일컫는 말입니다. 한편 장효례는 자신의 발언의 진위에 대해 '내가 비록 형편없는 사람이지만 양국을 왕래하면서 쓸데없는 말은 한 마디도 한 적이 없다. 내가 간여하지도 않는 말이 어찌 내 입에서 나왔겠는가. 중간에서 말을 전한 자가 혹시 나의 말이라고 핑계하고 이를 전했을지 모르나 분명 나는 알지 못하는 바이다.' 라고 했습니다.

사신들의 보고에 따르면, 장효례는 어느 해인지 정확하지는 않지만 황제가 조선 사신을 접견한 자리에서 조선에는 양반兩班이 강해 백성들이 원망한다는 뜻의 말을 했는데, 그 말은 자신들도 조선에 가면 냉수 마시듯 썼지만 국왕이 강신에게 제어를 받는다는 식의 발언은 결코 한 적이 없다고 단언했다. 만일 자신이 조선에 들어가면 증인이 될 수도 있다고 덧붙였다. 그러자 숙종은 오시수와 박정신을 잡아들여 국문하게 했다. 이윽고 9월 10일 유배지에서 끌려온 오시수는 역관들의 말 바꾸기 때문에 자신이 곤경에 처했다고 개탄하면서 자구책으로 아우 오시형과 박정신의 문답을 인용했다.

> 박정신이 일찍이 동대문 밖으로 나를 찾아와서 말하기를, '여러 역관이 모두 관망하면서 말을 바꾸므로 형세가 장차 나 홀로 바른 말하다가 죽을 것 같다.' 라고 했습니다. 전 주부 김봉지 · 봉사 권수경 · 출신 이지해도 그 말을 함께 들었습니다.

그로 인해 박정신 · 안일신 · 변이보 등의 역관과 김봉지 · 권수경 · 이지해 등이 끌려와 오시수와 대질심문을 받았다. 그때 오시수는 민희와 비변사 서리 최원상까지도 그 말을 들었다고 항변했다. 특히 민희는 '신하가 강하다는 말을 용천에서 명백하게 들었다.' 라고 오시대에게 말했다는 것이다. 국청으로 끌려나온 민희는 자신이 늙고 기억이 혼미하므로 알 수 없다며 상황을 회피했다.

심문은 지루하게 계속되었지만 목적은 단 하나 오시수를 죽이는 것이었다. 그달 25일 연경에 다녀온 김수항은 숙종에게 장효례의 입장이 변함없었다고 보고했다. 그러자 숙종은 마침내 오시수의 사사를 명하고 박정신은 다른 역관들이 하지도 않은 말을 오시수에게 전해 변조 가능하게 했다는 혐의로 정배定配, 안일신 · 김기문 · 변이보 등도 말을 잘못 전했다는 혐의로 도배徒配에 처했다.

> 오시수가 여러 왕조의 후한 은혜를 받았는데도 불구하고 은혜에 보답하려 하

지 아니하고, 두 차례나 치제하는 일로 인하여 차마 들을 수 없고, 차마 할 수 없는 말을 지어내 한편으로는 선왕조를 속이고 욕하려 했고 한편으로는 역적 이남의 '신하가 강하다.' 는 말을 사실화하려 했으니 용서할 수 없다.

오시수 신도비
충청남도 공주시에 있다, 우측에 있는 비는 1694년(숙종 20)에 세워졌고, 좌측에 있는 비는 1810년(순조 10)에 세워졌다.

이 사건은 오로지 목적만 있을 뿐 정의는 온데간데없는 정치재판이었다. 그 와중에 연루된 부경역관들은 이래저래 희생양일 따름이었다. 그로부터 9년여가 지난 1689년(숙종 15) 숙종이 소의 장옥정의 소생을 원자로 책봉하는 과정에서 서인이 축출되고 남인이 득세한 기사환국이 일어나자 오시수 사건이 재차 거론되면서 역관들은 또 다시 곤욕을 치렀다. 그해 6월 21일 남인 정권은 역관 박정신 · 김기문 · 변이보를 체포해 혹형을 가하면서 오시수의 무죄를 증명하려 했다. 그 과정에서 변이보가 장독을 견디지 못하고 옥중에서 사망하자 오시수의 아들 오상유의 노복들이 몰려와 시체를 찢고 그의 아들을 구타하기까지 했다.

1689년(숙종 15) 인현왕후 민씨의 복위 문제와 관련해 다시 서인이 정권을 잡은 갑술환국이 일어났다. 의금부 수사 기록인 《추안급국안》에 따르면 당시 오시수 사건으로 희생당한 역관 김천민의 아들 동래 상인 김도명과 역관 김기문의 아들 김보명, 역관 변이보의 아들 변학령이 서인들에게 각각

정지차금 500냥씩을 바쳤고, 지전 상인 이기정과 동래 상인 박세건도 200냥씩을 바쳤다. 장현 일가로 대표되는 남인 측 역관과 밀양 변씨로 대표되는 서인 측 역관 · 상인들이 손을 잡은 것이다. 오랜 정쟁의 소용돌이 속에서 양반들의 표리부동한 성정을 생생하게 체험한 역관들은 내부의 불화를 접고 굳은 결속을 통해 공존을 도모했다.

위항문학과 육교시사

신분제 균열이 본격화한 18세기 조선에서는 중인 이하 하층계급인 상인과 천인까지 포괄하는 위항문학委巷文學이 유행하기 시작했다. 위항委巷이란 여항閭巷과 동의어로 좁고 지저분한 거리를 뜻하는데, 중인 · 서얼 · 서리 · 평민들이 사는 지역을 싸잡아 일컫는 말이었다. 그러므로 양반 사대부가 아닌 계층은 모조리 위항인委巷人이고 그들이 참여한 문학 활동을 위항문학 혹은 여항문학이라고 불렀다.

이전에 조선의 한문학은 양반 사대부들의 전유물로 선비들의 정서와 생활감정을 표현하는 최고급 예술 활동이었다. 그런데 잦은 사행을 통한 풍부한 경험과 지식을 갖춘 데다 경제적 여유까지 누리던 중인 역관들이 하층민들과 함께 양반들의 전유물이던 한문학의 영역을 잠식해 들어간 것이다.

그때까지 평민들의 예술 활동은 민요 · 무가 · 잡가 등 대중 장르에 머물러 있었고, 한시는 시조와 함께 귀족문학의 상징으로 여겨졌다. 그런데 새롭게 등장한 위항시인들이 떼를 지어 신성불가침으로 여겨지던 한시를 즐기면서 시사詩社를 만들고 시집詩集을 간행하는 등 적극적으로 문학 활동을 벌였다. 이와 같은 위항문학의 발현은 당대 역관들의 자질로 볼 때 예정된 사건이었다. 헌종 때 천재 시인으로 알려진 역관 이상적의 한시는 청나라에까지 알려져 북경에서 시집이 간행되기도 했다. 그의 화려하고 섬세한 시문은 늘 한시를 접하던 양반들에게도 경탄을 불러일으켰다.

역관들이 주도한 위항문학은 1668년(현종 9) 최초로 공동 시집인 《육가잡영》이 간행되면서 실체를 드러냈다. 이후 위항문학을 정립한 인물은 역관 고시언이었다. 그는 17세 때인 1687년(숙종 13)에 사역원 한학과에 합격한 뒤 수차례 연행에 참가했고 2품의 관계에 오른 인물이다. 한시에 뛰어나던 그는 임원준, 홍세태, 정내교와 함께 당풍 4대 시인으로 추앙받았다.

1737년(영조 13) 고시언은 중인들의 한시를 모아 《소대풍요昭代風謠》라는 시집을 편찬했다. 이 책은 조선시대 양반들의 한문학을 총괄한 최대 걸작이라 일컬어지는 서거정의 《동문선東文選》에 버금간다는 평가를 받았다. 그때부터 힘을 얻은 위항시인들은 60년마다 공동 시집을 발간하는 전통을 만들고 1797년(정조 21)에 《풍요속선》, 1857년(철종 8)에 《풍요삼선》을 발간했다.

숙종 대에는 특히 뛰어난 역관 시인이 많았는데 왜학역관 홍세태, 정지윤, 이언진 등의 이름이 유난하다. 그중에 홍세태는 친구 김창협의 협조로 1712년(숙종 38) 《해동유주》를 간행했다. 그가 10여 년 동안 위항시인 박계강朴繼姜 등 총 48명의 한시 230여 작품을 한 권으로 묶은 이 책은 위항시집의 효시로 꼽힌다.

위항시인들의 동인인 시사詩社는 17세기 말 숙종 때 임준원을 맹주로 한 낙사시사洛社詩社가 처음이다. 18세기 말 정조 때 인왕산에 살던 천수경의 집 송석원松石園에서 시작된 옥계시사玉溪詩社에서는 장혼 · 김낙서 · 왕태 ·

이경연 · 박윤묵 · 이의수 · 김태욱 · 노윤적 · 조수삼 · 차좌일 등 당대의 내로라하는 시인 묵객들이 모여들어 전성기를 이루었다.

그들은 봄가을에 좋은 날을 택해 백전白戰이라는 한시 경연 대회를 열어 각자의 역량을 뽐냈는데 수많은 구경꾼이 몰려와 성황을 이루었다. 옥계시사는 이후 서원시사 · 비연시사 · 직하시사 등으로 분화되었다. 위항문인들의 이런 활동은 김홍도를 비롯한 최고의 화원들에 의해 다양한 형태의 화첩으로도 만들어졌다.

1853년(철종 4) 최경흠 · 유재건 · 조희룡 · 이경민 · 박응모 등이 중심이 되어 결성한 직하시사稷下詩社에서는 그 동안 축적된 위항시인들의 역량을 바탕으로 개인들의 전기를 기록하는 단계에 들어섰다. 1844년(헌종 10) 조희룡이 간행한 《호산외기》는 위항인 39명의 행적을 연대순으로 정리한 책이다. 18년 후인 1862년에는 유재건이 《이향견문록》을 통해 308명의 전기를 남겼다. 1866년(고종 3)에는 이경민이 자신의 서재인 운강서옥판으로 95명의 전기인 《희조일사》를 펴내기도 했다.

1870년대 말 결성된 강위의 육교시사는 단순한 시사의 한계를 넘어서 구성원들을 개화파로 이끈 구심점이 되었다. 당시 역관 변진환은 광교 옆에 해당루海棠樓를 짓고 역과시험을 준비하는 아들 변정과 조카 변위의 스승으로 역관 출신 강위를 초빙했다. 그의 조련을 받은 변위는 1873년 17세의 나이로 역과에 합격했다.

강위는 해당루 일대에 있던 변위의 위당서실, 김석준의 홍약관, 김경수의 인재서옥, 박승혁의 용초시옥, 김한종의 긍농시옥, 황윤명의 춘파시옥, 이용백의 엽광교사 등지를 오가며 위항시인들과 어울렸다. 그가 해당루가 있는 광교가 청계천의 여섯 번째 다리라는 데 착안해 지은 자신의 시집 제목《육교연음집六橋聯吟集》때문에 육교시사六橋詩社라는 명칭이 생겼다. 육교시사에는 수많은 명사가 드나들었다. 개화기의 천재로 명성이 높은 국학자 이능화의 아버지 이원긍도 양반이었지만 육교시사에서 중인들과 어울리며 급변하는 국제정세를 깨우쳤다.

그 무렵 열강의 공세에 시달리던 청나라의 현실에 주목한 강위는 조선의 개화가 선택과목이 아닌 필수과목임을 절감하고 있었다. 이 때문에 그는 개화를 체험하기 위해 1880년 수신사 김홍집과 함께 일본을 방문했고, 이후 김옥균 · 서광범 · 박영효 등 신진개화파와 어울리며 조선의 미래를 함께 고민했다. 그의 영향을 받은 육교시사 동인 대부분은 개화파로 변신했고 이어진 조선의 망국기에는 항일운동의 기수가 되었다.

이李 화和 종宗 | 중국의 세세한 내막을 읽는다

연산군 대부터 명종 대까지 활동한 역관 이화종은 중국과의 교섭 과정에서 뛰어난 학문과 번득이는 재치를 발휘해 명성을 날렸다. 특히 그는 남다른 정보 수집 능력을 통해 조선 대외 교섭사의 한 페이지를 화려하게 장식한 인물이다. 《조선왕조실록》을 비롯해 《지봉유설》·《통문관지》·《연려실기술》·《상서고사》 등 사서에는 그의 활약상이 상세히 기록되어 있다.

이화종은 역관이면서도 학문이 뛰어나 종종 사람들을 놀라게 했다. 언젠가 그는 홍문관의 부탁을 받고 유리창 서점가에서 《통감강목》을 사려 했지만 명나라 조정의 서책 반출 금지조치 때문에 구할 수가 없었다. 궁리 끝에 이화종은 명나라 예부에 그 책 구입을 허락해 달라는 글을 올린 다음 연회석상에서 마주한 예부의 관리에게 이렇게 말했다.

> 한퇴지의 시에 '사람이 고금에 통달하지 못하면 말과 소에 옷을 입힌 것과 같다人不通古今 馬牛而襟裾'고 했습니다. 조선에서 《통감강목》을 찾는 이유가 여기에 있습니다.

한낱 역관의 입에서 당나라의 명문장가인 한유의 시구가 흘러나오자 깜짝 놀란 명나라 관리는 특별히 그에게 책을 구입할 수 있도록 해 주었다. 그는 또 외교석상에서 벌어지는 돌발 상황에서도 흔들리지 않고 슬기롭게 대처함으로써 자신의 성가를 올렸다. 중종 때 대궐에서 명나라 사신에 대한 환영연이 열렸을 때의 일이다. 전례에 따라 중국 사신은 관모에 꽃을 꽂고 참석했는데 주인 격인 중종이 깜박 잊고 꽃을 꽂지 않았다. 그러자 사신이 눈살을 찌푸리며 물었다.

> 손님과 주인이 함께 즐기는데 전하께서는 어찌하여 꽃을 꽂지 않으셨습니까?

중국 측 통역으로부터 그 말을 전해 들은 중종은 대꾸할 말이 없었다. 그때 어전통사로 배석하고 있던 이화종이 임금의 대답을 듣는 척하고는 사신에게 다가가 이렇게 말했다.

> 꽃은 분명 노인의 머리에 오르기를 부끄럽게 여길 것이라 그리한 것인데 사신의 심기를 불편하게 했다면 미안할 따름이오.

그러자 사신은 임금이 자신을 대접하는 뜻에서 그렇게 했다 여기고 비로소 낯을 폈다. 이화종은 그렇듯 때론 학문으로 때론 순간적인 재치로 자신의 존재감을 드러냈다. 이수광의 《지봉유설》에는 그에 대한 재밌는 일화도 실려 있다. 중국 사신이 중신들에게 숭어의 속명을 묻자 한 사람이 수어水魚라고 대답했다. 이에 그는 조선인들의 무식함을 내심 비웃었는데, 상황을 눈치챈 이화종이 나아가 "숭어는 물고기 중에서 빼어난 것이므로 그 이름이 한자로 수어水魚가 아니고 수어秀魚입니다."라고 말하자 비로소 고개를 끄덕였다고 한다.

이와 같은 이야기는 역관 이화종의 능력에 비하면 아주 작은 단편에 불과하다. 그는 수십 차례 대륙을 오가면서 수많은 주요 정보들을 수집해 보고함으로써 조정의 대 중국 정책 수립에 공헌했다. 그중 하나로 중종 때 조야를 뒤흔든 공녀 반출 사건이 두드러진다.

명나라는 조선과 조공책봉 관계를 수립한 뒤 세종 대까지 수많은 환관과 공녀를 데려갔다. 하지만 세종의 꾸준한 노력으로 1435년(세종 17)에 이르러 처녀 공출을 막을 수 있었다. 그 후 80여 년이 지난 1521년(중종 16) 명나라에서 조선에 공녀를 요구하려 한다는 정보가 입수되었다. 그해 1월 북경에 머물던 역관 최세진이 좌의정 남곤에게 보낸 편지와 역관 이화종의 보고서 덕분이었다. 그런데 이 기밀 사항이 세간에 유출되면서 큰 사회 혼란이 빚어졌다.

명나라에서 공녀를 징발할 것이라는 소문이 떠돌자 백성들은 앞다투어 딸자식을 시집보냈다. 어떤 사람은 하루저녁에 딸 서너 명을 모두 시집보냈고, 어떤 사람은 딸 한 명에 여러 명의 신랑감을 미리 구해둔 다음 혼인날 제일 빨리 온 사람과 혼인시키기도 했다. 심지어 강보에 싸인 갓난아이를 유모가 안은 채 혼례식을 치르는 등 웃지 못할 일이 벌어지기까지 했다. 당황한 조정에서는 유언비어 유포자를 잡아들이겠다고 엄포를 놓았지만 손바닥으로 하늘을 가릴 수는 없었다.

이에 사헌부에서 기밀 유출 책임을 물어 역관 최세진과 좌의정 남곤을 처벌하라고 임금에게 요구했다. 1521년(중종 16) 2월 7일 남곤은 임금에게 나아가 사직을 청하면서 소문의 유출자가 결코 자신이 아니라고 변명했다. 당시 최세진이 서신을 보내 안부를 물으면서 말미에 '처녀를 뽑아갈 일로 중국에서 전례를 찾아보고 있다.' 라는 내용이 있었고, 그로부터 며칠 뒤에 역관 이화종이 자신을 찾아와 자신도 진호陳浩의 집에서 그 말을 들었다고 전했지만 외부에 전파하지 않았다고 말했다는 것이다. 그러면서 남곤은 자신의 질녀가 혼인하지 않았음을 증거로 제시했다.

그때 중종은 최세진이 민감한 사안을 개인적으로 남곤에게 알린 것 자체가 문제가 되었으며, 그 사실을 승정원에 알리지 않고 대신에게만 말한 이화종의 처신도 잘못되었지만 남곤에게는 아무 잘못이 없다면서 사직을 허락하지 않았다. 그처럼 기밀 누설의 책임 공방으로 조정이 들썩거리고 있던 4월 29일 과연 명나라에서 사신 김의가 입국하더니 고자와 요리 잘하는 여자, 어린 처녀 각 수십 명을 선발해 공출하라는 황제 무종의 칙서를 전달했다.

올 것이 왔다고 여긴 중종은 차일피일 시일을 미루면서 명나라 조정에 자문을 보내 공출 철회를 요구했지만 반응이 없었다. 결국 중종은 중신들에게 우선 7세부터 15세까지의 고자 서른 명을 각도에서 선발하게 하고, 6월 2일에는 9세부터 12세까지의 처녀 열다섯 명을 지방에서 선발토록 했다. 그런 다음 중종은 비통한 심정을 이렇게 토로했다.

> 여자 뽑는 일은 부득이한 데서 나온 일이지만 어찌 원통한 일이 없겠는가? 화기를 상하게 할 만한 일이다. 평상시에 한 사람이 잡혀가더라도 꼭 송환하고자 하는 것이 내 심정인데 하물며 10여 명이겠는가. 내 마음이 참으로 측은하여 안정이 되지 않는다. …… 혹시라도 선발된 처녀들이 구덩이에 몸을 던진다든가 목매어 자살하는 일이 있을까 염려스럽다.

이 일로 인해 이화종은 동료 최세진과 함께 곤욕을 치렀지만 외교 일선에서 일하는 역관이라는 직업의 희소성 때문에 곧 사면을 받아 사역원에 복귀했다. 그 시기에도 부경역관들은 사행무역을 통해 많은 재산을 축적했는데, 《지소록識小錄》에는 그가 중국에서 보배를 얻어 부자가 되었다는 기이한 이야기가 전해지고 있다.

황제 무종이 남쪽 지방을 순방할 때의 일이었다. 정사 남곤과 부사 이자를 따라 사행길에 오른 이화종은 명나라 조정의 신료들을 만나기 위해 역마를 타고 남경의 행재소까지 먼 길을 왕복해야 했다. 천신만고 끝에 임무를 마친 그가 귀로에 고우高郵의 물가에서 잠시 휴식을 취했다. 그런데 모래 속에서 반짝이는 것이 있어 꺼내 보니 여섯 마디에 모양이 구불구불하고 빛깔은 눈처럼 흰 짐승의 뼈였다. 한눈에 귀물임을 알게 된 그는 남몰래 그것을 안장 속에 감췄다. 이윽고 북경에 돌아온 이화종은 시장에 그 뼈를 가져가 상인들에게 내보였다. 그러자 한 상인이 황망히 절을 하며 이렇게 말했다.

"이것은 이무기의 등골인데 안에 여섯 개의 큰 구슬이 들어 있으니 값을 매길 수 없는 보배입니다."

이화종이 그 말을 듣고 뼈를 쪼개 보니 과연 복숭아씨만한 구슬 여섯 개가 들어 있었다. 그는 상인에게 구슬을 팔아 천금 어치의 비단으로 바꾼 다음 동료들은 물론 노복들에게 골고루 나눠 주었다.

이것은 하늘이 내린 것이라 내가 독차지할 수 없다.

1328년(중종 23)에는 야인에게 포로가 되었다가 풀려난 중국인 유장 등이 조선에서 명나라로 정식 쇄환되기 전에 요동의 탕참으로 도주하는 일이 발생했다. 요동 도사를 찾아간 그들은 조선이 군사를 일으켜 요동을 공격할 때 자신들을 길잡이로 삼으려 했다고 고발했다. 그 무렵 조선은 비밀리에 여진족 토벌을 논의하고 있었는데 그 기밀의 일단이 누설된 것이다.

역관들을 통해 그 사실을 알게 된 사헌부에서는 중국인을 지키던 병사와 역관들을 벌하라고 임금에게 상주했다. 하지만 우선 급한 것은 명나라의 의심에서 벗어나는 일이었고, 그 문제를 해결할 수 있는 사람은 이화종뿐이었다. 중종의 특명을 받은 이화종은 즉시 요동에 있던 명나라 관리들을 찾아가 여진족 토벌의 당위성을 설파했을 뿐만 아니라 중국인 쇄환에 대한 조선의 권리를 주장해 문제를 백지화시켰다.

이와 같은 상황은 당시 조선 사신들의 사행로와 요동도사遼東都司의 역할 등을 참고하면 쉽게 이해된다. 명나라 건국 초기에 고려의 사신들은 해로를 따라 배를 타고 수도 남경南京까지 가야 했다. 그러다 명나라가 수도를 북경으로 옮긴 뒤 1389년(공양왕 1)부터는 요양을 거쳐 산해관으로 들어가는 길이 열렸다. 요양에서 만리장성의 동쪽 관문인 산해관까지는 숙소와 수비군이 주둔하는 역참驛站이 있어 사신들의 신변을 지켜주었다. 그러나 압록강에서 요양까지는 언제 야인들의 공격을 받을지 모르는 위험지대였다.

1640년(세조 6)부터 이 길에 야인들이 출몰하자 명나라는 요동도사의 관리하에 여러 진지를 구축하고 병사를 상주시키는 한편 주민들을 이주시켰다. 그 후 명군이 1480년(성종 11) 봉황산鳳凰山을 거쳐 이듬해 6월에는 압록강변에 구련성九連城이라 부르던 진강보鎭江堡를 설치하면서 압록강변까지 진출했다. 진강보·탕참湯站·봉황성鳳凰城·진동보鎭東堡·진이보鎭夷堡·연산관連山關·첨수참甛水站·요양遼陽에 이르는 동팔참東八站이 성립된 것이다.

머나먼 동팔참의 길은 부경사신들에게는 적막한 사행로였지만 역관들에게는 일상 업무의 현장이었다. 그들은 서해에서 표류하다 발견되거나 여진족의 포로가 되었다가 탈출한 중국인들을 쇄환해야 했고, 때론 국경을 넘어와 인삼 채취와 도벌을 일삼는 중국인들도 체포해 탕참까지 호송한 다음 처벌 내용을 확인하기도 했다. 그 과정에서 역관들은 요동도사의 관리들을 만나 수시로 현안을 논의했다.

1536년(중종 31) 3월 6일 압해관 신분으로 탕참에 들어간 이화종은 수보관 한승경을 만나 최근 조선에 넘어와 나무를 도벌하다가 발각되어 쇄환된 중국인들의 처리 결과를 물었다. 이어서 그는 한승경이 최근 의주 관리 김철을 구타한 일과 사신이 들어가기 사흘 전에 진헌 방물을 보고하라고 통보한 내용을 엄중하게 따졌다. 잠시 두 사람의 언쟁에 귀 기울여 보자.

"그 동안 중국 조정이 모든 나라를 평등하게 대해 내외 구별이 없이 두터운 예로서 접대하기 때문에 국경에 들어서면 부모의 나라같이 여겨 밤에 다녀도 도적 또한 해를 입히지 않았다. 간혹 하인들이 잘못하는 일이 있을 경우 중한 일이면 본국에 통첩하고 가벼운 일은 용서했으므로 지금까지 수백 년 동안 한 사람도 장杖을 맞은 사람이 없었는데, 이번 일로 조선인들이 매우 분노하고 있다. 또 대인의 차부에 의하면 진헌하는 방물을 조사하려고 3일 전에 미리 보고하라 하니, 이것은 진실로 전에 없던 일이다."

"차부에 방물을 조사한다는 말이 없었는데 이것이 무슨 말인가?"

"방물 약간과 가축 약간을 대상에 보고하고 통역할 수 있는 사람으로 하여금 숫자에 따라 조사하게 한다고 하지 않았는가."

"말만 했을 뿐이지 어찌 조사할 리가 있겠는가. 본보는 건주위와 이어져 있으니 말이 다른 사람들이 캄캄한 밤에 다닌다면 어찌 의심치 않겠는가. 이는 먼저 알려고 한 것뿐이다."

"강가의 완악한 백성들이 금지禁地에 들어와 승낙도 없이 농사짓는 것을 전일 양楊 · 상常 · 증曾 세 어사御史가 서로 잇따라 금하여 몰아내고 집을 헐고 돌을 세워 표지를 세웠으나 완악한 백성들은 아직도 뉘우치지 않고 있다. 우리나라에서는 대인의 맑은 덕을 한껏 듣고 있으니 결단코 강가의 근심이 없을 것으로 안다."

"내가 본보에 있는데 누가 감히 내 뜻을 어기겠는가? 내게도 법도가 있으니 다시 말하지 말라."

이화종은 명확한 논리와 당당한 태도로 한승경을 몰아쳐 과오를 시인하게 만들었다. 그 무렵 요동에는 건주위 야인들의 활동이 거세져서 요동의 명군이 살해되거나 잡혀가는 일이 빈번했다. 그런 상황에서 명나라의 조선인에 대한 보호 대책은 절실했다. 이어서 요동성으로 달려간 그는 요동도지휘사 곽계종과 서보에게 뇌물을 바친 다음 한승경의 처벌을 요구했다. 그러자 곽계종은 그의 실수를 인정하면서도 공무를 봉행하면서 생긴 일이니 처벌할 수 없다고 버텼다.

"그는 앞날이 촉망되는 관리이니 없던 일로 하는 것이 좋겠소."

"물론 저도 한 대인이 3대나 총병을 지낸 가문의 후예로 무거武擧에 올라 재주와 명망이 높다는 것을 잘 알고 있습니다. 하지만 최근 그는 조선인들을 제멋대로 구타했을 뿐만 아니라 문서를 통해 사행단을 핍박하는 등 조정의 옛 법을 자의로 고치려 했으니 죄가 가볍다고 할 수 없습니다."

"알았소. 그렇다면 내가 문서를 보내 엄중 경고할 터이니 그것으로 매듭지읍시다."

이화종의 공세에 질린 곽계종은 대충 얼버무리려던 태도를 접고 공식적인 자문을 탕참에 보내 한승경으로 하여금 다시는 월권을 하지 않겠다는 약속을 받아 냈다. 이어서 이화종은 전례에 따라 압록강에 몰려와 농사를 짓는 중국인들을 단속해 달라고 요구했다. 한번 양보하면 건잡을 수 없이 양보해야 하는 것이 외교교섭이었다.

그 후에도 중국인 쇄환에 관련된 분쟁은 끊이지 않았다. 한 번은 이화종이 표류민인 중국인 이장 등을 탕참에 넘겨주기 위해 자문을 요동도사에게 전달하자 장인 대인掌印大人 왕송이 따졌다.

> "무릇 달아나 돌아온 사람과 표류한 사람은 모두 곧바로 요동도사에 넘겨주는 것이 전례인데, 어찌하여 탕참에 넘겨주려 하는가? 달아날 염려가 있으면, 매를 때려 묶어 끌고 와도 되고, 목에 칼을 씌우고 발에 차꼬를 채워도 될 것이다."
> "우리나라는 지극한 정성으로 사대하는데, 더구나 표류하여 왔거나 달아나서 돌아온 중국 백성을 만나면 음식을 주고 예로 대하는데 어찌 감히 매를 때리고 묶어서 끌고 올 수 있습니까. 또 어찌 감히 목에 칼을 씌우고 발에 차꼬를 채울 수 있겠습니까. 호송하는 군마도 명목이 없으면 또한 감히 강을 건너오지 못하므로, 사람이 드문 수풀 사이에서 혹 달아나는 일이 있으면 일의 체모가 온편하지 못하니, 탕참에 넘겨 도사에 옮겨 보내는 것이 온편합니다."

이처럼 이화종이 정색을 하고 맞받아치자 왕송은 이튿날 요동도지휘사와 순안어사 등과 논의한 다음 표류인이 죄가 있다면 달아나는 폐단도 있을 것이라고 인정하고, 앞으로 중국 표류민을 받으면 탕참에서 인계받아 도사로 올려 보내도록 했다. 목적을 달성한 이화종은 이어서 중국인들이 압록강 변의 협강夾江에 몰려와 농사짓는 일을 금지해 달라고 요구했다.

"전에 도사의 대인이 잇달아서 매우 금지하여 집을 불사르기도 하고 곡식을 베어 버리기도 하고서 그 법을 어기며 경작한 사람은 모두 충군하고 신역을 정하며 돌을 세워 표지하여 크게 금했는데도 완악한 백성이 오히려 법을 두려워하지 않고 다시 법을 어겨 경작하니, 그 성정이 지극히 완고하고 포악합니다. 대인은 전례에 따라 매우 다스리기 바랍니다."

"법을 어기며 경작했더라도 올해에는 가을 곡식이 이미 익었으니, 어쩔 수 없이 그 백성이 거두어 먹게 해야겠다."

"그렇게 하면 협강에서 법을 어기며 경작하는 것을 끝내 금할 수 없을 것입니다. 어느 때인들 법을 어기며 경작하는 사람이 없겠으며, 어느 해인들 가을 곡식이 익지 않겠습니까?"

이와 같은 이화종의 반론을 받아들인 왕송은 법을 금하며 경작한 곡식을 경작자가 거두어 먹게 할 수 없으므로 탕참의 지휘관이 친히 감독해 관창官倉에 거두어들이도록 했으니 외교문제가 일어나지 않도록 조선 조정에 잘 말해 달라고 요청했다. 그는 또 요동도사가 표류인들의 쇄환 문서를 보내는 사신을 서울까지 보내 뇌물을 긁어가자 중국 관리들과 담판을 지은 끝에 사신들이 의주성에서 남으로 2리 떨어진 압록강가의 의순관까지만 오도록 했다. 그로 인해 조선 조정에서는 사신 접대와 뇌물 준비의 부담을 덜 수 있었다.

1544년(중종 39) 9월 18일 중종은 이화종으로부터 중국 내부의 변란 소식을 들었다. 산서 지방에 소황자小皇子라는 오랑캐達子가 병력을 모아 난을 일으키고 장차 북경을 공격하려 한다는 내용이었다. 명나라 조정은 요동·광녕 등지에서 9000의 병마를 징발한 다음 요동 부총관 학승은과 유격 장군

곽도로 하여금 산해관에서 대동의 변고에 대비하고 있었다. 그와 같은 군사 정보는 조선 조정의 대명나라 정책에 실로 중요한 자료였다.

> 지극히 근심스럽다. 중국에 어려운 일이 있을 때 역관을 더욱이 권려해야 하거니와, 우리에게 지금 이화종 같은 이가 몇이나 있는가?

새삼 그의 역량에 감탄한 중종은 이화종의 나이가 많으니 3품에서 2품으로 특별히 가자하라고 명했다. 하지만 양반 사대부들은 중인 출신인 그를 당상관으로 대접할 생각이 눈곱만큼도 없었다. 대간 홍언필은 그를 잡류로 매도하면서 역관이 2품이 된 일은 전례가 없다고 극간했다. 반정 출신의 임금은 서인들의 입김을 무시할 수 없었으므로 결국 그의 승진은 무산되고 말았다. 중종의 보위를 물려받은 인종 역시 1545년(인종 1) 5월 이화종에게 종2품 가선대부를 제수하도록 명했지만 또 다시 대간들이 들고 일어났다.

> 전하께서 중국 사신의 청에 따라 이화종에게 가선대부를 제수하라는 명이 계셨으나, 중한 작명爵命을 어찌 사사로운 청에 따라 가자할 수 있겠습니까. 이런 꼬투리가 한번 열리면, 역관의 무리가 힘써 그들의 뜻을 기쁘게 하려고 무슨 짓이든 다하여 제 욕심을 성취하려 들 것이니 훗날 폐단이 그지없을 것입니다. 나중에 오는 중국 사신이 이 말을 들으면 또한 반드시 청하는 것이 있을진대 어찌 죄다 따를 수 있겠습니까. 부디 명을 거두어 주십시오.

그와 같은 중신들의 태도에 질린 인종은 이렇게 탄식했다.

내가 중국 사신의 청을 식언할 수 없고, 더구나 그는 늙고 오래 벼슬한 사람인데 가자를 하는 것이 뭐가 그리 놀랍고 괴이하기에 그렇게 말하느냐.

최崔 세世 진珍 | 사대하는 일을 할 사람은 오직 그뿐이다

최세진은 이화종과 비슷한 시기에 활동한 한학역관이지만, 당대에는 운서韻書와 이문吏文의 대가로 더 알려졌고, 오늘날에는 백성들을 위해 한글 대중화를 이끈 선각자로서 추앙받고 있는 인물이다.

최세진의 본관은 괴산槐山, 자는 공서公瑞, 1473년 역관이던 최정발崔正潑의 아들로 태어났다. 중인 신분의 특성상 그의 어린 시절은 거의 알려지지 않았다. 다만 역관으로 활동하던 초기에 습독관習讀官으로서 성종 앞에서 강의를 한 뒤 실력을 인정받아 양만에게만 주어지던 질정관質正官이 되었다는 기록이 남아 있다. 질정관이란 중국으로 가는 사신을 수행해 현지의 여러 사물을 조사하거나 고전을 조사하는 직책을 맡은 관리다. 그때 양반 사대부들이 중인에게 외교를 맡긴 전례가 없다며 교체를 종용하자 성종은 몹시 화를 내며 이렇게 말했다.

> 그만한 적임자가 없기에 뽑은 것인데 전례에 매달린다는 것은 말도 되지 않는다. 전례가 필요하다면 이번 조치가 바로 전례가 될 것이다.

성종은 독학으로 한어를 배워 명나라 사신들의 말을 알아들을 수 있던 특이한 임금이었다. 외교석상에서 통역 실수로 쩔쩔매기 일쑤이던 역관들을 마뜩찮게 여긴 탓이다. 그 와중에 최세진이란 원석을 발견한 임금은 꽤 신이 났을 것이다. 그때부터 수차례 중국을 왕래하며 이문 실력을 연마한 최세진은 조선의 외교문서를 전담하기에 이른다.

최세진이 왕성하게 활동하던 시기는 강력한 왕권을 지향한 연산군이 훈구파와 사림의 기세를 꺾기 위해 무오사화와 갑자사화 등을 일으키던 비상시국이었다. 성종 대에 세력을 형성한 사림파는 스승 김종직의 영향을 받아 세조의 찬탈을 비난하고 단종의 정통성을 주장하면서 당시 지배계층이던 훈구파를 공개적으로 비판했다. 이런 사림의 태도에 연산군은 이를 갈았다. 증조부 세조를 부정하는 것은 곧 자신을 부정하는 것과 다름없기 때문이었다.

1498년(연산군 4) 7월 연산군은 훈구파인 유자광과 이극돈이 《성종실록》의 사초에서 김종직의 〈조의제문〉을 찾아내 문제 삼자 기다렸다는 듯 사림에 대한 숙청을 개시하는 한편 사림의 근거지인 성균관을 폐쇄하고 유생들의 대과 자격을 박탈하는 정거 조치와 분경금지령, 홍학절목 등을 시행했다. 그처럼 무오사화를 통해 강력한 왕권을 행사하게 된 연산군은 1499년(연산군 5) 4월부터 7월까지 여진족이 준동하던 평안도와 함경도 일대에 장성을 쌓게 했으며, 1500년(연산군 6)에는 음란한 남녀를 사형시키는 법을 정하기도 했다.

1503년(연산군 9) 5월 사역원 제조 윤필상과 이세좌는 역관 가운데 한어漢語를 제대로 아는 사람이 이창신 한 사람밖에 없다는 이유로 중국 사신을 초빙해 최세진 · 송평 · 송창을 가르치게 했다. 그 과정을 통해 최세진의 한어 실력은 일취월장 향상되었을 뿐만 아니라 그해에 치러진 봉세자별시封世子別試에서 권복權福에 이어 2등으로 급제함으로써 학문도 최정상의 수준에 도달하고 있음을 과시했다. 당시 연산군은 과거 시험에서 대책문 대신 시문으로 인재를 뽑게 했다. 이는 자신이 시를 좋아하기도 했지만 외교 문제와도 관련이 있었다. 1504년(연산군 10) 그는 전교를 통해 이렇게 말했다.

인재는 반드시 경술로만 취할 것이 아니다. 사신으로 문학에 능한 자가 온다면 《중용》이나 《대학》의 3강령이나 8조목의 격물치지格物致知로서 상대함은 불가하니 반드시 시에 능한 자가 맞이해야 나라를 빛나게 할 수 있을 것이다. 시에 능한 사람이 어찌 경술을 모르겠는가.

1504년(연산군 10) 12월, 성종의 사위 신수영의 집 마당에서 국왕을 비난하는 언문 익명서가 발견되었다. 익명서는 모두 세 장이었는데 그중에 하나는 다음과 같았다.

의녀 개금 · 덕금 · 고온지 등이 함께 모여서 술 마시는데, 개금이 말하기를 '옛 임금은 난시일지라도 이토록 사람을 죽이지는 않았는데 지금 우리 임금은 어떤 임금이기에 신하들을 파리머리 끊듯 죽이는가. 아아! 어느 때나 이를 분별할까?' 했다. 덕금이 말하기를 '그렇다면 반드시 오래 가지 못하려니와, 무슨 의심이 있으랴.' 하여 말하는 것이 심했으나 이루 다 기억할 수는 없다. 이런 계집을 일찍이 징계하여 바로잡지 않았으므로 가는 곳마다 말하는 것이다. 만약 이 글을 던져 버리는 자가 있으면, 내가 '개금을 감싸려 한다.' 고 상언하리니, 반드시 화를 입으리라.

이에 분개한 연산군은 즉시 개금 등을 잡아들여 국문하게 한 다음 익명서를 배포한 범인들을 체포하게 했다. 곧 사노비 만동을 비롯해 생원 황순의 종 자비와 황순의 처남 유구 등 관련자 여러 명이 체포되어 심문을 받았지만 주모자를 잡을 수 없었다. 그러자 연산군은 언문 사용을 금지하고 《언문구결》 등 한글 관련 서적을 불태우게 했다. 하지만 연산군의 언문 탄압은 알려진 것과는 달리 일시적인 조치였다. 1504년(연산군 10) 12월 10일 병조 정랑 조계형에 명해 언문으로 역서를 번역케 했고, 이듬해 9월 15일에는 궁인의 제문을 언문으로 번역해 의녀를 시켜 읽게 했으며, 1506년(연산군 12) 6월 24일 "대비의 탄일 전문箋文을 언문으로 번역하라."는 명을 내리기도 했다.

그 후 사림파를 축출하고 권력을 쥔 훈구파는 점차 국왕을 무시하는 태도를 보였다. 이세좌는 연산군이 베푼 연회에서 대취해 곤룡포에 술을 엎지르는 불경죄를 저질렀고, 홍귀달은 손녀가 세자빈에 간택되자 병을 핑계로 입궐을 가로막기까지 했다. 이에 분노한 연산군은 이세좌와 홍귀달을 전격 처형하고 그들을 비호한 이극균을 사사했다.

1506년에는 조선왕조 사상 최대의 사화인 갑자사화가 일어났다. 그 싹은 3년 전인 1504년(연산군 10)부터 트기 시작했다. 당시 연산군은 생모 윤씨를 왕비로서 장사 지내고 능호를 회묘懷墓에서 회릉懷陵으로 바꾼 다음 시호를 제헌齊獻으로 추존했다. 그때부터 《승정원일기》를 통해 과거 폐비에 관련된 인물들을 조사하는 과정에서 폐비 윤씨의 존호에 적극적으로 나섰던 윤필상이 실제로는 폐비 사건을 주도한 인물임을 알게 되었다. 연산군이 이를 알고도 모른 체한 대신들의 불경죄를 물어 전대미문의 옥사를 일으킨 것이다.

사서에는 연산군이 임사홍으로부터 폐비에 대한 이야기를 듣고 분개해 갑자사화를 일으켰다고 하지만 이는 전혀 이치에 맞지 않는다. 오히려 임사홍은 유자광과 함께 1504년 윤 4월 26일 이극균과 사귀었다는 이유로 사헌부에서 참수를 주청했지만 과거 폐비론이 일어났을 때 성종에게 울면서 불가함을 적극 진언했던 전력 때문에 죄를 탕감받았다.

임사홍은 여러모로 사림과 악연이 깊은 인물이다. 그는 성종 때 현석규와 불화를 겪은 후 흉비로 인한 금주령 선포를 반대하다가 홍문관과 예문관의 관원들에게 소인배로 몰려 퇴출당했다. 성종이 외교 부문에 뛰어난 역학자인 그를 적극 활용하려 했지만 사림의 압박으로 수차례 그의 등용은 무산되었다. 연산군 대에 그가 조정에 복귀한 이유는 아들 임승재가 부마가 되어 신원상소를 올렸기 때문이다.

1504년 3월부터 10월까지 7개월에 걸쳐 벌어진 갑자사화는 희생자의 수나 형벌에서 무오사화와 비교할 수 없었다. 당시 연산군은 윤씨 폐위와 사사에 찬성하던 윤필상 · 한치형 · 한명회 · 정창손 · 어세겸 · 심회 · 이파 · 김승경 · 이세좌 · 권주 · 이극균 · 성준을 12간十二奸으로 지목해 극형에 처하고, 이미 죽은 한치형 · 한명회 · 정창손 · 어세겸 · 심회 · 이파 등을 부관참시하게 했다. 그와 함께 죄인들의 자식도 모두 죽이고 부인들은 노비로 삼았으며 사위들은 먼 곳으로 귀양 보냈다. 또 연좌되어 사형에 처할 대상자 중에 미리 죽은 자는 모두 시신의 목을 베도록 하고 동성의 삼종三從까지 장형을 집행한 다음 여러 곳으로 나누어 귀양 보냈다. 그 과정에서 연산군은 왕권을 능멸한 이세좌와 윤필상 등에게는 쇄골표풍碎骨飄風, 곧 뼈를 갈아 바람에 날려 버리는 형벌을 가함으로써 자손들이 제사조차 지내지 못하게 했다.

갑자사화의 여파로 후원자이던 이세좌가 처형되면서 최세진은 문과 급제가 취소되는 아픔을 겪었다. 더군다나 그는 1506년 1월 파방에 불만을 품고 익명서를 던진 인물로 지목되어 영어의 몸이 되었다. 하지만 한 달 뒤인 3월 13일 중국에서 사신이 왔는데 이문吏文을 쓸 사람이 없었으므로 연산군은 승지 권균의 청에 따라 그를 풀어 주고 어전에서 통역한 공로를 치하하며 홍패紅牌까지 되돌려 주었다.

당시 자신의 치세를 태평성대라고 착각하던 연산군은 장악원을 연방원으로 개칭한 다음 채홍사를 파견해 시문에 뛰어난 미녀들을 불러 모으는 등 낭만적인 세월을 보냈다. 그 와중에 민간의 허례허식을 일소할 목적으로 사대부들의 장례식에 조상 기간을 하루로 한 달을 갈음하는 이일역월제以日易月制를 시행케 하고, 그 기간에도 육식을 허용하는 획기적인 정책을 펼쳤다. 사대부와 민간의 허례허식을 일소하고자 한 연산군은 왕실에서 먼저 모범을 보이기 위해 할머니 인수대비가 죽은 뒤 그 제도를 시행한 것이다.

연산군은 또 압반과 감찰을 동원해 사치와 나태에 물들어 있던 성균관과 사학의 유생들을 규찰했고, 또 의정부의 정4품직인 사인舍人 · 검상檢詳, 이조와 병조의 낭청郞廳 등 관직에 문 · 무관을 번갈아 임명케 함으로써 문관을 우대하던 전례를 혁파했다. 또 1506년(연산군 12) 8월에는 정무를 보고할 때 영의정이라도 존칭을 생략하게 했으며, 공자에게 올릴 작헌례를 시행할 때는 그의 직분이 신하라면서 재배만 하게 했다. 그처럼 연산군은 유교의 복잡한 의례를 배격하고 간소하고 실질적인 절차를 권장했다. 이와 같은 연산군의 개혁은 사림은 물론 측근들에게까지 성리학을 근본으로 하는 조선의 정체성을 부정하는 일로 비쳤다. 그로 인해 연산군은 1506년(연산군 12) 9월 총애하던 박원종, 성희안, 유순정 등이 일으킨 중종반정으로 보위에서 쫓겨났다.

그때부터 최세진은 승문원훈회承文院訓誨 · 내섬시부정內贍寺副正 · 예빈시부정禮賓寺副正 등 여러 벼슬을 거쳤지만 기득권자들의 모함은 끊이지 않았다. 1509년(중종 4) 1월 4일 대간에서는 '세간에 떠도는 대로 그가 상중에 첩을 얻었다는 비방은 사실이 아니지만 사행 길에 남의 재물을 가져가 장사를 한 일로 법관에게 탄핵을 받는 등 사표師表로 적당치 않다.' 라고 공격하는 바람에 체직을 당하기도 했다. 하지만 그의 실력이 필요하면 언제 그랬느냐는 듯 온갖 감언이설로 그를 꾀었다. 1515년(중종 10) 재상 유순은 왕에게 이렇게 토로하기도 했다.

> 신이 생각건대 문신들 중에 이문과 한음에 정통한 자는 오직 최세진 한 사람뿐입니다. 이 사람이 없으면 중국에서 오는 서신을 정확하게 해석할 수도 없고, 또 중국에 보내는 외교문서를 작성할 수도 없습니다. 지나치게 그에게만 의지하는 것이 걱정일 따름입니다. 요즘 최세진이 승문원에 출사하고 있는데 겸하여 습독관까지 가르치는데 그 수효가 너무 많아서 성과를 거두기 힘든 형편입니다.

1517년(중종 12) 12월 7일 사헌부는 최세진이 경솔하고 미천해 장관에 적합하지 못하다며 또 다시 그를 깎아내렸다. 이듬해 4월 20일 사간원에서도 최세진이 간세奸細하다 하여 직임에서 끌어내라고 상소했다.

실록에는 이와 같은 기사의 말미에 최세진은 성품이 탐욕스럽고 비루하지만 한어에 능통해 요행이 벼슬길에 올랐는데, 강례원 교수講隷院敎授를 겸직하면서 통사나 습독관을 선발할 때 권세를 이용해 벼슬을 팔았고, 사행길에 무뢰배들을 데려갔으며, 중국을 왕래하는 자들로부터 진귀한 물건을 받아 챙겨 사람들이 비루하게 여겼다고 적었다. 그렇지만 국내에 그를 대신할 만한 인물이 없었으므로 최세진은 굳게 자리를 지킬 수 있었다. 1520년(중종 15) 3월 20일 중종은 특진관 강징과 이유청이 알현한 자리에서 이렇게 말했다.

> 문신으로 한어와 이문을 이습肄習한 사람이 많지 않은 것이 아닌데 성취한 자가 한 사람이라도 있다는 말을 듣지 못했다. 사대事大하는 일은 아주 중한 일인데 최세진 한 사람뿐이니 매우 불가하다. 만약 마음과 힘을 다해 한다면 어찌 이 사람뿐이겠는가?

그러자 두 사람은 사신들이 연경에 갔을 때 곁에 최세진이 없으면 꿀 먹은 벙어리가 되기 일쑤라면서 역관 윤개의 자질이 뛰어나니 그를 잘 가르쳐 보자고 진언했다. 하지만 그들의 의도는 좋은 결과를 맺지 못했다. 그로부터 10여 년이 지난 1525년(중종 20) 승문원의 보고에 의하면 그때까지도 이문과 한어에 통달한 사람은 최세진과 조익뿐이고 공론에 올랐던 윤개·심달원·김미가 한어를 조금 성취했으며, 이환·윤계·강현·채세영·조침 등이 이문에 약간 익숙해졌을 뿐이었다.

여타 역관들의 한어 실력이나 외교문서 작성 능력이 제고되지 않자 최세진은 계속 중용되었고 1520년에는 사은사의 정사로 임명되기까지 했다. 그해 4월 18일 정언 유형이 최세진을 비방하면서 다른 사람으로 교체해야 한다고 주장하자 중종은 이렇게 되물었다.

> 최세진은 전에 이미 정正이 되었다가 논박받아서 갈렸고, 지금 부정副正 중에는 차서에 맞는 사람이 없다. 세진은 버릴 수 없는 사람인데다 3품이 된 지도 이미 오랬는데 어찌 정이 될 수 없겠는가?

그러자 영의정 남곤이 나서서 자신이 예전에 최세진과 북경에 갔을 때 그 사람됨과 문학이 천박하지 않았고, 이문과 한어에 능통하며 중국인들의 문담文談도 잘 알아듣는 등 매우 유능한 사람이니 넉넉히 한 관사의 일을 맡을 만하다고 변호해 주었다.

남곤은 1년 전인 1519년(중종 14) 기묘사화를 일으켜 개혁주의자 조광조를 죽인 소인배로 알려져 있지만, 실제로는 중종의 개혁 정치를 지원하기 위해 조광조를 천거한 인물로 온건개혁주의자였다. 그런데 조광조가 지나치게 성리학 원리주의를 바탕으로 급진적인 정책들을 펴나가자 그를 축출한 것이다.

사서에는 훈구파가 조광조를 비롯한 개혁파를 제거하기 위해 나뭇잎에 설탕물로 '주초위왕走肖爲王'이라는 글을 쓰고 벌레가 그 글을 파먹게 해서 왕의 의심을 자극했다고 하는데 그는 이처럼 치졸한 희극을 벌일 만한 위인도 아니었고 실제로 그런 일은 일어나지 않았다. 하지만 역사는 《연산군일기》나 《광해군일기》처럼 기막힌 소설을 지어내기도 한다. 역사를 기록 자체만으로 해석하다 보면 이런 막간의 진실을 놓치기 쉽다. 어쨌든 당시 사림의 소장파들이 포진한 사헌부와 사간원 관리들은 최세진 축출에 몰두했지만 남곤에게 가로막혀 번번이 실패하고 말았다.

1521년(중종 16) 최세진은 명나라에 공녀를 송출하는 문제와 관련된 편지를 남곤에게 보냈다가 정보가 새어 나가 민간에 혼인 사태가 벌어졌을 때 이화종과 함께 정보를 누설한 범인으로 지목되었다. 사헌부는 그 사건을 물고 늘어지면서 최세진을 탄핵했지만 임금의 윤허를 받지 못했다. 1528년(중종 23) 1월 20일, 중신들은 승문원에서 최세진의 유고에 대비해 부족하나마 윤계를 등용케 해달라고 주청했다.

승문원에 한어와 이문을 잘하는 인재가 없고 단지 최세진 한 사람이 있을 뿐

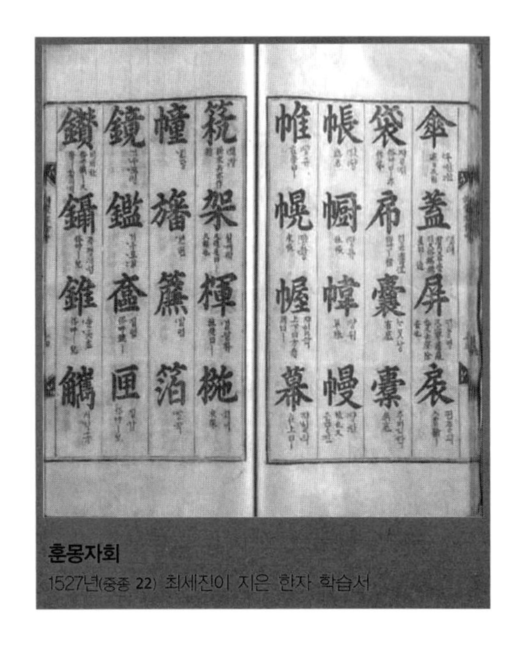
훈몽자회
1527년(중종 22) 최세진이 지은 한자 학습서

그 뒤에 다시 등용된 자가 없습니다. 한어는 윤개와 심달원이 제법 장래성이 있어 보이지만 북경에 가본 적이 없어 언어를 다듬지 못하고 있습니다. 청컨대 이번 성절사聖節使에 이 두 사람을 뽑아 보내십시오. 만일 최세진이 병이라도 나면 대신 이문을 제술할 사람이 없어 윤계를 승문원에 보임시키려 했지만 그가 죄를 입어 지금까지 직첩을 받지 못한 상태라 감히 계청하지 못했습니다. 그러나 사대하는 문서를 최세진 혼자 다루게 할 수 없으니 윤계에게 군직을 제수해서라도 만일에 대비해야 합니다.

그렇듯 출중한 외국어 실력을 무기로 양반들의 집중포화에서 벗어난 최세진은 생의 후반기에 사역원 후학들을 위해 붓을 들었다. 그 결과 《번역노걸대飜譯老乞大》와 《번역박통사飜譯朴通事》를 완성했고, 이어서 두 책의 중요 어휘를 추려 자세한 해석을 붙인 《노박집람老朴輯覽》을 간행해 누구나 뜻만 있으면 독학으로 한어를 공부할 수 있게 했다.

그는 또 세종 이래 중국어 발음 표기사전이던 《운서韻書》를 4년여에 걸쳐 보완한 끝에 1517년 《사성통해四聲通解》를 편찬했다. 1524년(중종 19) 군자감정軍資監正 최세진은 왕명에 따라 〈세자친영의주世子親迎儀註〉와 〈책빈의주冊嬪儀註〉를 언문으로 번역하기도 했다. 1532년 9월 12일 오위장五衛將 직에 있던 최세진이 《여훈女訓》을 번역해 바치자 임금이 교서관에 명해 간행케 했다.

1527년에 저술한 한자학습서 《훈몽자회訓蒙字會》는 백성에 대한 관심과 한글의 가치를 세계적 수준으로 끌어올린 역작으로 평가된다. 상중하 세 권으로 되어 있는 이 책은 당시 한글이 어떻게 사용되어 있는지도 추측할 수 있는 중요한 자료다. '어리석은 사람들을 깨우쳐 줄 수 있는 한자모음집' 이라는 뜻을 가지고 있는 이 책은 현실 사물과 밀접한 관련이 있는 한자 3360자에 한글로 음과 훈을 단 한자 학습서다.

상권은 천문, 지리, 꽃, 나무, 풀, 과일 등 16개 항목에 걸쳐 자연과 관련된 실용 한자 1120자를 소개했고, 중권은 사람 · 집 · 관청 · 그릇 · 음식물 · 옷 등 16개 항목 1120자를, 하권은 항목을 설정하지 않고 실생활에 필요한 단어 1120자를 소개하고 있다. 게다가 종래의 한문교과서인 《천자문》과 달리 일상생활에 필요한 단어를 중심으로 각 글자 밑에 한글로 뜻과 음을 표시하고 필요한 해설을 한문으로 추가했다. 이 책의 서문에서 그는 서당에서 가르치고 있는 《천자문》이나 《유합》이 공허하기 이를 데 없으므로 현실에 맞는 새로운 교재를 보급해야 하는데, 이를 위해서 우선 백성들에게 어려운 한자보다는 익히기 쉬운 한글을 보급해야 한다고 주장하고 있다.

> 비천한 하류 계층의 사람들은 한자는 물론 언문도 깨지 못하고 있는 현실이다. 이 때문에 우선은 그들로 하여금 먼저 언문의 자모를 익혀 언문 문장을 읽게 만들고, 그 다음에 《훈몽자회》의 한자들을 배우면 눈을 밝게 뜰 수 있을 것이다.

그런 자신의 소신을 관철하기 위해 최세진은 훈민정음의 문자 배열을 과감하게 바꾸고 문자 수도 27자로 줄였다. 이어서 그는 훈민정음 자모의 명칭을 기록하고 초성 · 종성 · 중성으로 쓰이는 글자를 구별해 그 쓰임을 설명했다.

> 한글의 자음은 초종성통용팔자初終聲通用八字(ㄱ,ㄴ,ㄷ,ㄹ,ㅁ,ㅂ,ㅅ,) · 초성독용팔자初聲獨用八字(ㅋ,ㅌ,ㅍ,ㅈ,ㅊ,ㅿ,ㅇ,ㅎ) 순으로 배열하고 모음은 개구도開口度가 큰 것부터 배열(ㅏ, ㅑ, ㅓ, ㅕ, ㅗ, ㅛ, ㅜ, ㅠ, ㅡ, ㅣ, ㆍ)한다. 한글 자모의 명칭으로 자음은 기역其役(ㄱ) · 니은尼隱(ㄴ) · 디귿池末(ㄷ) · 리을梨乙(ㄹ) · 미음眉音(ㅁ) · 비읍非邑(ㅂ) · 시옷時衣(ㅅ) · 이응異凝(ㅇ)이라 하고, 모음은 아阿(ㅏ), 야也(ㅑ), 어於(ㅓ) · 여余(ㅕ) · 오吾(ㅗ) · 요要(ㅛ) · 우牛(ㅜ) · 유由(ㅠ) · 으應(ㅡ) · 이伊(ㅣ)라고 읽는다.

이 책에서 '가, 갸, 거, 겨……' 처럼 자모의 합자로 176자의 반절본문半切本文을 제시한 것은 《훈민정음》 해례본과 달리 매우 창의적인 시도였다.

1537년(중종 32) 12월 15일 최세진이 《운회옥편韻會玉篇》과 《소학편몽小學便蒙》을 지어 바치자 중종은 어주와 안구마鞍具馬 한 필을 지급하는 한편 첨지僉知에 제수해 중인의 굴레를 벗겨 주었다. 철통같은 신분의 벽을 깨뜨리고 양반이 된 최세진은 더욱 옷깃을 여미고 저술에 몰두했다.

1539년(중종 34) 승문원 제도 겸 부호군副護軍에 임명된 그는 《대유대주의大儒大奏議》 두 권과 《황극경세서설皇極經世書說》 열두 권을 바쳤고, 다른 역관들이 어려워하는 이문을 쉽게 쓸 수 있도록 하기 위해 일종의 참고서인 《이문집람吏文輯覽》을 저술했다. 1541년(중종 36)에는 동지중추부사직에 있으면서 《경성도지京城圖志》와 《여효경女孝經》 각 1책 및 지도 1축을 진상했다.

> 이 《경성도지》는 바로 남경南京의 궁궐·도성·산천의 그림입니다. 《여효경》은 옛날에 한 여인이 있었는데 그가 《효경》의 장구章句를 모방하여 지은 것으로 여자의 행실에 관계가 있는 것입니다. 그리고 지도는 바로 요동의 지형인데 중국 사람이 만든 것으로 모두 우리나라에는 없는 것들입니다. 전하께서 열람하실 만한 것이라고 여겨지기에 진상합니다.

조선 제일의 한어역관과 음운학자로서 최세진은 노구를 이끌고 정력적인 활동을 펼치다가 종2품 동지중추부사로 임명된 1542년 2월 10일 세상을 떠났다. 그의 부재가 조선 외교계에 어떤 충격을 주었는지는 그해 승문원 도제조 윤은보가 올린 상주문에 여실히 드러나 있다.

> 이문과 한어를 조금이라도 아는 자는 그 동안 최세진 한 사람뿐이었는데 그가 죽었으니 이제 그것을 할 수 있는 자가 없습니다. 평소 주문奏文이나 자문咨文을 올릴 일이 있어도 이문의 격례格例를 아는 사람이 없어 잘못된 일이 많았으니 이는 결코 가벼운 문제가 아닙니다. 혹여 중원에서 뜻밖의 변고가 생겨 문서나 사신을 보냈는데 그 문자와 언어를 우리나라에서 이해하지 못하거나, 반대로 답하는 문자와 언어가 잘못되어 상국의 노여움을 사게 된다면 크나큰 화가 야기될 것이니 참으로 걱정입니다.

김金 지指 남南 김金 경慶 문門 | 압록강과 두만강 이남은 조선의 강역이다

숙종 대 한학역관 김지남은 청나라를 오가며 민감한 화약제조법을 입수하고 국경 분쟁에 슬기롭게 대처했을 뿐만 아니라 조선역관들의 역사와 전례를 정리한 《통문관지》의 저자다. 그는 1654년(효종 5) 호조 주사 김여의와 전의감정 이몽룡의 딸 사이에서 태어났다. 자는 계명季明, 호는 광천廣川, 19세 때인 1672년(현종 12)에 역과에 합격했는데, 3년 후배인 시인 홍세태와 막역한 사이였다.

그는 한학역관이었지만 처음 방문한 나라는 중국이 아니라 일본이었다. 1681년(숙종 7) 6월 24일, 쓰시마에서 왜차倭差 등일정藤一政이 건너와 새로운 관백의 습직을 알리며 통신사 파견을 요청했다. 1680년 도쿠가와 이에스나에 이어 제5대 장군이 된 도쿠가와 쓰나요시가 대규모 조선 통신사를 불러들여 자신의 권력을 국제적으로 공인받고자 한 것이다.

그 무렵 조정은 1년 전에 일어난 경신환국의 여파로 몹시 어수선한 상태였다. 그때 숙종은 영의정 허적이 아들 허견과 짜고 인평대군의 아들인 복선군 · 복창군 · 복평군으로 일컬어지는 3복을 옹립하려 했다는 구실을 잡아 남인을 대거 숙청하고 서인들을 조정으로 불러들이는 정계 개편을 단행했다. 이듬해 인경왕후가 마마에 걸려 젊은 나이로 세상을 떠나자 명성대비 김씨는 서인 수뇌부인 송시열과 김수항의 진언을 받아들여 병조판서 민유중의 딸을 중전으로 간택했다. 경신환국의 격랑은 사역원에도 몰아닥쳤다. 남인을 후원하던 장현은 함경도에 유배되었고 서인을 후원하던 변승업은 문위역관이 되었다.

그 와중에 도착한 일본 사신들의 통신사 파견 요구는 조정 내부에 논쟁을 불러일으켰다. 반대파들은 현종 대인 1666년부터 15년 동안 양국 관계가 소원했으므로 통신사 파견은 무의미하다고 주장했다. 찬성파들은 그 동안 일본 국력이 신장되었으므로 오판하지 못하도록 조선의 위세를 보여주자고 주장했다.

결국 숙종은 임진왜란 이후 급성장한 일본의 힘을 무시해선 안 된다는 판단에 따라 통신사 파견을 결정했다. 곧 정사 윤지완, 부사 이언강, 종사관 박경후를 대표로 하는 대규모 사절단이 구성되었다. 그때 문위역관 변승업은 홍우재, 김지남 등과 함께 수행역관을 선임하고 장정에 돌입할 만반의 준비를 갖추었다. 당시 28세의 한학역관 김지남이 선발된 것은 정보 수집과 함께 외교 견문을 넓히게 해주려는 사역원의 전례에 따른 것이다. 당시에는 같은 이유로 왜학역관이 부연사행에 참여하는 일도 종종 있었다.

1682년(숙종 8) 임술사행에 동원된 대일사절단의 총원은 473명이었다. 일본의 요청에 따라 참가자 중에는 의원, 선비, 서예가, 화원, 악사 등 조선 전문가들이 많이 선발되었다. 5월 8일 한양을 출발해 15일 만에 부산에 다다른 통신사 일행은 영가대에서 해신제를 열어 무사귀환을 축원한 다음 장도에 올랐다.

통신사 일행은 일본에 도착하자마자 조선의 국력을 과시할 요량으로 연도에 늘어선 구경꾼들에게 마상재를 비롯한 각종 공연을 보여 주고 문사들과 시문을 교류하는 등 문화적인 역량을 과시했다. 하지만 사행단은 독특한 일본의 풍물과 막강한 막부의 군사 시위에 몸을 움츠리기도 했다. 이윽고 관백의 습직 축하를 마친 통신사들은 7개월여에 걸쳐 왜관에서의 왜인 범금사 신칙과 일본 측에서 규정된 숫자 이외의 차왜를 보내는 문제, 쓰시마의 조선 표류민 송환을 위한 겸대 파견, 왜관의 난출과 밀무역 금지 등 각종 외교 현안을 타결하는 한편 일본의 국정을 세세하게 탐색했다.

당시 역관 안신휘는 글씨로, 홍세태는 시로 일본 문인들을 매료시켰지만 김지남은 사자관, 의례시 여창하는 집사, 국서배행관, 상사 배행, 일본 국왕 이하 각처로 보내는 예물 마련과 포장, 단속 등을 책임지는 압물통사 등을 맡으며 전면에 자신을 드러내지 않았다. 왜학역관 홍우재 · 박재홍 · 변승업 등은 격무에 시달렸지만 그는 여유롭게 일본을 관찰하면서 각계 인사들과 접촉했고 일본의 상징적 통치자인 일왕과 실질적 집권자인 관백의 관계를 파악하고, 각 번의 통치자와 그 권력 제도에 관해 자세한 정보를 입수할 수 있었다. 또 상업 발달로 인한 경제적 번영과 일본인들의 일상생활이 눈에 들어왔다. 그 동안 군사적, 정치적인 대상으로만 봐 왔던 일본의 또 다른 모습이었다.

그해 11월 16일 귀국한 김지남은 곧바로 동지사 겸 진하사 대열에 합류해 압록강을 건넜다. 강희제의 즉위 20주년을 축하하기 위한 사절단이었다. 불과 1년여에 걸쳐 그는 대륙과 열도의 전혀 다른 문화를 목도한 것이다. 일본에서는 막강한 위력의 조총을 보았고 청나라에서는 민간인들의 일상 용품인 폭죽에 놀랐다. 그는 두 나라의 화약 기술이 조선의 그것과 비교할 수 없을 만큼 진보되어 있다는 사실을 알고 두려움을 느꼈다.

1683년(숙종 10) 4월, 사행을 마치고 돌아온 김지남은 중신들에게 화약 제조 기술 개발을 종용했지만 아무런 반향이 없었다. 그래서 중신들에게 영향력이 있던 변승업을 설득하려 했지만 공교롭게도 그가 쓰시마번주에게 뇌물을 공여했다는 이유로 투옥되는 바람에 기회를 놓쳤다.

그 무렵 청의 강희제가 장백산에 신하를 보내 제사를 지냈다는 소식이 들려왔다. 호기심이 생긴 김지남은 사역원 일지를 통해 1677년(숙종 3) 황제가 무묵납에게 장백산을 답사하게 하고 1년 뒤에 제사까지 지냈다는 사실을 알게 되었다. 백두산 지역은 청나라의 발상지였지만 조선에게도 성산이었다. 장차 이곳을 중심으로 분쟁이 일어날 조짐이 엿보였다. 일개 역관인 김지남이 국가의 장래를 염려하고 있을 때 책임 있는 조정 중신들은 서인과 남인으로 갈라져 당쟁에 몰두하고 있었다.

숙종이 즉위한 지 10년여가 지났건만 왕자가 태어나지 않은 상황에서 남인들은 장옥정이 원자를 출산하기를 손꼽아 기다렸고 서인들이 인현왕후에게 기대하는 바도 같았다. 애가 탄 명성대비 김씨는 영의정 김수항의 증손녀를 후궁으로 들이기도 했다. 하지만 숙종이 장옥정의 치마폭에서 헤어날 기미가 보이지 않자 1686년(숙종 12) 서인 측의 부교리 이징명이 역관 장현의 친척인 장옥정을 궐 밖으로 내쫓아야 한다는 극한 상소를 올렸다. 그러자 분개한 숙종은 동평군 이항을 혜민서 제조로, 조사석을 우의정에 앉히는 등 남인 중심의 파격적 인사를 단행했다. 한편 당쟁의 와중에 역관이 거론되자 사역원 관리들은 애꿎은 파편을 맞지 않기 위해 숨을 죽였다.

1688년(숙종 14) 장옥정이 임신하자 남인들은 환호성을 질렀고, 서인들은 비명을 내질렀다. 그해 10월 27일 장옥정이 아들 균昀을 생산했고 불과 3개월 뒤인 1689년 1월(숙종 15) 숙종은 그녀를 정2품 소의昭儀에서 정1품 빈嬪으로 승격시켰으며 4월 23일에는 균을 원자로 정호했다. 그로 인해 남인들의 세상이 도래하자 원자 정호를 반대하던 서인의 영수 송시열은 제주도로 유배되었고 이조판서 남용익은 파직되었다. 이어서 김수항이 사사되고 장희빈을 질투하던 인현왕후 민씨와 귀인 김씨가 궁궐 밖으로 쫓겨났다. 숙종은 1690년(숙종 16) 6월 7일 원자 균을 세자로 책봉하고 장희빈을 중전에 봉했다. 역관의 자식으로 천출이었던 장옥정이 일국의 국모가 된 일대 사건이었다.

그 무렵 국제 정세는 심상찮게 돌아가고 있었다. 러청 국경 지대인 헤이룽 강 지역에 러시아군이 출몰하자 강희제는 색액도 장군을 파견해 네르친스크에서 대접전을 벌였다. 이 전쟁에서 승리한 청은 러시아와 더 이상 남하하거나 동진하지 않겠다는 내용이 담긴 네르친스크 조약을 체결했다.

김지남은 그 와중에 큰 경사를 맞았다. 그는 일찍이 역관 가문인 설성 박씨 박정시의 딸과 혼인해 7남 3녀를 두었는데 큰 아들 김경문이 역과에 합격한 것이다. 이어서 1699년에 셋째 김순문, 1701년에 둘째 김현문과 넷째 김유문, 1710년에 다섯째 김찬문이 역과에 합격하면서 무려 5명의 아들이 역관이 되었다.

1691년(숙종 17) 청나라 대신 다섯 명이 강희제의 명에 따라 영고탑을 경유해 백두산을 관찰한다는 첩보가 입수되었다. 심상찮은 분위기를 감지한 조정에서는 연행사 파견을 결정하고 민취도를 부사로 임명했다. 김지남은 그 때 병조에 근무하던 민취도를 만나 조선의 군사력 강화를 역설하면서 그 핵심은 화약 제조 기술에 있음을 상기시켰다.

1635년 이서가 쓴《신전자취염소방》이래 조선의 화약 기술은 답보 상태를 거듭하고 있었다. 임진왜란 당시 명나라 말기 성근과 한세룡이 자취법을 입수했고, 1593년에는 요동도사 장삼외의 통역을 담당했던 역관 표헌이 명나라에서 염초 제조법을 배워와 선조로부터 가자加資된 예도 있었지만 숙종 대에는 이미 구식이 된 지 오래였다.

조선시대 화약 무기에 쓰이던 흑색 화약의 주요 재료는 오줌, 마루 밑의 흙, 유황, 버드나무 재였다. 그중에서 숯과 황은 쉽게 조달할 수 있었지만 주재료인 질산칼륨, 즉 염초을 구하는 방법이 쉽지 않았다. 고려시대에 최무선은 부뚜막과 마루의 흙, 오줌 등을 정제해 염초를 얻었지만 가마를 가열하기 위한 나무가 많이 필요했으므로 대량생산은 불가능했다.

하루빨리 신식 화약 제조법을 입수해야 한다는 김지남의 의견에 공감한 민취도는 1692년(숙종 18) 사행길에 그를 수행역관으로 지명했다. 그러자 김지남은 즉시 의주에 사람을 보내 청의 화약 제조법을 아는 중국인을 수소문했다. 의주는 압록강에 인접해 중국인들과의 교류가 잦았기 때문이다. 그 결과 화약 제조에 정통한 민간 기술자가 요양遼陽에 살고 있다는 정보를 입수했다.

작전은 은밀히 진행되었다. 이전과 다름없이 사행단을 따라 연경에 도착한 김지남은 청인 복장으로 갈아입고 군관 한 명을 대동한 채 회동관을 빠져나와 요양으로 달려갔다. 그때부터 김지남은 민간 기술자로부터 최신식 자초법을 배웠다. 한데 그 기술자가 급사하는 바람에 그는 실의에 빠진 채 연경으로 돌아올 수밖에 없었다.

김지남은 귀국한 뒤 전통적인 최무선의 염초법을 연구하고 요양에서 배워 온 몇 가지 자초법이 조선에서도 가능한지 여부를 실험하며 시간을 보냈다. 1년 뒤인 1693년(숙종 19) 진하사에 수행역관이 된 그는 재차 중국으로 건너가 또 다른 민간 기술자에게 자초법의 비결을 알아내는 데 성공했다. 1669년(현종 10년) 1월, 《승정원일기》에 따르면 당시 조선에서는 염초를 만드는 함토조차 구하기 힘든 상황이었다.

염초를 굽는 흙은 반드시 인가의 함오한 땅(소금기가 있는 지저분한 땅)에서 얻는데 수십 년 동안 흙을 채취하여 남은 것이 거의 없고, 또 흙을 취하는 과정에서 군졸들의 작폐가 심해지자 사람들이 자기 집 마당에 모래를 덮어 놓는 바람에 쓸 만한 흙은 전혀 없어 요사이는 부득이 빈 궁궐을 찾아 취하고 있다. 하지만 개성부 유혁연의 말을 들으니 개성부의 흙마저도 한두 해를 넘기지 못하고 소진될 것이라 했다.

그런 상황에서 김지남은 중국 전문가를 통해 길가의 흙을 사용해 염초, 즉 질산칼륨을 얻어내는 방법과 함께 우수한 자초법까지 알아낸 것이다. 현대로 따지면 가상적국으로부터 우수한 핵무기 기술을 빼낸 것과 다름없는 쾌거였다. 그가 애써 입수한 기술을 실제 화약 제조에 응용하려 할 무렵 조정에는 또 다시 일대 회오리바람이 불어 닥쳤다. 이른바 갑술환국이었다.

1694년(숙종 20) 중전 장씨가 희빈 시절 취선당에서 무녀를 시켜 인현왕후를 저주했던 일과 그녀의 오빠 장희재가 숙종의 총애를 받던 숙빈 최씨를 독살하려 했다는 사실이 밝혀졌다. 이어서 영의정 권대운, 좌의정 목내선, 우의정 민암, 총융사 장희재, 동평군 이항 등이 숙종을 폐립하고 세자를 옹립하려 했다는 역모까지 고변되었다. 분노한 숙종은 관련자 대부분을 사사하거나 귀양 보낸 다음 서인들을 조정에 불러들였다. 그 결과 중전 장씨는 희빈으로 강등되었고 인현왕후는 복권되어 환궁할 수 있었다.

갑술환국의 여파로 후원자였던 민취도가 평안감찰사로 좌천되자 김지남의 화약 연구도 일시에 중단되었다. 그로부터 5년 뒤인 1698년 영의정에서 물러나 병기창고 도제조로 재임하던 남구만이 그를 찾아와 화약 연구를 후원해 주기로 약속했다. 그렇게 해서 조정의 지원을 받은 김지남은 곧 새로운 화약 제조에 성공한 다음 자초법의 비방을 자세히 설명한 《신전자초방新傳煮硝方》을 편찬했다. 《조선왕조실록》 정조 20년조에는 김지남이 중국에서 배운 기술을 적용해 화약 제조에 성공했다는 기사가 실려 있다.

> 숙묘肅廟 무인년 사이에 고 정승 남구만이 건의하여 역관 김지남이 북경을 왕래할 때 입수한《자초신방煮硝新方》을 무고로 하여금 간행하여 중외에 반포하도록 건의했습니다. 이 화약 제조 방법은 전날보다 공력이 매우 적게 들면서도 생산량이 몇 배나 많고 품질도 폭발력의 강도가 높았으며, 지하에 보관했을 때 10년 동안 장마를 겪더라도 습기가 끼어 못 쓰게 되는 문제가 전혀 없습니다. 길에서 흙을 취하고 초목을 태운 재를 그대로 이용하면 3분의 1의 흙을 줄일 수 있으니 참으로 간편하고 훌륭합니다.

정조는 이 자초법이 '금석金石과 같은 성헌成憲'이라고 높이 평가했다. 정조 대의 장용영 부대에 막강한 조총군들이 활동했고 신도시 화성에서 벌인 군사훈련에 화약이 빈번하게 쓰인 배경에는 김지남의 피나는 노력이 있었다.

김지남은 그 후 인현왕후가 승하하고 장희빈이 사사당하는 등 무망한 세월 속에서 역관의 소임에만 몰두했다. 1710년(숙종 38) 김지남은 동평위 정재륜을 수행역관으로 연경에 가는 도중 조선을 천시하던 심양의 장수 송주를 만나 조선이 동방예의지국이며 제후의 법도가 엄연하게 지켜지는 나라임을 설파했다. 그의 말에 감동한 송주는 훗날 재상이 된 뒤 황제를 설득해 조공을 경감해 주기도 했다.

그런 가운데 청나라와 조선은 국경 문제를 두고 미묘한 신경전을 벌이기 시작했다. 조짐은 이미 1679년(숙종 5)부터 있어 왔다. 당시 청나라 차사원이 북병사 유비연에게 백두산과 장백산의 형세를 물어본 일이 있었고, 황제가 반드시 자신에게 백두산을 살펴보게 할 것이라는 대통관 장효례의 언질이 있었기 때문이다. 그 때문에 숙종은 청나라가 백두산 남쪽을 탐내지 않을까 의심을 품고 평안감사에게 경계를 더 철저히 하라고 명하기까지 했다. 《증보문헌비고》에 따르면 1443년(세종 16) 4군과 6진을 개척할 당시 왕명으로 높이와 위치를 조사하기 위해 역관 윤사웅 · 최천구 · 이무림 등이 처음으로 백두산에 올랐다.

조선과 청나라의 국경은 1627년(인조 5) 정묘호란으로 체결된 강화조약에서 두만강과 압록강 대안에 봉금지대를 설치하고 양국인의 거주를 금하면서 잠정적으로 획정되었다. 그 후 백두산 인근은 청조의 성지라는 이유로 봉금 정책이 더욱 강화되었다. 그러다 1680년대 들어 삼번의 난이 진압되고 타이완이 평정되자 청은 본격적으로 국경을 정리하고자 했다.

1685년(숙종 11) 청의 강희제는 주방협령 늑초를 보내 백두산 탐사를 명했다. 그런데 늑초가 압록강 상류 삼도구에서 측량도를 작성하면서 조선인 월경자를 막으려다 총에 맞아 부상당하는 불상사가 벌어졌다. 그로 인해 첨사 조지원이 자살하고 주범 한득완 등 여섯 명은 참형에 처해졌다. 이어서 인삼을 캐다 적발된 김태성 등 20여 명은 범월 혐의로 죽임을 당했다. 이때 청나라에서 숙종에게 벌금 2만 냥을 부과하는 바람에 양국 관계가 악화되기도 했다. 당시 분개한 숙종은 비밀리에 함경도의 남병사와 북병사에게 명해 백두산과 영고탑 근처를 배회하는 청인을 기찰하게 했다.

1697년(숙종 23) 영중추부사 남구만이 숙종에게 〈성경도盛京圖〉를 바치면서 압록강과 두만강 두 강의 근원이 모두 백두산 꼭대기에서 출발해 동서로 나뉘어 흘러 바다로 들어가는데, 이것이 바로 우리나라의 계한界限으로 〈성경도〉에 그와 같은 표식이 정확하게 기재되어 있다고 보고했다.

1711년(숙종 37) 조청 간 경계 지역인 위원 사람 이만기가 월경하여 인삼 등을 절취하고 만주족 다섯 명을 살해한 사건이 일어났다. 이때 청나라의 조사관이 급파되자 조선에서는 김지남의 아들 김경문을 파견해 사태를 마무리했다. 강희제는 이듬해인 1712년(숙종 38) 2월 24일 길림성을 관할하던 오랄총관 목극등을 파견해 백두산을 기점으로 조청 간 경계를 획정하게 했다. 그때 청나라로부터 조사관 파견 통보를 받은 도제조 이이명은 숙종에게 사관 행차 이유가 정계定界임을 밝히면서 이렇게 말했다.

> 백두산은 갑산으로부터 거리가 6, 7일 정程이며 인적이 통하지 않기 때문에 우리나라의 진鎭 · 보堡의 파수把守가 모두 산의 남쪽 5, 6일 정에 있습니다. 《대명일통지大明一統志》에는 백두산이 여진女眞에 속한다고 기록되어 있는데 청나라의 조사관이 우리나라에서 파수하는 곳을 경계로 한다면 일이 매우 난처할 것 같습니다.

그에 따라 조정에서는 백두산 아래 흐르는 토문강과 압록강 두 강을 경계로 물의 남쪽을 조선의 영역으로 주장하기로 했다. 접반사로 임명된 박권은 〈성경도〉를 국경을 정하는 증거로 삼자고 제안했지만 청나라 측에서 지도의 출처와 구입 경로를 따질까봐 그만두었다.

이윽고 목극등이 수행원 두 명과 통역 한 명, 하인 스무 명, 마필 450필에 인부 43명을 대동하고 현지를 출발했다는 소식이 들려왔다. 그러자 조선에서는 접반사 박권을 위시해 함경감사 이선부, 군관 이의복과 조태상, 허량, 박도상, 차사관 김지남, 통관 김응헌과 김경문 등이 안내인과 인부 등을 이끌고 현지에 파견되었다. 목극등은 홍경興京에서 압록강에 이른 뒤 선편으로 10일 동안 북상해 후주에서 조선의 접반사 일행과 조우했다. 그들은 함께 혜산진을 거쳐 육로를 통해 백두산으로 향했다. 그해 4월 29일 박권은 두 나라의 경계를 밝게 아느냐는 목극등의 질문에 이렇게 답했다.

"비록 직접 눈으로 보지 못했지만 장백산 산마루에 큰 못이 있는데, 서쪽으로 흘러 압록강이 되고 동쪽으로 흘러 두만강이 되니, 큰 못의 남쪽이 곧 우리나라의 경계입니다. 지난해에 황제께서 불러 물으셨을 때에도 똑 같이 아뢰었습니다."

"그것을 증빙할 만한 문서가 있습니까?"

"나라를 세운 이래 지금까지 유전되어 왔으니 어찌 문서가 필요하겠습니까."

"장백산 남쪽에 연이어 파수把守가 있습니까?"

"이곳은 매우 험준하여 사람의 발자취가 이르지 않기 때문에 황폐하여 파수가 없는 것이 대국의 책문 밖에 있는 땅과 마찬가지입니다."

이때 박권은 장백산 남쪽이 우리나라 땅이란 말을 했는데도 목극등이 불쾌해 하는 기색이 없었으므로 내심 안도했다. 천리경과 양천척量天尺을 이용해 백두산 일대를 관찰하던 목극등에게 역관 한 사람이 장백산의 지도를 한 장 그려달라고 부탁했다. 그러자 목극등은 선선히 수락했다.

대국의 산천은 그려 줄 수 없지만 장백산은 그대들의 나라이니 뭐가 문제이겠는가.

그 말을 들은 박권은 국경을 정하는 일은 더 이상 문제될 것이 없다고 확신했다. 백두산을 오르는 도중 목극등이 길이 험하고 나이가 많으니 무산茂山으로 가서 기다리라고 권하자 그는 기다렸다는 듯 산을 내려갔다. 상황 판단이 어쨌든지 간에 나라의 국경을 획정하는 대사에 상대국 대표의 말 한 마디만 듣고 현지를 떠난 것은 실로 무책임한 처사였다. 그가 빠지자 차사관 김지남과 통사 김경문, 그 외에 군관들이 청나라 조사관들과 함께 백두산에 올랐다.

박권의 낙관적인 전망에도 불구하고 당시 목극등은 백두산 전역을 청나라의 영토로 확정지을 심산을 가지고 있었다. 정사도 빠진 상황에서 청의 의도에 대응할 수 있는 사람은 김지남 부자밖에 남지 않았다. 졸지에 접반사의 사명을 떠안은 김지남과 김경문은 백두산 정상에서 발원한 물줄기가 압록강과 토문강 갈래를 이루므로 백두산 정상을 중심으로 양국의 국경을 정하는 것이 마땅하다고 목극등을 설득했다. 그 결과 5월 15일 정계비가 백두산 중턱에 세워졌다.

정계비문에는 '대청大淸' 이라는 큰 글씨를 새기고 청의 필첩식筆帖式, 조선의 군관 · 차사관 · 통관의 성명을 각서했다. 필첩식筆帖式이란 만주어로 사자관寫字官을 뜻하는데 청나라의 번역을 담당하는 역관을 말한다. 이때 정계비에 새겨진 '동위토문東爲土門' 이란 글자 때문에 국경의 기준이 송화강인가 두만강인가를 놓고 훗날 시비가 일었다. 1885년 8월 토문감계사 이중하가 청나라의 사관 덕옥과 함께 공동으로 조사하기도 했다. 그로부터 40여 년 뒤인 1929년 7월 30일 일본학자 이이야마飯山達雄가 정계비를 적외선으로 촬영하고 초고정밀 현미경으로 분석한 결과 '土門' 이란 글자는 '玉門' 으로 밝혀졌다고 한다. 규장각에 있는 1712년(숙종 38) 목극등이 작성한 지도에도 '옥문玉門' 으로 표기되어 있어 진실은 더욱 미궁에 빠져든 느낌이다.

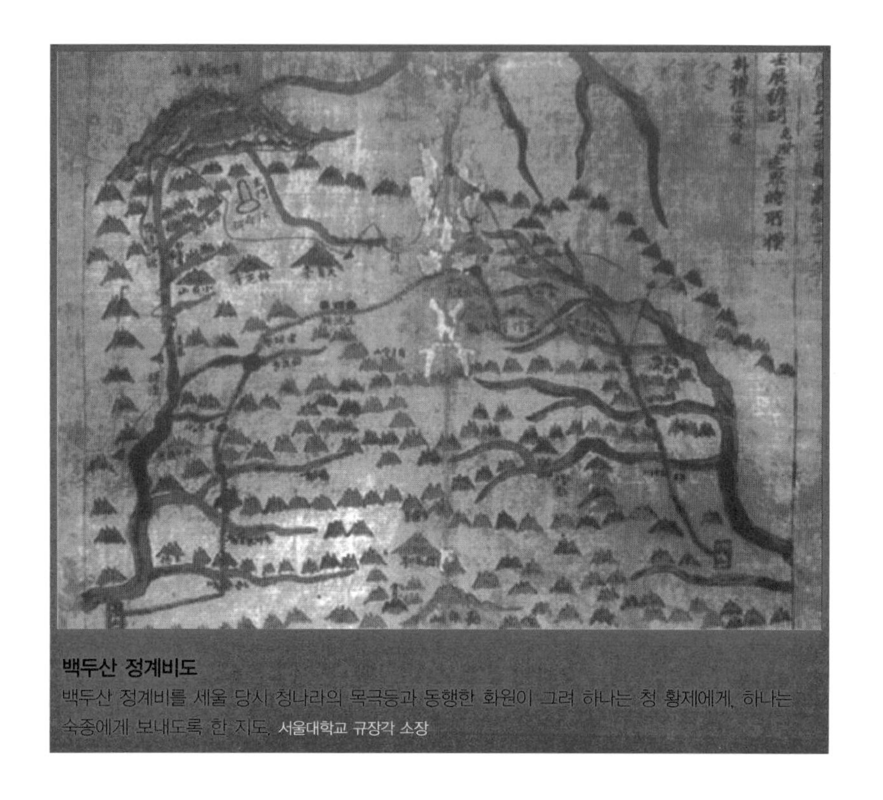

백두산 정계비도
백두산 정계비를 세울 당시 청나라의 목극등과 동행한 화원이 그려 하나는 청 황제에게, 하나는 숙종에게 보내도록 한 지도. 서울대학교 규장각 소장

사상 처음으로 청나라와 조선의 국경을 명문화한 백두산정계비의 위치는 현재 북한의 행정구역상 량강도 삼지연군 신무성 노동자구다. 종래에 조선 조정이 구획하고 있던 경계에서 무려 500리나 넓어진 것이다. 보고를 받은 숙종은 김지남 부자의 공을 크게 치하하면서 어제시를 써주기까지 했다. 그러나 여기에 좀 씁쓸한 이면사가 있다. 백두산 정계가 끝나자 임금과 신료들은 청나라 역관들에게 줄 뇌물을 상의한 뒤 대통관 홍이가에게 5백금, 차통관에게 1백금을 안겨주었다. 양국의 국경 획정을 조청 양측의 역관들이 좌지우지했다는 사실을 알 수 있다.

당시 58세이던 김지남은 힘든 백두산 등정을 마치고 돌아온 뒤 몸이 극도로 쇠약해졌다. 지친 가운데서도 그는 아들 김경문과 함께 《통문관지》 집필에 몰두했다. 1714년 완성된 이 책은 사역원의 연혁을 비롯해 중국, 일본 등 외국과의 외교 관계를 정리한 역작이다. 1720년에 활자본이 나온 이후 1888년까지 개정과 인쇄를 거듭했는데, 조선의 외교 업무에 종사하는 관리들은 반드시 읽고 숙지해야 할 필독서였다. 김지남은 지중추부사를 마지막으로 1718년(숙종 44) 세상을 떠났다. 그의 부음에 접한 풍원부원군 조공은 이렇게 탄식했다.

앞으로 나라에 위급한 일이 났을 때 누가 사행을 담당할 수 있겠는가.

이李상尙적迪

천재시인, 스승의 세한도로 이름을 날리다

추사 김정희의 제자로 더 잘 알려져 있는 우선藕船 이상적은 한학역관이자 조선 후기 대표적인 위항시인이다. 그가 속한 우봉 이씨 집안은 9대에 걸쳐 30여 명의 역과 합격자를 배출한 세습 역관 가문이었다. 그의 증조부 이희인과 조부 이방화는 역관들의 교육기관인 교회청敎誨廳의 정3품 훈상訓上을 지냈으며, 위항시인이던 생부 이정직과 양부 이명유는 사역원 종4품 첨정僉正을 지냈다. 그의 형제들과 사촌, 조카들도 연행사의 수역관과 교회청 훈상을 두루 거쳤고, 이태정 · 이태영 · 이태준 등 그의 손자들은 물론 설성 김씨인 장인 김상순과 처남 김경수도 모두 역관이었다.

1804년(순조 4) 서울에서 태어난 이상적은 몹시 병약해 8세 때까지 젖을 물었으며 걸을 때도 남에게 의지해야 할 지경이었다고 한다. 9세가 되어 비로소 글자를 배웠을 정도로 약골에 지진아였던 그는 자라나면서 타고난 총기를 회복했다. 23세 때인 1826년 역과에 합격한 뒤, 1828년 25세 때 춘당대에서 개강에 참여해 실력 발휘를 하면서 국왕 헌종의 총애를 받았다.

27세 때인 1829년 10월 27일 그는 처음으로 연행길에 올랐다. 당시 정사는 유상조, 부사 홍희근, 서장관은 조병구였고, 19세기 최고의 여항시인으로 손꼽히는 조수삼도 68세의 나이로 동참했다. 그때 이상적은 연경에서 청나라 최고의 문사인 오승량, 유희해 등을 만나 시문을 나누었다. 1830년 3월 24일 연행을 마치고 돌아온 그는 그해 겨울 입춘이 하루 지난 12월 23일 용산으로 스승 김정희를 찾아갔다. 그의 아버지 김노경이 옥사에 연루되어 고금도에 유배된 직후였다. 이상적은 그때의 심경을 이렇게 읊었다.

寥寥王子猷　그 옛날 왕휘지는 친구 찾아 나섰다가

謾廻剡溪檝　부질없이 섬계에서 배를 돌려 왔었지.

睠彼歲寒枝　저기 한 겨울의 나뭇가지 위로는

風鵲繞三匝　바람 속에 까치 맴돌고 있네.

《은송당집》에 수록되어 있는 〈입춘이 지난 지 하루 지나 용산의 추사를 방문하다立春後一日龍湖訪金秋史學士〉란 시의 후반부 네 구절이다. 왕휘지는 명필 왕희지의 아들로 어느 눈 내리는 날 친구 대안도가 보고 싶어 배를 띄우고 밤새 노를 저어 그의 집을 찾아갔다. 한데 새벽녘 그의 집 앞에 도착해선 친구를 부르지 않고 집으로 돌아왔다. 훗날 그의 대답이 의미심장하다. 집을 나선 것도 흥이 나서였고 발길을 돌린 것은 흥이 다했기 때문이라는 것이다. 이상적이 김정희를 찾아간 것도 미리 약속된 일이 아니었음을 알 수 있다. 당시 그는 차가운 세월의 나뭇가지 위를 맴도는 한 마리 외로운 까치였다.

당시 조선의 역관들은 사행에서 필수적으로 첩보 활동을 해야 하는 사명을 띠고 있었다. 하지만 청나라 조정의 허락 없이는 절대로 연경 밖을 나설 수 없던 사정을 고려하면 결코 쉬운 일이 아니었다. 한데 중국 문화계에 시문으로 이름을 떨치던 이상적은 많은 중국 친구를 통해 민감한 정보를 많이 입수할 수 있었다.

그 가운데 중국에서도 일급비밀로 취급되던 태평천국의 난의 정세는 향후 청나라와 관계를 설정하는 데 민감한 내용이었다. 당시 이상적은 청나라 장수들이 군자금을 빼돌리고 있으며, 영국군이 그 틈을 타 약탈을 감행하며 북경 정부에 천진을 개방하라고 압력을 행사했다는 사실까지 적시하면서 바야흐로 청나라의 운명이 경각에 달했다고 보고했다.

태평천국은 광둥성 출신 홍수전이 과거에서 낙방하고 병석에 누웠을 때 기이한 꿈을 꾸고 1851년 1월 11일 세운 기독교 국가였다. 그 무렵 청나라는 제1차 아편전쟁을 겪으면서 국력이 크게 소진되었으므로 백성들의 호응을 얻은 태평천국군에게 수차례 패배했다. 태평천국군은 한양漢陽·한커우漢口·우창武昌을 거쳐 장닝江寧을 함락시킨 다음 천경天京이라 개명하고 수도로 삼았다. 그러나 태평천국은 1860년부터 본격화된 청나라와 서구 열강의 협공으로 1864년 6월 1일 천왕 홍수전이 병사하고 7월 천경이 함락되면서 멸망했다.

그처럼 역관으로서 뛰어난 활약을 선보인 이상적은 동료역관이던 홍세태, 이언진, 정지윤과 더불어 역관사가譯官四家로 일컬어질 만큼 걸출한 시인이기도 했다. 스승인 추사 김정희는 평소 그의 한시를 읽고 극찬을 아끼지 않았다.

> 이상적의 시 솜씨가 우리나라 사람의 솜씨가 아니라 중국에 내놓아도 조금도 손색이 없다.

실제로 그는 부연사행 길에 뛰어난 시적 재능을 바탕으로 고증학자 유희해를 비롯해 오숭량·섭지선·이영준·경조·오찬 등 수많은 중국 문인과 교분을 맺었다. 이상적은 그들과 시문을 주고받거나 그림의 서문 발문을 부탁하고, 청동기와 고비古碑 탁본을 주고받고 인장을 서로 파주는 등 끈끈한 관계를 지속했다. 당시 오찬은 그의 인품을 이렇게 칭송했다.

그 기개는 봄의 따사로움과 같고, 그 정신은 가을의 해맑음과 같다.

기준조의 다음과 같은 찬사도 이채롭다.

시는 마치 아침 햇살에 빛나는 연꽃을 연상케 하고, 글씨는 조맹부와 동기창의 뼈대를 짐작케 한다.

《은송당집》에 실린 이상적 초상화
서울대학교 규장각 소장

이상적이 여덟 번째로 사행길에 오른 1847년, 연경의 친구들은 돈을 모아 유리창에서 이상적의 시문집 《은송당집恩誦堂集》을 간행해 주었다. 시집의 제목은 헌종이 그의 시를 직접 읽고 감탄해 자주 읊으면서 전답과 노비를 하사하자 은혜를 입었다 하여 당호를 은송당恩誦堂이라 지은 데서 연유한 것이다. 《송문관신여고》에 따르면 제목과 서문, 찬에 이르기까지 모든 것을 하소기 등 청나라 문인들이 도맡았다고 한다. 그의 시적 성취가 어떠했는지는 다음과 같은 〈송도松濤〉라는 시에서 충분히 교감할 수 있다.

風湍一碧月孤明　푸른 하늘 갈바람 달빛은 교교한데
五粒飀飀鶴夢驚　솔바람 우수수 잠든 학을 깨우네.
滿院如聞秋水至　마치 뜰에 가을 물소리 가득하여
空山忍訝晩潮生　빈산에 웬 만조인가 놀라게 하네.

琴微細入新調曲　가야금 고요히 새 곡을 타니
茶銚淸分一沸聲　차 솥 물 끓는 소리 청아하게 들리네.
遙憶故人江上屋　옛사람 거닐던 강둑 윗집을 생각하며
著書消受歲寒情　글이나 쓰며 세월을 보내네

그가 평생 중국 친구들로부터 받은 편지 500여 통은《해린척독海隣尺牘》이란 제목으로 출간되었다. '해린海隣' 이란 당나라 시인 왕발의 시 '세상에 나를 알아주는 이가 있다면 하늘 저 끝도 이웃과 같으리海內存知己 天涯若比隣'라는 구절에서 나왔다. 세상 모두가 이웃이라는 생각은《논어》의 '천하가 다 형제四海之內 皆兄弟也' 라는 구절에서 인용했다. 비록 몸은 양반에게 머리를 조아려야 하지만 너른 세상을 누구보다도 잘 아는 세계인 이상적의 자긍심이 드러나는 대목이다. 이 때문에 이상적은 자신의 서재 이름을 '해린서옥海隣書屋' 이라고 지었다.

발군의 시문 솜씨 외에도 이상적은 골동품과 서화, 금석문 전문가로서 중국학자 유희해가 조선의 금석문을 모아 편찬한《해동금석원》의 제사題辭를 썼다. 44세 때인 1847년(헌종 13) 지중추부사에 오른 뒤에는 정조 · 순조 · 헌종 대의《국조보감國朝寶鑑》간행에 참여하기도 했다.

歲寒然後 知松柏之後　추운 겨울이 된 뒤에야 소나무와 잣나무가 푸르게 남아 있음을 안다

《논어》〈자한편〉의 한 구절이다. 사람은 어려운 지경에 처했을 때 진정한 친구를 알 수 있는 법, 추사는 고독과 싸우던 제주도 유배 생활 도중 자신

의 최대 걸작 〈세한도歲寒圖〉를 완성했다. 한 겨울에 소나무와 잣나무 대여섯 그루 사이에 있는 집 한 채를 소략하게 그린 이 그림의 주제는 바로 이상적이었다. 그림 속 푸른 소나무는 염량세태가 판치는 세상에 살면서도 사제의 정을 잃지 않은 그의 의리를 상징하고 있다.

추사는 그림을 마치면서 오른쪽 하단에 아끼던 장무상망長毋相忘이라는 한장閑章을 찍었다. '오랫동안 그대를 잊지 않겠다' 는 자신의 마음을 아로새긴 것이다. 〈세한도〉의 왼편에 있는 제발題跋을 읽어 보면 추사가 왜 그토록 이상적에게 감사하고 도타운 정을 보냈는지 확인할 수 있다.

> 지난해에는 만학晩學과 대운大雲 두 책을 보내주더니 금년에 또 우경藕耕과 문편文編을 보내 주었다. 이 책은 세상에 흔한 것이 아닌데 천만 리 먼 곳에서 여러 해를 거쳐 사서 나에게 얻어 보게 했으니 한때의 일이 아니다. 세상인심은 도도滔滔하여 오직 권세와 이익만을 좇는데, 마음과 힘을 허비하면서 권세와 이익에 마음을 두지 않고 이내 바다를 건너 초췌하고 여윈 사람에게 마음을 주었다.
>
> 세상에서 권세와 이익을 좇는 것을 일컬어 태사공司馬遷은 말하기를 '권세와 이익을 함께 가진 사람이 권세와 이익이 다하면 교제가 소원해진다.' 고 했다. 그대도 역시 도도한 세상을 살아가는 한 사람인데, 스스로 초연히 도도한 권세와 이익 밖으로 빠져나와 권세와 이익으로 나를 보지 않으니, 태사공의 말이 틀린 것인가. 공자는 말씀하시기를 '날씨가 차가워진 후에야 송백만이 홀로 시들지 않음을 안다.' 고 했는데, 이것은 송백이 사계절이 없이 시들지 않고 날씨가 차가워지기 전에도 송백이요, 차가워진 후에도 송백이기 때문이다.
>
> 성인은 특히 날씨가 차가워진 뒤의 송백을 칭송했다. 그대가 나와 함께 있을

적에 그대를 위해 잘해 준 것도 없고, 뒤에도 덜 생각해 준 것도 없다. 그런 연유로 전에 그대를 칭찬한 적이 없는데, 그대는 훗날 성인의 칭찬을 받으려 한 것인가. 성인이 특히 칭송하기를 시들지 않는 정조와 굳은 절개뿐만 아니라 날씨가 추워진 때가 되어야 송백의 정조와 절개를 알 수 있다는 것이다.

오호라, 한나라 서경洛陽에 순박하고 후덕한 인심이 있었을 적엔 급암汲暗과 정당시鄭當時 같은 어진 사람도 그 빈객과 더불어 성하고 쇠했으며, 하비의 적공翟公이 대문에 방문榜文을 붙인 일은 세상인심이 때에 따라 박절하게 변함을 탓한 것이다. 슬프도다. 완당노인 씀.

1840년 억울하게 윤상도의 옥에 연루된 추사는 제주도 대정에 유배되었다. 그때부터 이상적은 스승이 정치의 회오리바람에 휩쓸려 귀양살이하는 동안 중국에서 구한 서책과 벼루, 붓, 종이를 조달해 주었다. 스승의 유배 4년째인 1843년 이상적은 계복桂馥의 《만학집晩學集》과 운경惲敬의 《대운산방문고大雲山房文藁》를 북경에서 구해 제주도로 보내주었다. 계복과 운경은 모두 추사가 청년 시절 사절단 일행으로 중국을 갔을 때 그 명성을 듣고 학문적으로 존경하던 중국의 문인들이다.

이듬해 이상적은 하장령賀長齡이 편찬한 《황조경세문편皇朝徑世文編》이라는 책을 추가로 보내주었다. 이 책은 자그마치 총 120권, 79책에 달하는 대작이다. 이듬해인 1844년, 나이 58세, 유배 생활 5년째에 접어든 추사는 언제나 마음을 변치 않고 정성을 다하는 제자 이상적을 위해 자신이 할 수 있는 최고의 선물을 준비했다. 바로 〈세한도〉였다. 얼마 후 스승의 마음을 받아든 이상적은 눈물을 흘리며 다음과 같은 편지를 보냈다.

세한도 한 폭을 엎드려 읽으려니 저도 모르게 눈물이 흐릅니다. 어찌 이렇게 분에 넘친 칭찬을 하셨으며 절절한 마음을 표현하셨습니까. 아 제가 어떤 사람이기에 권세나 이권을 좇지 않고 초연히 세상의 풍조에서 벗어날 수 있겠습니까. 다만 보잘것없는 제 마음이 스스로 그만둘 수 없어 그런 것입니다. 더욱 이런 책은 마치 문신을 새긴 야만인이 선비들의 모자를 쓴 것만 같아서 변덕이 죽 끓듯 하는 정치판에 있는 사람들에게는 적합하지 않으므로 저절로 청량세계에 있는 사람에게 돌아가기 마련입니다.

어찌 다른 의도가 있겠습니까? 이번에 이 그림을 가지고 연경에 들어가서 장황(표구)을 한 다음 친구들에게 구경시키고 제영을 부탁할까 합니다. 다만 걱정스러운 것은 이 그림을 구경한 사람들이 제가 정말로 속물에서 벗어나 권세와 이권 밖에서 초연하다고 오해할까 하는 것입니다. 어찌 부끄러운 일이 아니겠습니까. 실로 당치 않은 일입니다.

이듬해인 1845년 1월 13일 이상적은 오찬의 집에 중국 친구 16명을 초청한 다음 〈세한도〉를 공개하고 제영制詠을 청했다. 그 후 〈세한도〉는 이상적의 제자로 구한말까지 활동한 역관 김병선과 아들 김준학의 손을 거쳐 1930년경 추사 연구의 시발점이자 최고 권위자로 알려진 경성제국대학 교수 후지츠카 지카시의 소유가 되었다. 한데 그가 제2차 세계대전이 막바지에 이른 1944년 여름 〈세한도〉를 들고 귀국하자 추사 이후 최고의 서예가로 평가받던 소전 손재형이 뒤쫓아 가 삼고초려한 끝에 다시 국내로 들여올 수 있었다. 소전은 해방 후 1949년에 이르러서야 〈세한도〉를 정인보 · 이시영 · 오세창에게 공개했다. 김정희의 손에 의해 그려진 역관 이상적의 향기가 당대 최고의 예술 감식안을 지닌 위창 오세창의 눈에 아로새겨지는 순간이었다. 86세의 노인이던 위창은 그때의 감격을 이렇게 노래했다.

阮翁尺紙也延譽　완당노인 그림 한 장 그 명성이 자자하더니
京北京東轉轉餘　북경으로 동경으로 이리저리 방랑했네.
人事百年眞夢幻　일백 년 인생살이 참으로 꿈만 같다.
悲歡得失問何如　기쁨인가 슬픔인가, 얻었는가 잃었는가.

뛰어난 수집가이기도 했던 이상적은 사행 과정에서 중국의 많은 희귀 서화와 책자, 금석문, 벼루, 인장 등을 국내로 들여왔다. 그가 소장했거나 접했던 서화의 작가들은 왕홍 · 장요손 · 정경조 · 대희 등 거의 모두 청대의 일류 서화가들이었다. 그렇게 모은 서화와 골동품들은 해린서옥에 보관하면서 제자들에게 문화 예술 작품에 대한 식견을 높여 주었다.

훗날 개화파의 태두로 자리매김한 오경석이 골동품과 서화 수장가로 이름을 드날리게 된 배경에는 스승 이상적의 영향이 절대적이었다. 1862년 이상적은 왕의 특명으로 영구히 지중추부사직을 받는 영예를 누렸다. 60세 때인 1863년 온양군수로 부임하고 나서 2년 뒤인 1865년 62세의 나이로 세상을 떠났다.

그물 맺어 잡아 보세.
그물 맺기 어려우면
동심결로 맺아 보세.
-이중원의 〈동심가同心歌〉

신세계에서 길을 잃다

잠을 깨세 잠을 깨세.
사천 년이 꿈속이라.
만국이 회동하야
사해가 일가로다.

구구세절 다 버리고
상하 동심 동덕하세.
남의 부강 부러 하고
근본 없이 회빈回賓하랴.

범을 보고 개 그리고
봉을 보고 닭 그린가.
문명개화 하랴 하면
실상 일이 제일이라

1837년 청나라의 호광총독 임칙서는 광동에서 아편 2만 상자를 소각하고 영국 선박의 출입을 금지했다. 그 여파로 1840년 발발한 아편전쟁에서 패한 청나라는 1842년 영국에 600만 불을 배상하고 홍콩을 할양하며 광저우 · 샤먼 · 푸저우 · 닝보 · 상하이 등 항구 다섯 곳을 개항하는 등 굴욕적인 내용을 담은 남경조약을 맺었다.

청나라의 수난은 그뿐이 아니었다. 1856년에는 애로우 사건으로 영 · 불 연합군의 공격을 받아 북경이 함락되고 원명원이 불탔으며 황제가 열하로 도망치기까지 했다. 이에 분개한 청나라 지식인들은 1862년부터 양무운동을 펼쳐 내정의 안정과 국가 재건에 진력했지만 이미 때는 늦었다. 세차게 밀려든 열강들의 압력에 굴복한 청나라는 톈진조약과 베이징조약을 체결하면서 외국 공사의 북경 주재, 주룽 반도 할양과 개항장 증설, 기독교 포교를 허용하는 등 제국주의의 일방적인 사냥감으로 전락했다.

일본은 1853년 미국 해군 제독 페리가 에도 만에서 함포를 쏘며 통상을 요구하자 1854년 화친조약, 1858년에 통상조약을 체결해 문호를 개방했고, 이어서 러시아 · 네덜란드 · 영국 · 프랑스와 차례차례 통상조약을 맺었다. 1868년에는 앙숙이던 조슈번과 사쓰마번이 힘을 합쳐 막부를 무너뜨리고 왕정을 복구한 다음 신일본 창조의 기치를 내걸었다.

대정봉환을 통해 메이지 정부의 주역으로 거듭난 개혁파 인사들은 개방 정책, 탈아입구脫亞入歐를 모토로 정치 · 경제 · 군사 · 교육 등 전 분야에 걸쳐 개혁을 시도했다. 1871년에는 이와쿠라 사절단 80여 명을 유럽에 파견해 서양 문물과 제도를 학습하는 한편, 서양인 교사와 기술자들을 초빙해 근대적 공장과 군사시설을 구축하는 등 국력을 획기적으로 강화시켰다.

황혼에 물든 청과 약진하는 일본 사이에서 조선은 그야말로 얼어붙은 겨울을 보내고 있었다. 18세기 초부터 시작된 노론 정권의 전횡이 세도 정권으로 전이되면서 왕실의 권위는 땅에 떨어지고 국가기강이 무너졌으며 백성들은 도탄에 빠져 있었다. 수령들의 학정과 수탈에 견디다 못한 농민들이 죽창을 들고 일어섰고, 암흑기에 광명처럼 다가온 천주 신앙을 신봉하는 사람도 날이 갈수록 늘어났다. 하지만 구태의연한 조선의 위정자들은 변화의 기운을 받아들이지 못하고 가혹한 탄압으로 일관했다. 그 와중에 수차례 대규모 천주교 박해를 통해 외세 침입의 빌미를 만들어 주기도 했다.

1863년 12월 고종 등극과 함께 정권을 잡은 흥선대원군은 문벌의 권력기관으로 변질된 비변사를 폐지하는 한편 다양한 세력을 조정에 불러들임으로써 정조 이후 사라졌던 탕평책을 부활시켰다. 또 당쟁의 소굴이던 서원을 철폐하는 초강경 수단으로 사림을 굴복시키고, 민란의 원인이던 삼정을 개혁해 성난 민심을 가라앉히는 등 획기적인 정책을 실시했다. 하지만 그는 경복궁 중건과 원납전 · 당백전 등 무리한 재정 정책과 천주교 탄압 등의 자충수를 두면서 개혁에 실패한 데다 급증하는 열강의 압력에 강력한 쇄국정책으로 맞서면서 실낱같은 근대화의 적기를 놓치고 말았다.

역관들이 밟은 근대화의 길

서구 열강의 동진과 내정의 문란이 중첩되면서 조선의 거친 숨결이 턱밑에 이른 19세기 말, 오랜 세월 교린의 파트너이던 일본은 1867년부터 시작된 메이지유신을 통해 국력을 일신한 다음 제국주의 선배들로부터 배운 침략의 기술을 한반도에 적용하기 시작했다. 그 첫 행보로 조선에 오랫동안 끊겼던 국교를 재개하자고 요청했지만 흥선대원군은 서계의 내용이 종전과 다르다며 사신을 만나주지도 않았다. 그러자 일본 내부에서 조선을 정벌하자는 목소리가 드높아졌다.

1870년(고종 7) 2월 서계를 들고 조선에 왔던 사다 소이치로佐田素一郎가 강경하게 정한론을 주장했고, 메이지유신의 주역 사이고 다카모리西鄕隆盛 등 신정부의 실력자들이 정한론에 적극 가담했다. 강경한 내부 정세 속에서 일본 정부는 하나부사 요시모토花房義質를 파견해 수교를 설득하려 했지만 대원군은 이를 묵살하고 오히려 왜관 일대에서 밀무역을 행하는 일본 상인들을 단속하기까지 했다.

1875년 내정의 정비를 완료한 일본의 위정자들은 드디어 숨겨 두었던 마수를 드러냈다. 그해 4월부터 동래부에 운요호와 제2정묘호를 잇달아 파견해 조선의 동태를 살피더니 8월에 다시 운요호를 월미도와 영종도 근해로 출동시켜 조선군 수비대의 포격을 유도했다. 이때의 충돌로 조선군에선 전사자가 35명, 포로는 16명에 이르렀다.

이 사건을 빌미 삼아 1876년 정초에 구로다 기요타카, 이노우에 가오루 등이 중무장한 군함 세 척, 수송선 두 척 등 총 일곱 척의 함대를 이끌고 조선에 나타났다. 그들이 병사들을 초량왜관에 들여보내 일본 정부가 직접 관리한다고 선언하자 동래부사는 거세게 반발했지만 위세에 밀려 아무런 조치도 취하지 못했다.

구로다는 군함 세 척을 이끌고 남양만 당진포까지 북진한 뒤 조정에 사신을 보내 회담을 수락하지 않으면 서울을 공격하겠다고 협박했다. 무력을 앞세운 일본의 개항 요구는 조선 조야를 경악하게 했다. 하지만 그 무렵 대원군으로부터 정사를 넘겨받은 고종은 박규수와 민규호의 설득에 따라 일본과의 회담을 윤허했다.

일본과 조선의 첫 회담 장소는 강화도로 결정되었다. 일본 군함 맹춘호가 강화도에 도착하자, 조정에서는 신헌을 접견대관, 윤자승을 접견부관으로 삼고 왜학훈도 현석운, 한학역관 오경석, 강위 등을 실무자로 파견했다.

1876년 1월 17일, 강화부 연무당에서 신헌과 마주 앉은 구로다는 일장기가 걸려 있는 운요호에 대한 공격은 곧 일본에 대한 공격이라며 공세를 펼치면서 만국공법에 따라 조일 양국이 정식수호조약을 체결해야 한다고 주장했다. 이어서 그는 제물포에 병사를 상륙시키고 함포 사격을 하는 등 무력시위를 통해 조선의 결심을 재촉했다. 보고를 받은 고종이 중신들에게 의견을 물었지만 찬반양론이 거셌으므로 쉽게 결정을 내릴 수 없었다. 그런 가운데 박규수가 고종에게 결단을 촉구했다.

삼천 리 강토가 내수외양의 방책을 다했던들 조그만 섬나라가 이처럼 감히 우리나라를 엿보고 공갈과 협박을 자행할 수 있었겠습니까. 원통하지만 오늘의 조선군으로는 일본 세력을 막을 수 없으니 강화를 하는 것이 좋겠습니다.

때맞춰 청나라의 실권자 이홍장이 조선의 개항을 촉구하는 서한을 보내왔다. 당시 영국과 단교하고 중앙아시아 지역에 좌종당의 원정군을 파견하는 등 내정이 어수선하던 청나라는 인접국인 조선과 일본의 무력 충돌을 경계하고 있었다. 그 결과 1876년 2월 3일 조선과 일본은 최초의 근대적 외교 조약인 병자수호조약, 일명 강화도조약을 체결했다.

그때부터 조선과 일본은 쓰시마를 통한 간접 외교 관계에서 정부 간 직접 외교 단계로 접어들었다. 고종은 이 기회에 개화 선배인 일본의 진면목을 파악하기 위해 수신사 파견을 결정했다. 그러자 조선을 장차 정치 · 경제적으로 예속하려던 일본은 쌍수를 들어 환영했다.

1876년 4월 수신 정사로 임명된 예조참의 김기수는 수행원 75명을 이끌고 일본으로 향했다. 기선 쌍룡호에 올라 하루 만에 시모노세키 항에 도착한 수신사 일행은 놀란 가슴을 진정시키기에 바빴다. 과거 통신사들이 몇 달을 준비해 일본 본토에 상륙했던 일을 상기할 때 그야말로 경악할 만한 속도였다. 도쿄에 가기 위해 기차에 올랐을 때는 말도 제대로 하지 못했다. 일행은 이노우에와 미야모토의 안내를 받아 메이지 일왕을 알현한 다음 원로원 · 육군성 · 해군성 · 내무성 · 경시청 등 정부 기구와 군사시설, 군인들의 훈련 현장, 박물관 등지를 두루 둘러보았다. 2개월 뒤 귀국한 김기수는 일본 방문의 전말서인 《일동기유日東記游》를 써서 고종에게 바쳤다.

그때 조선 사신들이 일본에서 받은 문화 충격은 개화를 신앙으로 바꾸기에 충분했다. 수행원으로 동행했던 역관들 역시 정치 · 경제 · 사회 · 문화 · 군사 등 전 분야에 걸친 근대화 현장을 목도하고 경악했다. 그렇지만 체질적으로 변화에 적응력이 남달랐던 그들은 현실을 금세 받아들이고 이를 활용할 방법을 구상했다. 역관 박영선은 도쿄의 순천당 의원에서 종두법을 배운 다음 《종두구감種痘龜鑑》이란 책을 가져왔다. 우리나라 종두법의 아버지로 불리는 지석영은 이 책을 통해 천연두 퇴치에 한 획을 그었다.

역관 박기종은 신식 교육과 철도에 주목했다. 그때부터 꾸준히 일본의 학교 교육을 연구한 그는 1896년 부산상업학교의 전신인 부산개성학교를 설립했다. 1898년에는 한국 최초의 민간 철도 회사인 부하철도회사를 창설하고 부산과 하단포 간 철도 부설을 추진했다. 이 사업이 자금 부족으로 중도에 실패하자 1899년 5월 다시 대한철도회사를 설립하고 경원선, 함경선 부설 허가를 얻었다가 일제의 방해 공작 때문에 부설권을 궁내부에 빼앗겼다. 하지만 그는 좌절하지 않고 영남지선철도회사를 창립하고 삼랑진과 마산을 연결하는 삼마철도부설권을 얻어 공사를 진행하기도 했다.

1876년 7월, 조선과 일본은 강화도조약의 후속 조치로 개항장에서 일본 화폐를 사용하고 수출입 상품에 면세권을 부여하는 조일무역규칙에 합의했다. 당시 조선은 청나라의 실례를 들어 미곡 무역과 고리대금업, 아편과 성서 판매를 금하며 불법 망명자를 받아들이지 않는다는 등의 금칙을 제시해 관철시켰지만 잘 지켜지지 않았다. 이때부터 발효된 치외법권과 무관세, 일본 화폐 유통은 일본 자본이 조선에 진출하는 계기가 되었다.

이윽고 부산에 일본영사관과 우체국, 경찰서가 설치되자 일본인들의 왜관 밖 왕래도 자유로워졌다. 이듬해에는 조선 최초의 서양식 병원인 제중의원이 설립되었고, 동본원사에서 포교사가 건너와 일본 불교를 전파했다. 일본 기업들도 속속 조선 땅에 들어왔다. 얼마 후 부산항에 등대가 설치되자 신식 물건을 가득 실은 일본의 기선들이 꼬리에 꼬리를 물고 들어왔다.

1877년 조일 간에 원활한 물류 수송을 위해 원산이 추가 개항되었고, 1879년에는 서울 서대문 밖 천연정에 일본공사관이 문을 열었다. 청수관으로 불린 이곳에서는 일본의 직업 외교관뿐만 아니라 군인과 순사가 상주했고 서울을 방문한 일본인들의 숙소로도 사용되었다. 1880년에는 원산에도 일본 영사관이 설치되었다.

고종은 일본과의 관계 개선에 대한 청나라의 반감을 의식해 1879년 7월 이유원을 천진의 북양대신 이홍장에게 파견해 신식 무기와 제조법을 요청하게 했다. 그때 실무자였던 한학역관 이용숙은 이유원의 밀서를 유지개를 통해 이홍장에게 전달하고 병기 제조와 군사훈련 등 무비자강武備自强 문제에 대한 자문과 지원을 허락받았다.

개화기 역관 가운데 가장 능동적으로 활동한 인물이 바로 이용숙이다. 그는 48세 때인 1866년 미국 상선 제너럴셔먼호가 대동강을 거슬러 올라와 황주 송산리 앞에 정박하자 황주목사 정대식과 함께 배에 올라 프레스톤 일행의 퇴거를 종용했다. 1880년 6월, 2차 수신사로 임명된 김홍집이 수행원 58명을 이끌고 일본에 파견되었을 때 별견한학당상 신분으로 동참한 그는 참모로 동행한 강유와 함께 김홍집과 주일 청국공사 하여장이 가진 여섯 차례 회담은 물론 도쿄의 중일 지식인 단체 홍아회의 모임에도 참석해 조선의 개혁과 움직이는 세계에 대한 그들의 주장을 경청했다.

당시 김홍집은 청국공사관의 참찬관 황준헌으로부터 《조선책략朝鮮策略》과 청나라 말기의 사업가 정관응이 쓴 《이언李言》을 건네받았다. 《조선책략》의 주요 내용은 조선이 열강의 틈바구니에서 살아남으려면 여러 국가와 통상하면서 중국의 육군 제도, 일본의 해군 제도와 조선술, 서양의 과학기술을 익혀 독립자강의 기초를 세워야 한다는 것이었고, 《이언》엔 우수한 서양

문명을 소개하면서 천주교나 기독교는 동양의 주자학이나 양명학과 다를 바 없으니 구태여 배척할 필요가 없으며, 서양의 과학기술을 배우되 유교의 충효정신만 잃지 않으면 국체를 충분히 지켜 낼 수 있다는 주장이 담겨 있었다. 그해 10월 2일 김홍집으로부터 두 책을 건네받은 고종은 몹시 기뻐하며 9일 뒤인 10월 11일에 친청親淸 · 결일結日 · 연미連美 정책을 윤허했다.

주일 청나라 공사 하여장도 과인과 국제인식이 같구나.

1880년 12월, 고종은 김홍집과 민영익의 건의를 받아들여 근대적 제도 개혁의 효시인 통리기무아문統理機務衙門을 출범시켰다. 삼군부를 대신해 외교와 국방전문기구로 창설된 통리기무아문은 세부적으로 이웃 나라의 정탐, 통상 업무, 무기와 기계 제조, 외국어 습득 등 광범위한 임무를 띠고 있었다. 통리기무아문의 초대 총리는 영의정 이최응, 당상에 김보현 · 민겸호 · 김병덕 · 윤자듹 · 조영하 · 정범조 · 신정희 · 민영익 · 이재긍 · 김홍집 등 당대의 실세들이 맡았다. 해를 넘긴 1881년부터 고종은 본격적인 개화 정책을 펼쳤다. 제일 먼저 군제 개혁에 착수해 종래의 오군영을 무위영과 장어영으로 통합하고, 근대식 군대인 별기군을 창설했다.

조선의 변화에 발맞춰 일본은 조선인들을 친일파로 포섭하기 위해 자국의 군사시설 참관을 제의했다. 그러자 인재 양성이 시급하던 조선에서는 이원회를 참획관, 이동인을 참모관으로 삼고 청년 기재들을 모아 신사유람단 50명을 꾸렸다. 여기에는 홍영식 · 어윤중 · 이헌영 · 박정양 · 엄세영 · 송헌빈 · 심상학 · 유길준 · 윤치호 · 이상재 등 구한말의 인재들이 거의 모두 참여했다.

신사유람단은 개별적으로 서울을 떠나 동래에서 회동한 다음 일본의 기선 천세환과 안녕환을 타고 현해탄을 건넜다. 그들은 비공식 시찰단이었으므로 인원을 소그룹으로 나누어 일본의 신식 학교 수업, 사관학교 훈련, 병기제조창, 기계제작소, 일반회사와 양잠소 등을 참관했다.

1881년 9월에는 영선사 김윤식이 유학생 서른여덟 명을 대동하고 청나라로 건너갔다. 당시 중인 이상 출신 스무 명을 학도, 천민 출신 열여덟 명을 공장이라고 불렀다. 학도와 공장들은 천진에 있는 기계창에서 간단한 테스트를 거친 뒤 신무기 제조 공장에 배속되어 화약 · 탄약 · 제련 · 전기 · 화학 · 제도 등을 배웠다. 하지만 이들은 공학의 기초 지식이 부족한 데다 청나라 측의 무성의까지 겹쳐 6개월이 지나기 전에 열아홉 명이 귀국해야 했다.

조선의 숨 가쁜 개화에 급제동이 걸린 1882년 임오군란 당시 이용숙은 마건충의 초청으로 청나라 진영을 방문하는 대원군을 수행했다. 그때 청군이 불시에 대원군을 청나라로 납치함으로써 군란은 종식되었다. 그 후 김홍집과 함께 사은겸진주사 조영하를 따라 청나라에 들어간 그는 역관 변원규와 함께 보정부에 유폐되어 있던 대원군을 방문하기도 했다.

일본의 강제 개항과 함께 시작된 조선의 운명은 갑신정변 · 을미사변 · 아관파천으로 이어지는 정치적 혼란을 겪으며 빠르게 기울었다. 대한제국 수립과 함께 신세계를 꿈꾸던 역관들은 청일전쟁과 러일전쟁을 겪으면서 희망을 잃고 방황의 길을 걸었다. 서얼의 자제로 미국에 유학한 뒤 초대 주한공사 푸트의 통역관이 되어 귀국한 윤치호는 평생 애국과 매국의 평행선을 그으며 변화무쌍한 시대의 희극에 한숨을 내쉬어야 했다.

오吳경慶석錫 | 오吳세世창昌 | 청년들이여 조선의 단잠을 깨워라

역관 오경석은 19세기 중엽 조선에 처음으로 개화사상을 전파한 선각자로 이상적 문하에서 한어와 서화를 배웠고 김정희로부터 시작된 조선 금석학의 계보를 이어받았으며 박제가의 실학을 통해 박지원의 북학까지 섭렵한 인물이다. 그의 아버지 오응현은 1825년 역과에 2등으로 합격한 뒤 당상역관을 거쳐 말년에 지중추부사까지 올랐는데, 5남 1녀 가운데 아들 다섯 명을 모두 역과에 합격시켰다.

1831년(순조 31) 오응현의 장남으로 서울에서 태어난 오경석은 1846년(헌종 12) 16세의 어린 나이로 역과에 합격한 뒤 한학습독관으로 역관 생활을 시작했다. 18세 때인 1848년엔 사역원 첨정이던 이정의 21세 된 딸과 결혼했는데 처가인 금산 이씨 역시 역관 집안이었다. 1853년 아내 이씨가 26세의 나이로 요절하자 3년 뒤인 1856년 김해 김씨인 김승원의 딸과 재혼해 1남 1녀를 얻었다. 딸은 1872년 사역원 판관을 지낸 역관 이석주의 아들 이용백에게 출가시켰고, 아들 오세창은 1875년 우봉 김씨 일문의 역관 김재신의 딸과 혼인시켰다. 그처럼 오경석의 집안 역시 다른 중인들과 마찬가지로 같은 역관 집안과 통혼하는 전통을 지켰다.

23세 때인 1853년(철종 4) 4월 처음으로 사행에 참여한 오경석은 이듬해 3월까지 연경에 머무르며 청나라의 참담한 현실을 생생하게 지켜보았다. 청은 1840년부터 벌어진 아편전쟁에서 영국에게 참패한 뒤 1842년 8월 남경조약을 통해 막대한 배상금을 지불했을 뿐만 아니라 홍콩을 할양하고 5대 항구를 개방해야 했다.

그때부터 대륙에 밀려들어 온 열강들은 저마다 이권을 쟁취하는 데 혈안이 되어 있었다. 게다가 1850년부터 일어난 태평천국의 난으로 중국 전역은 혼란에 휩싸여 있었다. 그때 오경석은 정조경 · 하추수 · 반조음 · 오홍은 · 왕헌 · 만청려 · 장지동 · 사유번 · 오의영 등 중국의 애국 청년들과 교우하면서 정체되어 있는 조선의 현실을 직시하고 귀국 길에 《해국도지海國圖志》 · 《영환지략瀛環志略》 · 《박물신편博物新編》 등의 서적을 가져와 친구 유홍기에게 전해 주었다.

1860년 영불연합군이 베이징을 점령했다는 소식을 들은 오경석은 현지에 달려가 열강의 막강한 무력과 경제력에 속수무책으로 당하고 있는 중국의 참상을 자세히 관찰하고 돌아왔다. 서세동점의 높은 파고가 곧 조선에 밀어닥칠 것이라고 판단한 그는 김옥균 · 박영효 · 서광범 등 북촌의 인재들을 불러 모아 개화사상 전파에 열을 올렸다. 이 땅의 청년들이 각성해 조선을 환골탈태시키지 않으면 미래는 칠흑의 어둠일 것이었다. 이런 그의 행보에 유홍기와 박규수가 적극 동참했다.

1864년(고종 1) 러시아인들이 함경도 경흥부에 찾아와 통상을 요구하자 조선 조정에서는 대책 마련에 부심했다. 그때 프랑스 선교사들이 대원군에게 프랑스 · 영국 · 조선 삼국동맹을 통해 러시아의 남하를 저지할 수 있다며 주선을 제안했다. 철종 대부터 프랑스 선교사들은 전도를 활발히 펼쳐 천주교도 2만 명을 확보하고 있었다. 그런데 러시아가 제안한 시한이 지나도 아무 일이 없었고 그에 따라 삼국동맹의 기회도 사라지자 조정 일각에서 대원군이 천주교도와 결탁했다는 의혹을 제기했다. 당시 세간에는 운현궁에 천주교도들이 출입하고 있다는 소문이 파다했다.

집권 초기에 정치적 기반이 미약했던 대원군은 그와 같은 위기를 극복하기 위해 천주교도들을 희생시키기로 결정했다. 그리하여 1866년(고종 3) 정월부터 병인박해로 일컬어지는 대규모 천주교 박해가 시작되었다. 그해 2월에서 3월 사이 프랑스 선교사 베르뇌 주교와 브르트니에르 · 볼뢰외 · 도리 신부가 체포되어 새남터에서 처형되었고, 평신도인 홍봉주 · 정의배 · 전장운 · 최형 등이 서소문에서 처형되었다. 3월 중순에는 다블뤼 주교, 위앵 · 오매트르 신부와 황석두 · 장주기 등 다섯 명이 체포되어 충남 보령의 갈매못에서 죽임을 당했다.

대원군의 천주교도 박해는 광범위하고도 신속하게 이루어졌다. 그로 인해 프랑스 선교사 열두 명 중 아홉 명이 처형되었고 남종삼 · 정의배 등 천주교도 8000여 명이 학살되었다. 당시 수사망을 피해 가까스로 도망친 리델 신부는 톈진으로 가서 프랑스 극동함대 사령관 로즈 제독에게 조선의 급보를 알렸다.

로즈 제독으로부터 그 소식을 전해 들은 프랑스 대리공사 벨로네는 청나라에 공문을 보내 항의하면서 조선을 정벌하겠다는 뜻을 밝혔다. 그러자 청나라는 조선이 비록 속국이지만 예로부터 내정과 외교는 자주적으로 해왔다며 자신들과 무관한 일이라며 발을 뺐다. 그러면서 은밀히 대원군에게 사신을 보내 프랑스의 의도를 알려주었다.

1866년(고종 3) 5월 사행단의 일원으로 연경에 갔던 오경석은 정보원으로부터 톈진에 주둔하고 있던 프랑스 함대가 대원군의 선교사 처형을 빌미로 조선침공을 계획하고 있다는 기밀을 입수했다. 깜짝 놀란 그는 장병담 · 왕헌 · 오번림 · 만청려 등 중국 친구들과 조정의 대신들을 찾아다니며 프랑스 동양함대의 동태와 대책 자료를 수집했다. 다행히도 그가 입수한 정보에 따르면 프랑스의 동양함대는 그 무렵 무역상들로부터 군비를 차입하는 등 심각한 재정 부족에 시달리고 있었다. 군량도 3개월분밖에 없었다.

오경석은 곧 대원군에게 편지를 보내 프랑스 함대가 침공하면 단기전을 피하고 지형지물을 이용해 방어선을 구축하면서 지구전을 펼쳐야 한다고 설득했다. 그 외에도 프랑스 동양함대의 조선 침공 직전 주청 프랑스공사관과 청나라 총리아문 사이의 왕복분서를 중국인 친구들을 통해 필사해 본국에 보냈고, 청의 실무급 관료들을 만나 병인양요에 대한 그들의 의견과 대처 방안을 수집해 대원군에게 제출했다.

프랑스의 침공을 앞두고 조선이 대비를 서두르던 그해 7월 뜻하지 않은 사건이 벌어졌다. 미국 상인 프레스턴과 영국인 선교사 토머스가 지휘하는 제너럴셔먼호가 평양까지 들어와 통상을 요구하면서 민가를 약탈하고 조선 병사를 죽이는 등 행패를 일삼다가 분노한 평양군민들에 의해 불태워진 것이다. 이때 평양감사는 개화파 박규수였다. 그는 처음에 이양선을 조용히 돌려보내려 했지만 야만적인 행태를 좌시할 수 없었으므로 철산부사 백낙연 등에게 공격을 지시했다. 이때 제너럴셔먼호의 승무원은 전멸했고 조선 측에서도 13명의 사상자가 발생했다.

> 내가 개화를 지지하는 것은 저들의 오만 때문이 아니라 이 나라의 미래를 위해서다.

그 소식을 전해들은 오경석은 새삼 경각심을 품고 이어질 프랑스의 공격에 대한 대비책 마련에 부심했다. 1866년 9월, 이윽고 로즈 제독이 인솔하는 프랑스 군함 세 척이 리델 신부와 조선인 천주교도 세 명의 안내로 조선에 들어왔다.

로즈 제독은 조선이 통교에 응하지 않으면 선교사 아홉 명에 갈음해 조선인 9000명을 죽이겠다고 선언했다. 그들의 본심이 천주교도 박해에 대한 응징이 아니라 조선과의 통교를 통한 식민지화임이 드러나는 대목이다.

로즈제독

프랑스 함대가 한강을 거슬러 올라와 양화진과 서강 일대까지 진출하자 대원군은 어영대장 이용희를 급파해 연안 경비를 강화했다. 프랑스 군은 지형 정찰을 마치고 청나라로 물러났다가 10월 11일 재차 함대를 이끌고 강화도 해역으로 들어왔다. 당시 프랑스 군의 전력은 프리깃함 게리에르를 포함한 군함 일곱 척과 일본의 요코하마에 주둔해 있던 해병대 300명을 포함해 1230여 명가량의 병력이었다.

10월 14일 프랑스 군은 강화도의 갑곶진甲串鎭 부근의 고지를 점령하고 한강의 수로를 봉쇄하더니 16일 강화성을 총공격해 함락시켰다. 그러자 대원군은 이경하 · 이기조 · 이용희 · 이원희 등의 장수들을 급히 양회진 · 통진 · 광성진 · 부평 · 제물포에 있는 요새에 파견하고 문수산성 · 정족산성 등지에 병력을 증강해 도성 수비를 강화했다.

그달 19일 대원군이 공문을 보내 프랑스 군의 공격을 비난하고 철수를 요구하자 로즈 제독은 조선의 천주교 탄압을 비난하며 전권대신 파견을 요구했다. 26일에는 프랑스 군 120여 명이 문수산성 정찰에 나섰다가 조선군의 기습을 받고 사상자 스물일곱 명을 낸 뒤 물러났다. 그해 11월 7일 프랑스 군은 160명이 정족산성을 공격했다가 천총千摠 양헌수가 이끄는 500여 명의 반격으로 여섯 명이 사망하고 30여 명이 부상당했다.

조선군의 맹렬한 저항에 당황한 로즈 제독은 11월 18일 외규장각에서 약탈한 은괴와 서적, 무기, 보물 등을 가지고 톈진으로 철수했다. 그러자 대원군은 쇄국양이鎖國攘夷를 강화하는 한편 프랑스 군에 적극 협조한 천주교도들을 역도로 몰아 척결했다.

> 프랑스 함대가 양화진까지 침입한 것은 천주교 때문이다. 서양 오랑캐들에 의해 더럽혀진 조선의 강토를 천주교도들의 피로 씻어내라.

그때부터 수많은 천주교도들이 양화진에서 참수형을 당했으므로 '절두산切頭山'이라는 새 이름이 생겨났다. 1868년 5월 충청도 덕산에서는 오페르트와 페롱 신부, 미국인 젠킨스 등이 남연군묘를 도굴하려다 실패하고 돌아갔다. 그 때문에 한동안 잠잠하던 박해 불길은 다시 타올라 수많은 천주교도가 시련을 겪었다.

1871년 미국이 제너럴셔먼호 사건을 조사한다는 명목으로 조선에 들어와 수호통상조약 체결과 개항을 요청했다. 오경석은 이야말로 천재일우의 기회라고 판단하고 대원군에게 개항을 건의했지만 거절당하고 오히려 '개항가'로 지목되기까지 했다. 그 일로 오경석과 대원군과의 관계는 소원해졌다. 그러나 미국이 신미양요를 통해 무력으로 개항을 요구하자 그는 강력한 대응을 요구했다. 양보는 양보를 낳게 마련이다. 오경석은 약한 상대는 더욱 짓이기는 열강의 생리를 익히 알고 있었다.

일본은 1875년 운요호 사건에 이어 1876년 1월 군함 다섯 척을 이끌고 강화도 앞바다에서 개항을 요구했다. 그때 오경석은 왜학훈도 현석운과 함께 문정관에 임명되어 일본인들이 조선 해역에 무단 침입한 일을 항의하고 강화도에 상륙한 일본군의 퇴거를 요구했다. 그해 2월부터 강화도 연무당에서 열린 강화회담에서 그는 운요호 사건의 책임을 조선 측에 전가하려는 일본의 태도를 적극 비난했다. 그렇지만 2월 15일 일본의 통역관 최조·금조와 술을 마시면서 개화한 일본에 대한 궁금증을 해소하기도 했다.

"귀국인이 타고 온 화선이 모두 임대한 선박이라 하니 비용이 적지 않을 것 같다."
"임대 선박의 비용이 적지 않은 것이 사실이다."
"귀국에 화선이 없다면 어느 나라에서 임대하는가?"
"우리나라에 이미 많이 있는데 어찌 다른 나라에서 빌리겠는가?"
"일본에는 철로와 전신이란 게 있다고 들었다."
"그렇다. 수천 리에 철로가 펼쳐져 있어서 기차를 오가게 하고, 에도에서 나가사키까지 전선으로 서로 연락한다."
"전선이란 어떤 물건인가?"
"동철로 줄을 만든 다음 산에 걸고 바다에 매설하여 수천 리를 길게 연결한다. 그러고는 양 끝에서 두드려서 소리를 내 언어를 전달하는 것이다. 그러므로 설령 외국의 일이라도 삽시간에 서로 전할 수 있다."
"귀국의 교린국 가운데 어느 나라가 가장 강한가?"
"러시아가 가장 강해 각국에서 두려워한다. 우리나라가 교린하는 17개국이 모두 일부 조약을 맺고 있다."

오경석은 그들로부터 일본과 통상을 맺은 국가들은 수도에 왜관과 비슷한 외국인 공관을 개설하고 해당 관리들과 공평하게 논의해 현안을 처리한다는 사실을 알게 되었다. 일본 통역관들은 그에게 만국공법萬國公法을 설명하면서 동래왜관을 통해 시행되어 온 양국의 교역은 조선에 일방적으로 고통스럽고 쓰시마에 일방적으로 이로운 것이니 교린이라고 볼 수 없다고 단언했다. 이번에 일본이 도래한 것은 잘못된 교린 관계를 바로잡기 위해서라는 것이다.

그들과의 대화를 통해 오경석은 일본의 힘이 조선과 비교할 수 없을 만큼 강성하다는 사실을 절감했다. 그러므로 병인양요나 신미양요와 같은 무력 대결은 더 이상 불가하다는 현실 인식을 바탕으로 박규수에게 대승적인 입장에서 개항을 수락하도록 권유했다. 그 결과 조선은 그해 2월 26일 강화도조약으로 바다의 문을 활짝 열어젖혔다.

평생 개화의 전도사였으며 조선이 세계와 소통을 시작하는 개항의 현장에서 활약한 오경석은 1876년 4월, 격무의 뒤끝을 이기지 못하고 병석에 누웠고 1879년 8월 22일 세상을 떠났다.

역관 오경석을 이야기하면서 그의 아들 오세창을 빼놓을 수 없는 노릇이다. 이들 부자는 개화기의 선각자로서, 또 문화 지킴이로서 조선의 근대를 비춘 등불 같은 존재이기 때문이다.

오세창은 1864년 7월 15일 서울 이동梨洞에서 태어났다. 자는 중명仲銘, 호는 위창葦滄, 8세 때부터 유대치를 스승으로 모시고 공부한 끝에 1879년 5월 역과에 합격했지만 곧바로 관직을 얻지는 못했다. 그해 8월 부모님을 동시에 잃은 그는 이듬해 4월 20일 겨우 사역원에 등제登第했지만 사행 기회를 잡지는 못했다. 1882년 6월 임오군란은 19세의 젊은 역관에게 하나의 기회로 다가왔다. 당시 가족과 함께 파주 문산포로 피난 갔다가 8월에 집에 돌아온 그는 한 달 뒤 후원주위청영차비관後苑駐衛淸營差備官이라는 벼슬을 받았다. 창덕궁 후원에 주둔하고 있던 청나라 장수들의 통역을 맡은 것이다.

萬歲報

《만세보》 1906년 6월 17일 창간호

1885년 12월, 그는 종7품에 해당하는 사역원 직장直長에 임명되었고 새롭게 설치된 박문국 주사가 되어 《한성순보》 발행의 실무자로 활동했다. 1893년 장남 일찬이 11세가 되자 당대의 역관들이 그랬던 것처럼 가숙을 설치하고 역과 시험 공부를 시켰지만 갑오개혁과 함께 가숙을 철거하고 소학교에 입학시켰다.

1894년부터 군국기무처 총재비서관, 농상공부 참서관, 통신원 국장 등을 역임한 오세창은 1895년 11월 단발령斷髮令이 선포되자 자발적으로 상투를 잘랐다. 당시 수많은 양반이 '내 머리는 잘라도 상투를 자를 수 없다.' 고 저항했지만 그는 상투보다 먼저 조선인들의 구태의연한 사고방식을 잘라 버리는 것을 급선무로 보았다.

오세창은 1897년 일본 문부성의 초청으로 도쿄에 가서 1년 동안 동경외국어학교의 조선어 교사로 봉직했다. 그는 당시 동양에서 개화의 선구자격인 일본의 획기적인 발전상을 목도하면서 일본예찬론자가 되었다. 한데 귀국하자마자 조선에서는 일본 육사 출신 청년 장교들이 결성한 혁명일심회가 망명 중이던 유길준과 연계해 쿠데타를 도모했다가 사전에 발각되었다. 이 사건에 개화파와 가깝던 자신까지 연루되자 1902년 그는 일본으로 망명했다. 현지에서 천도교 제3대 교주 손병희에게 감화된 그는 4년 뒤 함께 귀국해 《만세보》를 창간하고 사장에 취임했다. 중인 출신 한학역관에서 나라의 진로를 모색하는 언론인으로 변신한 것이다.

1910년 일제가 조선을 강점하자 그는 삼갑운동三甲運動을 추진하는 등 천도교 교단에서 활동했다. 그 와중에도 골동품과 서화에 관심이 많던 그는 안중식, 이도영, 김가진 등과 함께 종로에 있는 기독교청년회관에 서화포書畵鋪를 개설해 예술 작품 유통이 전무하던 조선의 문화계에 새로운 조류를 불러일으켰다. 당시 조선의 화가들은 개인적인 주문을 받아 그려주었을 뿐 여항에서 그림을 사고파는 일은 상상조차 힘들었다. 그때부터 오세창은 수많은 고미술품을 수집했다. 1915년 1월 13일자 《매일신보》에는 '별견서화총瞥見書畵叢'이라는 제목으로 그의 근황이 다음과 같이 소개되기도 했다.

> 근래에 조선에는 전래의 진적서화珍籍書畵를 헐값으로 방매하며 조금도 아까워할 줄 모르니 딱한 일이로다. 이런 때 오세창씨 같은 고미술 애호가가 있음은 경하할 일이로다. 10수년 이래로 고래의 유명한 서화가 유출되어 남는 것이 없을 것을 개탄하여 자력을 아끼지 않고 동구서매東購西買하여 현재까지 수집한 것이 1175점에 달했는데, 그중 150점은 그림이다.

1918년 말 파리강화회담이 열리면서 미국 대통령 윌슨이 민족자결주의를 주창하는 등 약소국의 독립 분위기가 고양되자 그는 최린, 권동진 등과 함께 독립운동 준비를 발의했다. 1919년 1월 초 국내에 들어온 도쿄 유학생

송계백으로부터 도쿄 유학생들의 독립선언계획을 듣고 손병희 · 최린 · 권동진 등과 더불어 독립운동을 협의한 끝에 운동의 3대 기본노선을 대중화 · 일원화 · 비폭력으로 확정했다. 그런 과정을 거쳐 3월 1일부터 한반도 전역이 태극기의 물결로 뒤덮인 독립만세운동이 감행되었고, 그는 일제에 체포되어 3년 동안 옥고를 치러야 했다.

출옥 후 서화에 전념하면서 은둔 생활을 하던 오세창은 1918년 근대적 미술가 단체의 효시인 대한서화협회가 결성될 때 발기인 13인으로 참가했고, 1919년 3 · 1독립만세운동의 민족대표 33인 중 1인으로 이름을 올렸다. 하지만 그 자신은 독립운동가라기보다는 우리 문화 지킴이로서의 자부심이 더 컸다. 그의 노력으로 당시 10만 석 거부의 상속자이던 전형필이 천금을 아끼지 않고 골동서화를 수집해 오늘날의 현재 간송미술관이 설립되었다. 또 일본 유학생이던 오봉빈은 그의 권유로 광화문 당주동에서 신구新舊 서화 전시와 판매를 목적으로 한 조선미술관을 개설하기도 했다. 현재 간송미술관에 소장된 고서화 명품 가운데 상당수는 오세창의 감정과 평가를 거친 것들이다.

1928년 오세창은 자신이 수집한 방대한 양의 골동서화를 서가별 · 화가별로 분류 · 정리한 《근역서화징槿域書畵徵》을 내놓았다. '근역槿域' 은 무궁화 꽃이 피는 땅이고, '징徵' 은 모은다는 뜻이니 조선인의 정화가 모두 여기에 담겨 있다. '범례' 에서 그는 "흩어지고 없어지는 것이 안타까워 이를 모아 차례대로 엮어 다섯 편을 만들었다."고 고백했다. 당시 최남선은 《동아일보》에 게재된 서평을 통해 '암해闇海의 두광斗光' , 즉 어두운 바다의 북극성이라며 극찬해 마지않았다. 이 책에는 신라 시대 솔거부터 출판 직전에 세상을 떠난 정대유까지 화가 392명, 서가 576명, 서화가 149명의 작품과 생애에 관한 원문을 초록하고, 출전을 표시했다. 예술을 천시하던 조선 시대였다면 감히 상상조차 하지 못할 성과물이었다.

오세창은 말년까지도 문화 예술에 대한 열정을 불태웠다. 우리나라의 명필 1100명의 작품을 모은 《근역서휘》와 명화 251점을 모은 《근역화휘》를 남겼고, 74세 때인 1937년에는 우리나라 문인과 화가 830여 명의 성명 · 자호 · 별호 등을 새긴 인장의 인영印影 3930여 방을 집대성한 《근역인수槿域印藪》 여섯 권을 편집했다. 하지만 그가 평생 모은 수집품은 1936년 골동서화 수집가 박영철에게 넘어갔고, 나머지는 1940년 경성제국대학에 기증되었다. 해방 후 그는 각종 사회단체의 원로로 활동하다가 1950년 한국전쟁 당시 피난처인 대구에서 세상을 떠났다.

이李 응應 준儁 | 태극기가 바람에 펄럭입니다

1876년 강화도조약이 체결되자 미국은 종래의 무력시위 방식을 버리고 일본의 알선에 의한 평화적인 방법으로 조선과의 수교를 추진했다. 1880년 3월, 미국 정부는 슈펠트 제독을 부산에 보내 일본영사 곤도 신조近藤眞鋤를 중재자로 삼아 수교를 요청했지만 조선의 거부로 뜻을 이루지 못했다. 그러자 슈펠트는 조선에 영향력이 있던 청나라 북양대신 이홍장李鴻章에게 조선과의 수호통상을 알선해 주도록 요청했다.

당시 이홍장은 조선에 미국 세력을 끌어들여 러시아의 남진과 일본의 조선 침략을 견제하는 연미론聯美論을 구상하고 있었으므로 조선 정부에 밀서를 보내 미국과의 조약 체결의 긴요성을 역설했다. 조선 정부도 그의 연미론에 호응해 미국과의 수교에 어느 정도 적극적인 자세를 갖고 있었으나, 위정척사론자衛正斥邪論者들의 완강한 반대에 부딪히자 청의 힘을 빌려 이를 추진하되 그 과정은 비밀에 붙이기로 했다.

이듬해인 1881년 7월 정부로부터 조미조약 체결에 필요한 일반 훈령과 이에 필요한 전권 위임장, 미국 대통령이 조선 국왕에게 보내는 친서까지 입수한 슈펠트는 이홍장과 세부 내용을 협의하면서 적당한 시기를 기다렸다. 1882년 2월 통리기무아문 주사 어윤중과 이조연이 톈진에 오자 이홍장은 미국과의 조약 체결이 긴요하니 고종에게 상주하라고 부탁했다. 그 말을 전해들은 고종은 변원규를 파견해 미국과의 수교에 동의하지만 반대파들의 목소리가 워낙 크다며 신중히 하자고 달랬다.

얼마 후 조선은 고선관 어윤중, 영선사 김윤식을 중국에 파견해 본격적인 협상에 돌입했다. 당시 이홍장은 네 차례의 예비회담에서 조선이 중국의 속방이라는 조항을 명문화할 것을 주장했다. 이에 대해 슈펠트는 조선이 내치와 외교에 자주권이 있다면 중국의 종주권과 관계 없이 미국은 조선을 대등하게 취급할 권리가 있다고 맞섰다. 결국 양측은 별도의 조회문照會文을 통해 속방 부분을 밝히기로 합의했다.

1882년 3월 청나라 사신 마건충馬建忠 · 정여창丁汝昌과 함께 인천에 들어온 슈펠트는 5월 22일 조선의 전권대관 신헌, 부관 김홍집과 4월 4일 전문 14관으로 이루어진 조미수호통상조약을 체결했다. 이 조약은 협의 과정에서 당사자인 조선 정부가 일부 배제되는 문제점이 있었지만, 당시 중국이나 일본이 유럽 제국과 맺은 불평등조약과는 다른 주권국가 간의 쌍무적 협약이었다. 특히 제3국으로부터 불공경모不公輕侮하는 일이 있을 경우에 필수상조必須相助한다는 규정과 치외법권이 잠정적이라는 규정, 거류지는 조선의 불가분의 영토 가운데 일부라는 규정, 양국 간 문화 학술 교류에 대한 규정은 매우 합리적이었다.

이듬해인 1883년 5월 입국한 초대 미국전권공사 H.푸트가 비준서批准書를 교환하고, 조선 정부에서도 같은 해 6월 전권대신 민영익, 부관 홍영식을 미국에 보내면서 양국의 역사적 교류가 시작되었다. 이로써 미국은 한국과 국교를 맺은 최초의 구미 국가가 되었다. 그 후 조선은 영국 · 독일 · 프랑스 · 러시아 등 유럽 국가와 체결하는 수호조약에 조미수호통상조약을 준용했다.

조미수호통상조약은 미국과의 수교뿐만 아니라 이후 조선과 대한제국, 대한민국으로 이어지는 역대 정부의 국기가 된 태극기가 처음 만들어지고 사용되었다는 점에서 또 다른 의미를 지닌다. 1882년 5월 14일 슈펠트는

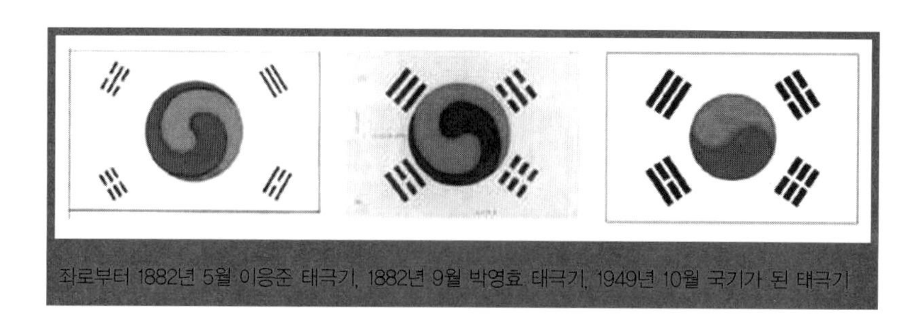
좌로부터 1882년 5월 이응준 태극기, 1882년 9월 박영효 태극기, 1949년 10월 국기가 된 태극기

조선 대표 신헌과 김홍집에게 조인식장에서 게양할 국기國旗를 제정하라고 요구했다. 그러자 청나라 특사인 마건충은 조선의 국기로 4개의 발이 달린 용 모양의 청룡기를 제안했다. 당시 다섯 개의 발이 달린 청나라 국기 황룡기보다 격을 한 단계 낮춤으로써 조선이 청의 속방임을 알리려는 술책이었다. 하지만 슈펠트가 조선을 독립국으로 대우하려는 미국의 정책을 이유로 반대하자 김홍집은 역관 이응준에게 임시로 사용할 국기의 도안을 명했다.

이에 이응준李應俊은 5월 14일부터 22일 사이에 미국 전함 스와타라Swatara호 선상에서 백성을 상징하는 흰색 바탕에 군주의 색상인 빨강색과 관리의 색상인 파랑색이 어우러진 태극 문양의 깃발을 만들었다. 그러자 마건충이 일본 국기와 비슷하다며 반대했다. 김홍집은 또 태극 문양에 조선팔도를 뜻하는 팔괘를 넣어 일본 국기와 구별하자고 주장했다. 하지만 이응준은 전통적인 주역의 8괘 가운데 건建·리離·감坎·곤坤의 네 괘를 이용해 회담장에서 사용할 국기를 완성했다. 이 국기가 5월 22일 한미수호통상조약의 조인식장에서 미국의 성조기와 함께 나란히 펄럭인 것이다.

그 동안 이응준의 태극기는 흰색 천 중앙에 청홍색 문양만이 들어간 태극양의기太極兩儀旗였을 것으로 추정되었다. 하지만 1882년 7월 19일 미국 해군부 항해국에서 발간한 〈해상 국가들의 깃발Flags of Maritime Nations〉이라는 문서에는 4괘가 들어간 태극도형기의 형태가 뚜렷하다. 이 태극기는 현재의 태극기에 비해 태극의 형태와 4괘의 순서가 다를 뿐이다. 이 문서의 제작 날짜가 박영효가 태극기를 만들었다는 날짜보다 두 달 빠르므로 여기에 실린 태극기는 앞서 만들어진 이응준의 태극기로 추정된다.

1882년 9월 25일 제3차 수신사로 일본에 파견된 박영효는 명치환明治丸 선상에서 태극기를 만들어 숙소에 게양했다. 그는 자신의 일기인 《사화기략使和記略》에서 미리 준비해 간 태극팔괘도를 본 영국인 선장 제임스의 조언을 받아 네 개의 괘를 뺀 4괘도를 만들었다고 기록했다. 이 때문에 그 동안 이응준 대신 박영효가 최초의 태극기 제작자로 잘못 알려져 왔다.

태극기는 이듬해인 1883년(고종 20) 3월 6일 조선의 국기로 제정되었고, 일제 치하를 넘어 해방 후인 1948년 7월 12일, 제헌국회에서 대한민국의 국기로 채택된 뒤 1949년 10월 15일 문교부 고시에 의해 정식 확정되었다.

그렇듯 최근 들어서야 태극기 제작자의 명예를 되찾은 역관 이응준은 1850년 증광시增廣試 역과에 2위로 합격한 수재였다. 《승정원일기》에는 1868년 7월 16일 그가 포천현감으로 제수되었다는 기록이 남아 있다. 그는 1881년부터 재자관齎咨官으로 청나라에 가서 조미수교의 사전 교섭을 담당했고, 제물포의 조인식에서는 영어를 구사하는 청나라 역관을 징검다리 삼아 양국 대표의 통역을 맡았다.

1883년 이응준은 전환국위원을 거쳐 당상수역관으로 수차례 청나라를 왕래했다. 이듬해인 1884년 갑신정변이 진압된 뒤 전환국방판의 신분으로 위안스카이袁世凱를 만나 청군의 주둔과 훈련을 상의했으며, 1885년 8월에는 협변교섭통상사무 서상우와 함께 톈진으로 가서 북양대신직례총독 이홍장에게 사건의 내막과 처리 결과를 보고하기도 했다.

그처럼 오랫동안 조청 관계에서 중요한 역할을 담당하던 이응준은 1889년(고종 26) 3월 30일 북경의 예부에서 조선에 보낸 자문 한 장 때문에 큰 곤욕을 치렀다. 자문에는 위안스카이가 보낸 전보를 인용해 이응준이 청나라 예부에 뇌물로 바치기로 하고 고종에게 받아간 2만 금을 착복했다고 씌어 있었다. 그러자 의정부에서 청의 총리각국사무아문總理各國事務衙門에 전보를 치고, 다른 한편으로 위안스카이 본인에게 직접 문의하는 등 법석을 떨었다.

정황으로 보아 이응준이 그 돈을 횡령했다고 판단한 의정부에서는 하찮은 역관이 제 딴에 구실을 대고 나라에 큰 수치를 끼쳤으니 귀국하는 대로 체포해 수감해야 한다고 고종에게 건의했다. 그 후 이응준의 기록은 사서에서 깨끗이 사라졌다. 당시 그가 체포되어 억울하게 죽었는지 은퇴한 뒤 고단한 심경으로 여생을 보냈는지는 알 수 없는 노릇이다.

김金 득得 련鍊

기차 바퀴가 나는 듯이 빠르구나

예나 지금이나 누구나 미지의 세계를 꿈꿀 수 있었지만 누구나 그 세계에 발을 디딜 수는 없었다. 더군다나 해외여행이 엄격히 금지되었던 왕조시대에 사람들은 쥐 베른의 소설《80일간의 세계 일주》나 박지원의《열하일기》같은 여행기를 통해서나 문화적 허기를 달래야 했다. 조선 시대엔 기행문을 '와유록臥遊錄' 이라고 불렀다. 방바닥에 누워 글을 읽으면서 실제 가본 것처럼 즐긴다는 뜻이다. 그런 면에서 조선의 역관들은 눕지도 않고 말이나 배를 타고 외국 땅을 밟을 수 있는 남다른 기회가 보장된 처지였지만 그마저도 중국과 일본이 한계였다.

18세기 후반, 조선이 서양 제국에 문호를 개방하면서 많은 조선인이 오대양 육대주를 누비며 안계를 넓혔다. 그 첫걸음은 1883년에 미국을 방문한 보빙사였다. 그들은 미국인 퍼시벌 로웰, 중국인 우리탕吳禮堂, 일본인 미야오카 츠네지로宮岡恒次郎의 안내로 미국에 가서 대통령 체스터 A. 아서를 만나 국서를 전한 다음 대서양을 건너 유럽 각국을 여행했다. 당시 조선인 통역이던 변수 · 고영철 · 유길준 세 사람은 각각 다른 경로를 통해 신세계를 밟았고, 그 놀라운 경험을 바탕으로 조선을 뒤바꾸려 했다.

개화파 강위의 제자였던 변수邊燧는 1882년 김옥균을 따라 일본에 가서 화학과 양잠을 배웠고, 개항 이후 수차례 일본을 왕래하며 차관교섭에 동참한 전력이 있었다. 그는 미국에서의 공식 일정이 끝나자 민영익을 따라 유럽의 여러 나라를 방문한 다음 조선으로 돌아왔다. 갑신정변이 일어났을 때 그는 외국 공관과의 연락을 맡았는데, 거사가 삼일천하로 끝나게 되자 일본을 거쳐 미국으로 망명해 메릴랜드 주립 농과대학에서 공부했다. 1891년 대학을 졸업한 그는 미국 농무성에 취직했지만 4개월 만에 열차에 치여 32세의 나이로 목숨을 잃었다. 그는 1893년 콜롬비아 의과대학을 졸업한 서재필보다 2년 앞선 최초의 미국 대학 졸업생이었다.

고영철高永喆은 육교시사의 동인으로 영어와 중국어에 능통한 중국 유학생 출신이었다. 그는 1881년 영선사 김윤식을 따라 톈진에 가서 수사국水師局에 있는 중서학당中西學堂에서 공부하고 돌아와 보빙사의 통역관으로 임명되었다. 당시 움직이는 세계를 생생하게 체험하고 귀국한 그는《한성순보》를 발행하던 통리아문 박문국의 주사로 일했다. 그의 아버지 고진풍과 세 형제도 모두 역관이었는데 그중에 독립협회 발기인이던 고영희는 1910년 이완용내각의 탁지부대신으로 있을 때 한일합병조약에 서명하고 일본 정부로부터 작위를 받은 친일파였다. 그의 셋째 아들 고희동은 우리나라 최초의 서양화가였다.

유길준은 1881년 5월 신사유람단에 어윤중의 수행원으로 참가해 일행 유정수柳正秀와 함께 일본의 선각자 후쿠자와 유키치가 세운 게이오의숙慶應義塾에 들어가 공부하다가 1882년 10월 13일 수신사 박영효의 통역을 맡은 뒤 귀국해 한성부에 신문국新聞局을 설치하고 일하던 중 보빙사의 일원이 되었다. 그는 미국의 공무가 마무리되자 민영익의 허락을 받아 바이필드의 거버너 더머 아카데미에 입학함으로써 조선인 최초의 미국 유학생이 되었다. 그 후 1885년 6월부터 배를 타고 유럽으로 건너가 안계를 넓힌 그는 1885년 12월 16일 조선으로 돌아온 뒤《서유견문西遊見聞》을 통해 서양의 근대 문명을 소개하고 조선의 실정에 맞는 자주적인 개화를 주장했다.

그로부터 13년 뒤인 1896년 5월 26일 거행된 러시아 황제 니콜라이 2세의 대관식은 조선 역관들에게 또 다시 세계 일주의 기회를 제공해 주었다. 1895년 8월에 일어난 을미사변으로 명성황후를 잃은 고종은 1896년 2월 이범진, 이완용, 김홍륙 등 정동파의 도움을 받아 러시아공사관으로 피신함으로써 일본의 너울에서 벗어났다. 때마침 황제 니콜라이 2세의 대관식을 준비하고 있던 러시아는 고종에게 조선의 공식사절단을 요청했다. 그러자 고종은 심복인 궁내부 특진관 민영환을 전권공사로 파견해 은밀히 러시아의 지원을 받아오게 했다.

당시 민영환은 통역관으로 블라디보스토크 이민 생활 경험 덕분에 러시아어에 능통한 외부주사 김도일, 영어에 학부협판 윤치호, 손희영, 러시아공사관 서기관 예브게니 슈타인 등을 데려갔는데, 기이하게도 한학역관 김득련을 2등참서관으로 일행에 포함시켰다. 민영환이 육교시사의 동인이던 그와 한시를 나누고 사절단의 공식 기록을 한문으로 남기려는 뜻이었다. 그리하여 김득련은 천재일우로 유럽 여행의 기회를 잡게 되었다.

1896년 4월 1일, 서울을 출발한 사절단 일행은 제물포에서 배를 타고 상하이에 갔다가 다시 일본의 나가사키와 요코하마를 거쳐 캐나다의 밴쿠버에 도착했다. 이어서 뉴욕에서 기선에 올라 영국의 리버풀과 런던을 거친 후 독일의 베를린, 폴란드의 바르샤바를 통해 모스크바에 도착해 황제의 대관식에 참석했다. 공무를 마친 그들은 제정러시아의 수도인 상트페테르부르크에 다녀온 뒤 나주니 · 노브고로트 · 이르쿠츠크 · 바이칼 호 · 하바로프스크 · 블라디보스토크를 거쳐 해로를 타고 10월 21일 부산으로 귀국했다. 중국 · 일본 · 미국 · 영국 · 네덜란드 · 독일 · 폴란드 · 러시아 · 몽고 등 9개국을 7개월 동안 돌파한 기나긴 여정이었다. 당시 김득련은 가장 먼저 도착한 상하이의 풍경에 감탄하며 〈상하이에 배를 대고泊上海〉란 시를

니콜라이 2세 대관식 참석 기념 사진
뒷줄 왼쪽이 김도일, 오른쪽이 손희영, 앞줄 왼쪽부터 김득련, 윤치호, 민영환이다.

썼다.

樓臺舟楫畵中浮	층층의 다락배 그림처럼 떠 있고
煙月笙歌處處遊	달빛 속 노랫소리 곳곳마다 퍼지네.
人心祈鬪繁華盛	앞다투어 번성하려는 것이 사람 마음
儘是東洋第一區	정말이지 이곳이 동양의 으뜸일세.

그는 여행 도중 배 위에서 우유와 빵, 스프, 고기, 생선, 야채 등으로 이어지는 양식을 먹고 커피 한 잔에 담배를 피우는 등 색다른 서양 문화를 즐겼다. 나가사키와 시모노세키를 거쳐 고베에 잠시 정박했을 때는 외국의 기술을 빌리지 않고 일본인만의 힘으로 세운 도시의 정경에 감탄을 아끼지 않았다. 요코하마에서 기차를 타고 도쿄에 들어간 그는 번화한 시가지를 구경하면서 부러움을 숨기지 않았다. 태평양을 건너 캐나다의 벤쿠버에 도착한 일행은 기차를 타고 북아메리카 대륙 횡단을 시작했다. 망망한 들판을 지나

다 보니 그에게 과거 선배들이 오가던 요동 벌판은 우습게 느껴졌다.

汽輪駕鐵迅如飛 철로 위를 달리는 기차 나는 듯 빠르니
行止隨心少不違 마음대로 가고 쉬고 조금도 어김없네.
透理何人知此法 뉘라서 이러한 이치 꿰뚫어 알았는가.
泡茶一葉刱神機 차 한 잎 끓이다가 신기를 발명했네.

風馳電掣上嵯峨 번개처럼 치달려 높은 산을 오르니
萬水千山瞥眼過 많고 많은 강과 산 순식간에 지나가네.
長房縮地還多事 장방의 축지법 도리어 번다하지
十日郵程在刹那 열흘의 노정이 찰나 간에 있구나.

뉴욕에 도착한 김득련은 하늘 높이 치솟은 빌딩과 휘황한 전깃불, 수레의 행렬에 입을 다물지 못했다. 때마침 열린 뉴욕전기박람회에 갔을 때는 저절로 울리는 관현악과 순식간에 저절로 만드는 기계, 500리 밖에 있는 폭포 소리 등을 들으며 기괴한 느낌을 받았다. 다시 배에 올라 9000리 대서양을 넘어 영국의 리버풀에 다다라서는 번성한 항구의 풍경에 충격 이상의 감동을 받았다. 실로 리버풀은 지구상 제일가는 항구였다.

네덜란드를 지날 때는 제방으로 바닷물을 막아 옥토로 만든 현장을 보면서 인간의 능력으로 불가능한 것이 없다는 사실을 깨달았다. 베를린을 지날 때는 독일인들의 민속이 질박하고 온갖 장인의 솜씨가 세계 최고라며 칭송해마지 않았다. 사절단 일행이 폴란드를 거쳐 러시아 국경에 다다르자 관리 두명이 나와 길을 안내했다. 모스크바에 도착하니 길가에 많은 군인이

도열해 환영행사를 펼쳤다. 궁궐에 들어가 황제 니콜라이 2세에게 세 차례 절을 하고 친서를 바쳤다.

이윽고 5월 26일 예배당에서 대관식이 열렸다. 궁궐의 높은 곳에 비단 자리가 펼쳐지고 휘황찬란한 폐백이 줄을 이었다. 온갖 진귀한 술에 취한 사절단은 신선들이 사는 봉래산에 온 듯한 기분이었다. 그때부터 사흘 동안 도시 전체가 불을 밝히자 김득련은 이곳이 용궁이나 요지瑤池 같다며 찬탄을 아끼지 않았다. 그야말로 서양의 문명은 별천지처럼 보였다.

대관식 막후에 민영환은 일본의 야마가타 아리토모山縣有朋, 청나라의 이홍장을 상대로 치열한 외교전을 벌였다. 이홍장은 러시아 측이 만주횡단 철도인 동청철도東清鐵道 부설권을 획득하기 위해 비밀 교섭 상대자로 지목한 인물이었고, 야마가타는 한반도 분할안을 포함해 조선의 군사와 재정에 관해 러시아와 담판하려고 일본이 내세운 인물이었다. 세 사람은 각각 러시아 외무대신 로바노프 로스토프스키를 상대로 협상을 벌인 결과 일본은 로바노프-야마가타 의정서, 청나라는 러 · 청 비밀 협정을 맺었지만 민영환은 군사교관 파견을 비롯한 몇 항목만을 허락받았을 뿐이었다. 약소국 조선이 얻을 수 있는 최대한의 성과였다.

김득련은 그런 와중에도 꼼꼼하게 이국의 풍물과 풍습을 관찰했다. 희랍정교의 교회라든지 강변의 놀이 기구, 시내 네거리에 조성된 공원에서 시민들이 휴식을 취하는 장면, 식물원과 동물원, 서커스 장, 활동사진을 보여주는 극장 등 처음 목도하는 문명의 다양한 면모를 만끽했다. 동물원에서는 말로만 듣던 사자와 악어 등을 보고 즐거워했다. 하지만 개방적인 서양 여인들의 모습과 행동은 전통적인 선비 김득련을 무색케 했다. 팔과 가슴을 드러낸 서양여인들이 남자들과 어울려 식사도 하고 춤추는 광경은 그야말로 충격이었다. 조선의 여인들은 장옷을 뒤집어쓰지 않으면 외출할 수 없던 시대였다. 하지만 자전거를 보고 쓴 〈독행차獨行車〉를 보면 그가 색다른 문명의 이기에는 쉽게 적응한 듯하다.

手持機軸足環輪 손으로 핸들 잡고 발로 페달 구르니
飄忽飛過不動塵 쏜살같이 내달리며 먼지도 일지 않네.
何必御車勞六轡 구태여 수레 끌며 여섯 필 말 괴롭히랴.
自行遲速在吾身 빠른 것도 느린 것도 내 마음대로라네.

상트페테르부르크에서는 검소한 표트르대제의 집을 보며 감탄했고, 물방울이 솟아오르는 분수대, 멀리 산기슭에서 물을 끌어오는 수도관, 기계화된 양조장이 눈에 들어왔다. 멀리 있는 상대와 목소리를 나누는 전화기에 유리등에 저절로 불이 들어오는 전기등도 특이했다. 또 감옥에서 죄수들에게 수갑을 채우지 않고 깨끗한 방 안에 가둔 채 음식을 주고 기술을 익히게 하는 모습은 그야말로 문명의 정화였다. 귀국하는 길에 참관한 조선소에는 엄청난 규모의 군함이 건조되고 있었다. 또 해안에는 대포를 놓아둔 포대가 인상 깊었다.

그해 8월 19일 러시아에서의 공무를 모두 마친 사절단 일행은 시베리아를 거쳐 귀국 길에 오른다. 기차를 타고 다시 모스크바를 거쳐 노브고로트에서 열린 세계박람회를 참관했다. 다양한 악기와 기계, 광물 등이 휘황했다. 이곳에서 난생 처음 기구를 타고 하늘에 오른 김득련은 마치 신선이 된 듯이 우쭐하기도 했다. 양력 9월의 시베리아에는 벌써 서리가 내렸다. 귀국 도중 철로가 중간에 끊겨 마차를 타고 귀로를 재촉했다.

몽고 국경을 지날 때는 변발에 장포 차림을 한 유목민들을 보고 원시적인 면모를 탄식했다. 그는 이미 문명의 정화를 모두 섭렵한 문화인이었다. 이르쿠츠크 서시베리아총독부에서 잠시 휴식을 취한 일행은 바이칼 호를 지나 헤이룽 강에 도착한 뒤 기선을 타고 블라디보스토크로 갔다. 그곳에는 수많은 조선인이 비참한 생활을 하고 있어 그의 마음을 아프게 했다. 민영환 특사 일행이 서울에 도착한 것은 1896년 10월 21일, 두 달 동안의 기나긴 여정이 끝났다. 이 시가 국내에 소개되자 조정에서는 그를 남양군수로 좌천시켰다.

哀彼流民數萬餘　서글프다, 수만의 조선 유민이여.
傭畊日日視安居　하루하루 품팔이를 편안하게 여기네.
縱逃貪吏煩苛政　탐관오리 학정이야 피한다 해도
忍處殊邦莽漠墟　이방의 황무지에 어찌 살려나.
巾髻尙存懷故土　고향을 그리워하여 망건 상투 보존하며
姓名聯錄上新書　성명을 연달아 적어 새 문서에 올리네.
刷還當有朝廷命　조정의 쇄환령 분명코 있으리니
向國誠心莫變初　조국 향한 그 초심 부디 변치 마오.

김득련은 귀국한 뒤 민영환의 이름으로 된 공식 여행기 《해천추범海天秋帆》을 저술했다. 그와 함께 새로운 세상을 바라보며 지은 한시 136수는 《환구금초》라는 제목으로 간행했다. 여기에는 오언절구 4수, 오언율시 5수, 칠언절구 111수, 칠언율시 13수, 칠언장시 3수 등 모두 136수의 한시가 수록되어 있다. 이 시집의 서문에서 육교시사의 선비 김석준은 이렇게 찬탄했다.

> 춘파春坡는 수륙 7만 리를 두루 다니면서 8개국을 관광하고 돌아왔다. 검푸른 빛의 거센 파도를 만나 악어 등이나 고래수염 같은 괴이한 것이 치솟아 오를 때도 모두 탄탄대로를 보는 듯하였으니, 진실로 독서의 힘이 없었다면 어찌 이런 경지에 도달할 수 있었겠는가. 우리나라 사람이 멀리 유람하는 것은 춘파로부터 시작되었으니 더욱 장하지 않은가. 기특하도다.

실로《환구금초》에는 그가 서구 세계를 순방하면서 겪은 경이와 신뢰, 질시까지 고스란히 담겨 있다. 그가 보고 겪은 자본주의의 산물과 황실의 사치, 군사력 등은 당시 일본의 핍박을 받고 있는 조선의 현실을 되새김하게 만들었다. 그가 귀국한 뒤, 1887년 건청궁에 전깃불이 밝혀졌고 1898년에는 한성전기회사가 설립되었다. 1899년에는 증기기관차도 운행되었다. 전화기와 축음기, 자동차도 들어와 조용한 조선의 아침을 깨웠다. 아무런 대비 없이 갑작스럽게 몰려든 근대화의 물결은 조선을 혼란의 도가니로 만들기에 충분했다.

김金 홍鴻 륙陸 | 고종황제를 암살하라

전통적인 사역원 체계에서 역관 지망생들은 대체로 부경무역이나 왜관무역에 종사할 수 있는 한학역관과 왜학역관을 선호했다. 그런데 18세기 후반부터 한중일 중개무역이 쇠퇴하면서 무역을 통한 부의 창출이 어려워지자 역관들의 이직도 늘어갔다.

개항 이후에는 서구 열강과의 교류가 늘어나면서 외국에서 살다가 귀국하거나 외국어학교에서 외국어를 배운 다음 전문통역관으로 일하는 사람들도 생겨났다. 그 가운데 러시아공사 카를 베베르의 통역관이었다가 고국에 눌러앉아 출세가도를 달린 김홍륙의 존재가 이채롭다. 그의 생애를 설명하기에 앞서 조선과 러시아의 수교 과정을 잠시 살펴보자.

조선과 러시아는 1654년(효종 5)와 1658년(효종 9) 두 차례에 걸쳐 벌어진 나선정벌羅禪征伐을 통해 처음 접촉했다. 그로부터 200여 년이 지난 1854년, 러시아 함대는 동해에 진출해 거문도를 비롯한 영흥만과 영일만 일대를 탐사했고, 1864년과 1866년에 연이어 통상을 요구했다. 그 후 서구 열강의 일원으로 중국에 진출한 러시아는 1860년 연해주를 할양받았고 1871년에는 중국령 터키스탄에 군대를 진주시키기까지 했다. 이때 양국의 국경분쟁을 이용해 일본은 타이완을 침략하고 무력으로 조선을 개항시켰으며 유구(오키나와)를 병합한 것이다.

1879년부터 청나라는 한반도 지역이 일본과 러시아의 세력권에 들어가는 것을 막기 위해 조선에 군비 확충과 문호 개방을 적극 권유했다. 하지만 조선은 1882년 임오군란 종식과 함께 점증하는 청나라의 압력에서 벗어나기 위해 은밀히 러시아와 접촉했다.

1882년 2차 수신사 박영효를 따라 일본에 간 김옥균이 주일러시아공사 로센을 만나 통상교섭을 벌였고, 1884년 초에는 주일러시아공사 다비도브에게 통상조약 체결 의사를 표명한 데 이어 김관선이 노브키예브스코에 있는 러시아 관리에게 직접 수교 의사를 전했다. 그 결과 1884년 윤 5월 15일 조선과 러시아는 전격적으로 조러수호통상조약을 체결했다. 영·청·일 등이 러시아의 남진을 집중 견제하고 있는 상황에서 이뤄진 양국의 수교는 당시 국제 외교가에 일대 사건으로 받아들여졌다. 그 무렵 보빙사로 미국에 다녀온 민영익은 고종에게 다음과 같이 건의했다.

> 현재 유럽 각국은 러시아를 두려워하고 있습니다. 러시아가 조만간 아시아에 손을 뻗칠 터이니 우리는 러시아와 손잡고 일본과 청나라를 견제해야 합니다.

그와 같은 인아책引俄策에 동의한 고종은 러시아에 군사교관 파견, 청일전쟁 발발시 조선 보호 등의 조건을 내걸고 영흥만을 조차해 주었다. 그 결과 러시아는 극동에 부동항을 확보했고 조선은 목적했던 열강의 세력균형을 달성할 수 있었다. 하지만 국제 정세에 무지했던 위정척사파 선비들은 러시아를 야만의 나라로 여겼고, 일본의 영향을 받은 유길준이나 프랑스의 영향을 받은 남종삼 등 천주교도들은 또 다른 침략 세력으로 인식했다.

얼마 후 러시아의 영흥만 조차 사실이 알려지자 동아시아 전체가 술렁였다. 러시아의 남하를 경계한 영국은 1885년 봄 제주도와 쓰시마 사이에 있는 거문도를 전격 점령한 뒤 군함을 상주시켰고, 일본은 쓰시마에 함대를 배치해 러시아의 남하로를 봉쇄했다. 해로가 막힌 러시아는 결국 영흥만을 포기하고 시베리아 횡단철도 건설에 박차를 가했다.

시베리아 횡단철도가 완성되면 러시아는 조선 침략을 개시할 것이다. 그러므로 일본의 이익선인 조선을 지켜야 한다.

한편 일본은 러시아를 견제한다는 빌미로 호시탐탐 조선 침탈의 기회를 노렸다. 하지만 그들이 후원한 개화파들이 정변에 실패하면서 일본의 의도는 빗나가 버렸다. 그로 인해 미 · 영 · 프 · 독 · 러 등 열강은 조선에 들어와 이권 확보에 혈안이 되었다. 당시 많은 조선인이 열강에 기대어 팔자를 고쳤는데, 그 중심에 바로 러시아어 통역관 김홍륙이 있었다.

함경도 단천의 천민이던 김홍륙은 어린 시절 제정러시아의 수도 상트페테르부르크에 가서 러시아어와 프랑스어를 배웠고, 1884년 조러수호통상조약이 체결되어 전권공사 베베르가 서울에 부임할 때 통역관으로 함께 입국했다. 시베리아의 호랑이 러시아와의 수교를 통해 일본의 마수에서 벗어나려던 고종은 김홍륙을 측근으로 삼아 대러시아 교섭을 맡게 했다. 그 무렵 조선에는 러시아어를 할 줄 아는 사람이 전무했으므로 그의 위상은 하늘을 찌르고도 남았다.

1894년 8월 일본은 불시에 군대를 동원해 경복궁을 점령하고 고종을 연금했다. 한반도를 청일전쟁의 교두보로 삼기 위한 사전 조치였다. 이어진 청일전쟁에서 승리한 일본은 김홍집 친일내각을 출범시켜 조선을 자신들의 입맛에 맞게 요리하려 했다. 사면초가에 놓인 고종은 은밀히 외국 공사관으로의 탈출을 모색했다.

그때 김홍륙은 이범진 · 이완용 · 윤용일 · 임최수 · 안경수 · 이진호 등과 모의해 고종을 미국공사관으로 탈출시키고자 했다. 그들은 친위대의 도움을 받아 경복궁 북동쪽 신무문 밖에 있는 춘생문을 통해 고종을 내보낼 예정이었다. 하지만 이 작전은 중추원 의관 안경수가 외부대신 김윤식에게 밀고하고, 친위대 대장 이진호도 서리군부대신 어윤중에게 기밀을 누설하면서 실패하고 말았다.

그 후 절치부심하던 고종은 1896년 2월 11일 아침 경복궁을 빠져나와 러시아 공사관으로 탈출하는 데 성공했다. 아관파천과 함께 김홍집 내각은 무너지고 친러 정권이 성립되었다. 비로소 왕정을 회복한 고종은 러시아에 압록강과 울릉도 삼림 벌채권, 미국에 운산금광 등 각종 이권을 베풀며 조선 내에서 일본의 영향력을 제거하기 위해 안간힘을 썼다. 그런데 고종의 러시아공사관 체재 기간이 길어지자 백성들은 러시아가 제2의 일본이 되려 한다고 의심했다. 게다가 한편 아관파천에 협조했던 외국 공사들은 러시아가 국왕을 볼모로 남하정책을 펴지 않을까 신경을 곤두세웠다.

그런 상황에서 친러파 대신 이범진 · 이완용 · 이윤용 등의 부적절한 처신과 고종의 총애를 받던 김홍륙의 오만한 행태가 종종 구설수에 올랐다. 그런데도 고종은 1896년(고종 33) 5월 12일 시종원 시종侍從院侍從이던 김홍륙을 정3품으로 올려 주었다. 11월 1일에는 명성황후의 빈전殯殿에 왕태자가 제사 지낸 일을 기념해 종헌관 이하를 시상하면서 비서원 승이던 그를 정2품으로 올려 주었다. 그로부터 보름 뒤인 11월 15일에는 학부협판學部協辦에 임명하고 칙임관勅任官 3등에 서임하는 등 초특급 승진을 시켰다.

고종의 러시아공사관 체류가 끝이 보이지 않자 한선회 · 이근용 · 이창렬 · 장윤선 · 김사찬 · 이용호 · 김낙영 · 유진구 · 유기환 · 전인규 등 하급 신료들은 1896년 10월부터 친러파 대신들을 살해하고 고종을 환궁시키려는 계획을 세웠다. 그들은 외국 군대에 지원을 요청하고 외국인 자객 50명을 고용하는 한편 병사나 순검으로 변장하고 경운궁에 잠입할 예정이었다. 당시 그들은 위조 칙서勅書 세 통을 미리 작성했는데, 하나는 환궁한 후 러시아공사관에 보내는 것으로 오래 머물러 폐를 끼쳤으니 미안하다는 내용이었고, 또 하나는 서구 열강의 공사관에 보내는 것으로 군사를 보내 왕가를 보호해 달라는 내용, 나머지 하나는 환궁한 다음에 백성들에게 내보일 고시문이었다.

그들은 첫 거사일을 11월 19일로 잡았지만 자객의 복장이 마련되지 않아 포기한 다음, 21일 독립협회의 연회석상에서 내부대신 박정양, 외부대신 이완용, 농상공부 대신 이윤용, 군부대신 민영환, 학부협판 김홍륙, 그 밖의 각부 협판을 일시에 살해키로 모의했다. 그러나 이 작전은 유진구 · 유기환 · 전인규의 밀고로 이근용과 서정규 두 대대장이 사전에 체포되면서 무산되었다. 법부의 보고를 받은 고종은 자신이 러시아공사관에 오래 머물러 있기 때문에 발생한 불협화음임을 인정하고 모의자들의 형벌을 한 등급 감해주었다. 그러나 고종의 환궁이 차일피일 미뤄지면서 친러파의 수괴로 지목된 김홍륙은 다양한 루트에서 살해 위협을 받았다.

1897년 2월, 1년여의 러시아공사관 생활을 마치고 경운궁으로 돌아온 고종은 대유재에서 대신들의 하례를 받은 뒤 여러 정파의 인물을 중용하는 방식으로 조정을 개편했다. 새 내각에는 김병시 · 윤용선 등 보수 원로대신, 심순택 · 이범진 등 친러파, 민영환 · 민종묵 · 민영기 등 친위세력, 박정양 · 이완용 · 이윤용 등 친미파, 서재필 · 이상재 · 윤치호 등 청년개화파 등이 두루 포함되었다.

고종은 조정을 일신했지만 신료들이 정파의 이해관계에 따라 이전투구를 일삼자 강력한 전제권을 수립해 근대화 정책을 펼치기로 결심했다. 그 열쇠는 칭제건원稱帝建元, 곧 조선을 황제국으로 격상시키고 자신이 황제가 되는 것이었다. 당시 백성들도 여타 열강들처럼 조선의 국왕을 황제의 반열에 올려놓아야 동등한 대접을 받을 수 있을 것이라고 생각했다. 그런 민심을 바탕으로 고종은 '대군주 폐하가 모든 정무를 통령한다.' 라는 조칙을 내리고, 의정부 의정 심순택과 특진관 조병세를 통해 재야 선비들의 지지를 이끌어 냈다.

1897년 8월 15일 고종은 연호를 광무光武로 바꾸고 원구단과 사직단, 종묘에서 건원을 알리는 고유제를 지냈다. 그날 경운궁 즉조당에서 축하식을 벌인 고종은 전제군주제를 표방하면서 친일 내각과 일본의 횡포를 규탄했다. 고종이 황제가 되면서 왕후와 왕세자의 칭호도 황후와 황태자로 바뀌었다. 죽은 명성왕후의 시호도 명성황후明成皇后로 바뀌었다. 10월 11일에는 국호를 대한제국으로 확정했다.

10월 12일 고종은 원구단에서 정식으로 황제에 즉위한 뒤 대한제국 수립을 선포하고 태극기를 국기로 제정했다. 자신감이 붙은 그는 그해 11월 21일 미루었던 명성황후의 국장을 거행했다. 을미사변으로 세상을 떠난 지 2년 2개월 만의 장례식이었다. 그러자 제일 먼저 러시아와 프랑스가 대한제국을 인정하는 국서를 보내왔고, 미 · 독 · 영 · 청이 그 뒤를 이었다. 대한제국이 확실한 독립국으로 자리매김하는 순간이었다.

대한제국 출범과 함께 김홍륙은 일등공신으로서 굳건히 자리를 지켰다. 하지만 그는 황제의 신임을 믿고 종종 시중에서 행패를 부려 백성들의 원성을 샀다. 상처는 곪으면 터지기 마련, 결국 그가 백주에 길거리에서 괴한의 칼에 찔리는 사건이 벌어졌다.

1898년 2월 22일 고종은 김홍륙에게 칼부림한 역적을 잡으라고 엄명하고, 경무청에서 사흘 내에 잡아들이지 못하면 수사를 맡은 경무사를 처벌하겠다고 위협하기까지 했다. 놀란 경무청에서는 그물망식 체포 작전을 통해 용의자로 이재순 · 유진구 · 안경여 · 유기환 · 송정섭 · 최상용 · 장윤홍 등을 잡아들였다.

그해 4월 9일 법부대신 특별법원장 이유인은 사건의 전모를 고종에게 보고했다. 김홍륙을 공격한 사람은 이봉학, 공범은 유진구와 이충구였다. 그런데 주범인 이봉학과 이충구는 잡혔다거나 공초를 받은 기록이 전해지지 않는다. 아마 수사망을 피해 도망친 듯하다.

유진구는 심문 과정에서 자신은 몽둥이를 가지고 있었지만 이봉학이 김홍륙을 칼로 찌르는 장면을 멀리서 바라보고만 있었다고 자백했다. 그는 또 관리 이재순이 음력 정월 그믐날 오정에 이봉학을 만나 김홍륙 제거 음모를 논의했다며 물귀신 작전까지 폈다. 하지만 경무청에서는 이재순이 당일 아침 향관享官으로서 입직했다가 그 다음날에 공무에서 물러나왔다는 알리바이를 확인하고 무죄 방면했다. 결국 유진구는 《대명률》에 따라 적극 가담자로 인정되어 태笞 100대와 함께 종신 징역에 처해졌다.

이어서 김홍륙의 경호를 맡고 있던 순검 안경여는 직무 태만 혐의가 적용되어 태 40대에 처해졌다. 유기환은 유진구의 청에 따라 경무사 이충구에게 편지를 전했지만 내용은 전혀 몰랐고, 송정섭은 정월 그믐날 이재순을 만난 죄밖에 없었으므로 무죄 방면되었다. 순검 최상용과 병정 장윤홍은 음력 2월 2일 저녁에 회극문會極門에 파수를 섰는데, 김홍륙이 부상을 당한 채 마구 뛰어들었지만 누구인지 분간할 수 없어서 문을 잠그고 강경히 막은 것은 이치상 당연하다는 이유로 모두 석방되었다. 사건이 종결되자 고종은 3

월 11일 김홍륙을 위로하며 한성부판윤漢城府判尹에 임명했다.

그해 6월, 갑작스런 황제 퇴위 음모가 발각되어 조정을 발칵 뒤집어 놓았다. 독립협회 초대회장을 지낸 안경수가 시위대 대대장 이종림 · 이남희 · 이용한 등과 모의해 고종을 유폐시키고 황태자를 즉위시키려 한 것이다. 그러나 거사 직전 대한애국청년회 명의의 고변이 들어와 작전은 실패했고 안경수는 급히 일본으로 도망쳤다. 춘생문 사건에 이어 또 다시 고종을 배신한 안경수는 1900년 귀국해 재판을 받았는데 이준용 역모 사건을 눈감아 준 혐의가 인정되어 사형에 처해졌다.

1895년(고종 32) 8월부터 김홍륙의 신세는 처량해졌다. 그의 강력한 후원자이던 러시아 공사 베베르가 슈피에르로 교체되었고, 1897년(광무 1) 12월에는 슈피에르가 마튜닌으로 교체되었기 때문이다. 신임 공사 마튜닌은 전임자들과 달리 그를 멀리했으므로 조정 내에서 그의 발언권도 약화될 수밖에 없었다.

그 무렵 러시아는 조선의 내정에 불간섭 정책을 폈다. 게다가 1898년 체결된 로젠-니시협정의 여파로 조정에서 친러파가 힘을 잃으면서 그 역시 관직에서 물러나야 했다. 하지만 김홍륙은 고종의 여전한 총애를 배경으로 온갖 전횡을 자행했으며 특별한 직임이 없는 상태에서도 궁궐을 무상출입했고, 윤치호와 서재필이 설립한 독립협회를 모함하기도 했다. 하지만 그해 8월 러시아와의 통상 과정에서 거액을 착복한 사실이 드러나면서 그의 최후도 가까워졌다. 1898년(고종 35) 8월 23일 고종은 김홍륙의 유배형을 명했다.

> 정2품 김홍륙은 일찍이 말로써 약간의 공로를 세웠기에 조정에서 그 벼슬을 높여주고 그 봉급을 후하게 한 것은 대체로 염치를 기르기 위해서였다. 그런

데 교활한 성품으로 속임수가 버릇이 되어 공무를 빙자해 사욕을 채우려고 온갖 짓을 다했으니 백성들의 마음에 울분이 오래도록 그치지 않고 있다. 이처럼 재직 중에 탐묵貪墨한 자는 규례대로 판결하는 것만으로 그쳐서는 안 된다. 법부로 하여금 의율擬律하여 유배하게 하라.

칙명이 떨어지자 법부대신 신기선은 이틀 뒤인 8월 25일《대전회통》금제조禁制條의 '저 사람을 빙자하여 둘 사이에서 뇌물을 받아먹은 자는 사형을 감하여 정배한다.' 는 율문에 따라 태 100대와 함께 종신 유형을 내리겠다고 보고했다. 9월 7일에는 이유인과 이대준이 김홍륙의 처분과 관련해 파면을 맞았다.

그해 2월 이대준이 이유인에게 한 장의 녹지錄紙를 보내 새로 부임하는 러시아공사를 만나라고 종용하자 이유인은 황명을 받았다면서 이대준에게 국경에 가서 영접하라는 답장을 보냈다. 그러자 이대준은 동래로 가서 러시아공사 마튜닌을 만나 김홍륙을 쫓아내는 일과 절영도 조차 문제에 상관하지 말라는 녹지를 주었다. 조정 내부에서 친러파에 대한 처리를 놓고 암투가 벌어진 것이다.

법부에서는 이 사건이 새삼 물의를 빚자 황명을 빙자해 외국 공사에게 사적인 청탁을 했다는 죄목으로 이유인을 교형에 처하자고 건의하고 이대준의 처벌은 고종의 처분에 맡겼다. 고종은 내분의 정황이 수면 위로 드러나자 당황했지만 원로대신을 차마 죽일 수 없었으므로 이유인을 종신 유형, 이대준을 15년간 유형에 처하라고 명했다.

그로부터 며칠 지나지 않은 9월 12일 김홍륙 독차 사건이 일어났다. 당시 궁중에서는 음력 9월 1일 개국기원절과 9월 10일 만수절 준비로 몹시 소란스러웠다. 그날 고종은 평소 즐기던 커피를 마시려다 이상한 냄새가 나서 잔을 내려놓았다. 그런데 곁에 있던 황태자가 같은 커피를 마셨다가 토하더니 그만 기절해 버렸다. 이때 당황한 환관과 궁첩 들이 커피잔에 입을 댔다가 무려 10여 명이 함께 중독되기까지 했다. 일국의 국왕과 황태자에 대한 독살 시도는 조야를 충격에 빠뜨렸다.

곧 경무청에서 대대적인 범인 색출 작전이 시작되었다. 보현당 고지기 공홍식 · 서양요리사 김종화 · 김영기 · 엄순석 · 김연홍 · 김홍길 · 강홍근, 보현당의 서기인 김재택 · 조한규, 보현당의 무예별감 김재순, 군사 박대복, 김홍륙의 아내 김소사 등이 연루자로 체포되었다. 엄중한 심문 결과 음력 7월 10일 김홍륙이 배소로 떠나는 길에 김광식의 집에 머무를 때 주머니에서 한 냥의 아편을 꺼내 황실 주방을 담당하던 고지기 공홍식에게 주면서 고종을 죽이라고 사주한 사실이 밝혀졌다.

그해 음력 7월 26일 공홍식은 보현당 고지기로 서양 요리를 담당하다가 쫓겨난 김종화에게 아편을 전해 주고 성공하면 1000원의 은을 주겠다고 약속했다. 그러자 사건 당일 김종화는 소매 속에 감춰 두었던 아편을 고종과 황태자의 차 주전자에 넣은 것이다. 급히 체포된 공홍식은 김홍륙의 음모를 순순히 자백했다. 법부대신 신기선의 보고를 받은 고종은 김홍륙을 서울로 압송해 심문케 했다.

그때부터 9월 내내 현학표 · 이세진 · 황의철 · 이재영 등 여러 대신이 대역죄인 김홍륙의 처벌을 청했다. 그런데 죄인들을 심문하는 도중 공홍식이 옥에서 칼에 찔리는 사건이 일어났다. 그러자 10월 7일 윤치호는 신기선과 이인우가 죄인들을 제대로 관리하지 못했는데 의정 심순택과 참정 윤용선이 그들을 비호했다며 모조리 파직할 것을 청했다. 또 사건 당일 고종을 시위하고 있던 궁내부 대신 이재순, 군부대신 심상훈, 탁지부 대신 민영기가 환관들이나 궁첩들이 중독될 때까지 아무런 조치를 취하지 않은 것은 임무 태만이라며 엄히 처벌하라고 요구했지만 고종은 들어주지 않았다.

10월 10일, 드디어 전대미문의 황제독살미수사건의 판결이 내려졌다. 김홍륙 · 공홍식 · 김종화는 교수형, 김영기 · 엄순석 · 김연홍 · 김홍길 · 강홍근 · 김재택 · 조한규 · 김재순 등은 음식물을 미리 맛보지 않은 죄로 태형 50대, 박대복은 무죄 방면되었다. 김홍륙의 아내 김소사는 남편의 음모를 알지 못했을 리가 없다는 추정에 따라 태형 100대에 유배형을 언도받았지만 고종은 그녀가 임신 중이라는 이유로 태형을 면하게 해주었다.

김홍륙은 천민 출신으로서 급변하는 시대 변화를 타고 인생 역전을 이룬 인물이다. 그는 인조 대의 역관 정명수처럼 러시아라는 대국의 힘에 기대어 출세가도를 달렸다. 뛰어난 두뇌를 가졌던 그가 자신의 이익보다 대의에 승부를 걸었더라면 대한제국의 황혼은 좀 더 길어지지 않았을까 하는 아쉬움이 남는다.

윤尹 치致 호昊 | 민중의 조선은 대체 어디에 있는가

윤치호는 엄격하게 따지면 조선의 역관이라는 타이틀에 어울리지 않는 사람이다. 17세 때부터 일본에서 중등 교육을 받았고 1884년부터 상하이의 중서서원에서 3년 6개월, 1888년부터 미국 밴더빌트 대학과 에모리 대학에서 5년간 대학 교육을 받은 당대 최고의 지식인이었기 때문이다. 하지만 그는 서얼이던 아버지 윤웅렬의 후예로서 문과에 응시할 수 없는 처지였기에 미국으로 가서 꿈을 키웠고, 개화기 조선인 최초의 영어 전문가로서 한미수호조약 당시 미국대사인 푸트의 통역관이 되어 귀국한 뒤 조선의 대외 교섭 과정에서 꾸준히 통역관으로 활동했으므로 조선 역관 계보의 마지막을 장식하기에 부족함이 없는 인물이다.

윤치호는 본관은 해평海平, 호는 좌옹佐翁, 1864년 12월 26일 충청도 아산 둔포면 신항리 신촌에서 무관 윤웅렬의 아들로 태어났다. 선조 때 영의정을 지낸 윤두수의 둘째 아들 윤흔의 8대손으로, 순종비 순명효황후의 친정인 윤덕영, 윤택영 일가와 먼 친척이다. 해방 후 대한민국 최초의 군의관 윤치왕, 사업가 겸 외교관 윤치창의 이복형이며, 윤치소·윤치오·윤치영의 사촌이며 대한민국 제4대 대통령 윤보선의 5촌 당숙이기도 하다.

18세기 중엽까지 명문가를 자랑한 그의 가문은 향반鄕班으로까지 몰락했다가 아버지 윤웅렬과 숙부 윤영렬이 무관이 되면서 가세가 다시 일어났다. 9세 때 아버지를 따라 한성에 올라간 윤치호는 11세 때부터 서광범의 친척인 김정언의 집에서 공부했다. 1879년 15세의 나이로 진주 강씨와 혼인했지만 1866년 아내를 병으로 잃었다.

그의 아버지 윤웅렬은 제2차 수신사 일행으로 참가해 근대화된 일본의 신문물을 시찰하고 돌아온 뒤 개화파가 되었고, 교련병대 창설을 주관하기까지 했다. 하지만 신분상의 약점 때문에 아들 윤치호가 과거에 응시할 수 없다는 현실을 직시하고 개화파 동지였던 김옥균과 민영익, 이동인 등에게 일본 유학 주선을 부탁했다. 그리하여 1881년부터 어윤중의 문하에서 공부하던 윤치호는 17세 때 신사유람단에 참가한 어윤중의 수행원 자격으로 일본에 건너간 뒤 이노우에 가오루井上馨의 주선으로 동인사同人社에 입학했다.

일본 유학 시절 문명개화가 시대의 조류임을 깨달은 그는 낙후된 조선의 현실을 안타까워하면서 이를 극복할 수 있는 개방 개화사상을 키워 나갔다. 1882년부터 도쿄제국대학 철학 교수의 부인 밀레트와 도쿄제국대학 영어 강사 간다神田乃武에게 영어를 배웠고, 게이오의숙의 설립자 후쿠자와 유키치福澤諭吉, 동인사의 경영자이자 도쿄제국대학 교수 나카무라中村正直 등을 만나 개화에 대한 조언을 받기도 했다. 그 과정에서 그는 서구화된 일본의 매력에 흠뻑 빠져들었다.

> 인종 편견과 차별이 극심한 미국, 지독한 냄새가 나는 중국 그리고 악마 같은 정부가 있는 조선이 아니라, 동양의 낙원이자 세계의 정원인 축복 받은 일본에서 살고 싶다.

1883년 4월 미국에 건너갔던 윤치호는 그해 5월 한미수호통상조약 체결과 함께 초대 주한 미국공사로 부임한 푸트의 통역관 자격으로 조국에 돌아왔다. 그러자 고종은 그의 뛰어난 외국어 실력을 활용하기 위해 통리교섭통상사무아문의 주사로 임명했다. 그때부터 윤치호는 푸트와 고종, 개화파

사이에 가교 역할을 하면서 청나라의 내정간섭을 반대했고, 열강과의 유대 강화를 도모하고 각종 정치기구 개편에 적극 개입하면서 고종에게 민중들의 정치 참여와 참정권 부여를 역설하기도 했다. 그 와중에도 윤치호는 〈이솝우화〉와 〈걸리버 여행기〉를 번역 소개했고, 미국공사관 직원 베르나든의 교습을 통해 현장 영어를 잊지 않으려 한 학구파였다.

1894년 들어 김옥균 등 개화파가 급격한 개화 정책을 추진하면서 온건 개화파인 민씨 일문과 맞서자 윤치호와 윤웅렬은 너무 성급하다는 판단하에 그들과 거리를 두었다. 그 때문에 개화파들도 그를 정변에 참가시키지 않았다. 하지만 갑신정변이 실패하면서 신변의 위협을 느낀 윤치호는 1885년 1월 푸트 공사의 추천서를 품고 상하이로 도피한 뒤 미국 총영사 G. 스탈의 소개로 미국 감리교 선교사 A. J. 앨런이 세운 중서서원中西書院에 다니면서 방황의 나날을 보냈다.

그 후 윤치호는 미국으로 건너가 에모리 대학에서 공부하면서 서구 민권 사상과 기독교 신앙에 빠져들었다. 특히 그는 알렌과 W. B. 보넬 교수에게 감화되어 1887년 4월 3일 상하이에서 세례를 받아 정식 기독교인이 되었다. 1888년에는 알렌의 주선으로 감리교 다락방 본부가 있는 내슈빌에 위치한 밴더빌트 대학 영문과에 들어갔다. 그때부터 윤치호는 형무소에 찾아가 미국인 죄수들에게 성경을 가르쳤고, 언더우드와 함께 내슈빌에서 열린 미국 세계선교신학생대회에 강사로 참여하기도 했다. 미국 남장로교 소속 신학생들은 이 대회에 참가한 뒤 앞다투어 조선에 선교사로 가고 싶어 했다. 때문에 미국 남장로교 선교부에서는 조선 호남 지방에 대한 선교사 파송의 최대 공로자로 언더우드와 윤치호를 꼽고 있다.

윤치호는 기독교 신앙에 몰입하면서도 조국 조선의 변화를 고대해 마지않았다. 서양의 합리주의와 민주주의에 깊이 빠져든 그는 변치 않는 조선 양반들의 고답적인 사고방식과 사농공상으로 서열화된 사회질서에 반감을 품고 개혁의 당위성을 부르짖었다. 한데 그러면 그럴수록 일본의 발전된 체제와 국력이 눈에 밟혀 견딜 수가 없었다.

> 내 나라 자랑할 일은 하나도 없고 다만 흉잡힐 일만 많으매 일변 한심하고 일변 일본이 부러워 못 견디겠다.

1882년 임오군란으로 일본에 망명 중인 아버지 윤웅렬(오른쪽)과 윤치호

1891년 초 밴더빌트 대학을 수료한 윤치호는 조지아 주 카빙턴에 있는 옥스퍼드 대학에 들어갔다가, 다시 애틀랜타의 에모리 대학으로 돌아가 2년 동안 인문사회과학과 자연과학 등을 공부했다. 1894년 3월 남감리교에서 운영하는 맥티여학교 출신의 중국 여인 마애방馬愛芳과 결혼했다. 첫 아내 진주 강씨가 1886년 요절한 지 7년 만의 재혼이었다. 두 사람 사이에 봉희, 영선, 광선, 용희 등 2남 2녀가 태어났다. 그 후 윤치호는 상하이로 건너가 모교인 중서서원에서 교사로 일했다.

10여 년에 걸친 미국 유학은 윤치호에게 조선 근대화의 당위성을 일깨워 주었고, 힘이 정의라는 사회진화론까지 체득하는 계기가 되었다. 이 때문에 그는 일본을 축복받은 동방의 낙원이라고 예찬하면서, 그때까지 전통사회를 고수하고 있는 조선인들을 계몽시키고 개조해야 한다는 사명감에

사로잡히게 되었다.

일본이 경복궁을 무력 점령하고 청일전쟁에서 승세를 구가하던 1895년 2월, 조선에 돌아온 윤치호는 김홍집이 이끄는 친일내각에서 외무부협판을 지냈다. 그해 10월 8일 을미사변으로 명성황후가 시해되자 그는 일본인들을 강력히 규탄하면서 조선인 가운데 유길준 등 고위인사들이 내통했다고 주장했다. 그 증거로 사건 당일 유길준과 일본인 이시츠카가 사건의 전말을 은폐하기 위해 자신을 그날 저녁 식사에 초대했다는 사실을 들었다. 하지만 두 사람은 언제 그랬냐는 듯 친하게 지냈다. 그의 진심이 의심되는 대목이다. 그해 12월 독립협회의 동지 서재필이 복권되어 귀국하자 그에게 정동구락부 인사들을 소개해 주기도 했다.

1896년 2월 아관파천으로 친일 내각이 무너진 뒤, 학부협판에 임용된 윤치호는 4월 1일부터 러시아 황제 니콜라이 2세의 대관식에 참가하는 민영환의 수행원이 되어 러시아로 건너갔다. 러시아로 가던 도중 중추원일등의관中樞院一等議官에 칙임관 3등으로 보임되기도 했다. 당시 러시아를 거쳐 프랑스와 유럽 각국을 순방한 그는 귀국 길에 베트남의 사이공에서 프랑스인들이 닦아 놓은 도로망을 보고 감탄을 아끼지 않았다. 게다가 영국의 조차지 홍콩에 우후죽순처럼 솟아오른 빌딩을 보고 새삼 서양의 위력을 실감했다. 그의 시야에 서양인들은 신대륙의 초원과 밀림을 새로운 제국과 공화국으로 만들어 내는 우월한 인종으로 비쳤다.

1897년 3월 27일, 상하이에 잠시 머무르던 윤치호는 이홍장의 양아들 이징황의 초청을 받은 김옥균을 만났다. 당시 윤치호는 그와 동행한 프랑스 유학생 출신 홍종우를 조심하라고 경고했지만 무시당했다. 결국 이튿날인 3월 28일 김옥균은 홍종우의 총탄에 목숨을 잃었다. 그해 8월 28일 윤치호는 독립협회 회장에 선출되었고, 10월 원산항재판소 판사로 부임했으며, 10월 28일에는 만민공동회 회장이 되었다. 1898년 3월에 그는 만민공동회를 주관하면서 헌의 6조를 결의해 국정에 반영시키는 한편 러시아 군사교관과 재정고문 철수 등 반러시아 운동을 전개해 어느 정도 성과를 거두었다.

그 무렵 사촌 윤치소와 함께 《경성신문》을 창간한 그는 학부아문참의를 거쳐 다시 중추원일등의관에 임명되었다. 그해 7월 22일 고종에게 부패관료들을 축출하고 인재를 등용할 것을 청하는 상소를 올렸으나 반응이 없었다. 당시 그는 백성들이 스스로 대표자를 선출하게 하고 그들의 의견을 국정에 반영해야 한다고 역설했지만 왕정 폐지나 황제 퇴위를 주장하지는 않았다. 그러자 어용단체인 황국협회에서는 윤치호 대통령설, 박영효 대통령설 등을 흘려 독립협회를 곤경에 몰아넣었다. 그해 11월에는 탁지부대신 민영기의 측근인 최인환이 피습을 당했지만 무사할 수 있었다.

독립협회는 대한제국 조정의 지속적인 견제를 받다가 1898년 12월 강제로 해산당했다. 게다가 헌의 육조에 서명한 대신들이 모조리 파면당하자 그는 독립협회 해산에 개입한 고종 황제와 정부, 일본과 러시아를 싸잡아 비판했다.

> 이것이 국왕이라니! 어떠한 거짓말을 잘하는 배신적인 겁쟁이라도 이 대한의 대황제보다 더 비열한 짓을 하지 못할 것이다. 정부는 친일노예 유기환과 친러악당 조병식의 수중에 있다. 러시아인과 일본인들이 틀림없이 모종의 이권을 위하여 이 사건에 개입하여 그들의 노예들을 지원하고 있다. 저주받을 일본놈들! 나는 그들이 대한의 마지막 희망인 독립협회를 분쇄하는 데 러시아인들을 돕는 이유를 알게 되기를 진심으로 희망한다.

어쨌든 독립협회는 실패했고 윤치호는 절망했다. 그때부터 백성들이 자신을 불충하는 인물로 오해하자 실망한 그는 민중을 계몽의 대상에서 의식 개조와 훈련의 대상으로 여기게 된다. 그해 11월에 윤치호는 고종의 회유책으로 한성판윤에 임명되고, 12월에는 중추원부의장이 되었지만 살해 위협 때문에 제대로 활동을 할 수 없었다. 1898년 12월 24일 그를 제거하려는 대신들의 탄핵 상소가 있었고, 이듬해인 1899년 1월 2일 심상희가 왕에게 상소를 올려 윤치호와 고영근을 역적의 형률로 다스리라고 상소하기까지 했다.

그 무렵 자객을 피하기 위해 수시로 외국인의 집에 은신해야 했던 그는 친분이 두텁던 관료들의 비호와 아버지 윤웅렬의 후광, 고종의 총애를 등에 업고 1899년 1월 7일자로 덕원감리사 겸 덕원부윤에 임명되어 안전을 보장받았다. 민권 운동의 최고 지도자이던 그가 자신을 비판해 마지않던 정부의 지방관직을 받아들인 것이다. 이와 같은 그의 변절은 독립협회 운동의 실패 원인을 민중의 자질 부족으로 치부했기 때문이다. 그때부터 패배주의에 빠진 그는 임지에 부임하자마자 원산 사람들이 공공 정신도 없고 구습과 미신에 빠져 있으며 무지하고 게으르다는 등의 푸념을 늘어놓았다.

> 이 인종의 피는 새로운 교육과 새로운 정부 그리고 새로운 종교를 갖고 변화하지 않으면 안 된다.

이제 그에게 조선 민중은 철저한 갱생의 대상일 뿐이었다. 그런데도 윤치호는 다양한 계몽운동에 참여하며 실력양성론을 주장했다. 그의 정신적 방황이 극에 달하고 있었음을 알 수 있다. 당시 그가 내세운 실력양성론은

1920년대 독립지사들을 감화시켜 각종 학교 설립을 통한 인재 양성과 신흥무관학교와 같은 체계적인 무력 항쟁을 가능케 했다. 그 후 윤치호는 원산항재판소 판사, 삼화감리 겸 삼화부윤, 삼화항 재판소 판사, 함경도 안핵사, 천안군수, 무안감리 등 외직을 두루 거치면서 한반도에서 벌어지는 러시아와 일본의 각축전을 먼발치에서 바라보았다.

1904년 러일전쟁이 발발하면서 내각의 외무부협판으로 중앙 정계에 복귀한 그는 일본의 논리대로 이 전쟁을 백인종과 황인종의 전쟁으로 간주했다. 1905년 전쟁이 일본의 승리로 귀결되자 그는 뜨거운 박수갈채를 보냈지만 그와 함께 조선의 운명은 나락으로 치달았다. 그해에 아내 마애방이 사망하자 윤치호는 '하늘에 가 있는 사랑하는 그녀에게' 라는 영문 일기를 통해 비통한 심정을 토로했다. 평소 중국인들을 소 닭 보듯 했던 그였지만 아내에게만은 애틋한 시선을 보낸 것이다.

1905년 11월 을사조약이 강제로 체결되자 그는 모든 관직을 사퇴했다. 정부로부터 외부대신서리에 임명되었으나 취임을 거부하면서 조약에 서명한 대신들을 처벌할 것을 상소했다. 그러나 이미 실권을 잃은 고종이 할 수 있는 일은 아무 것도 없었다.

그 후 윤치호는 정계에서 벗어나 교육과 YMCA청년회 활동에 매진했다. 1906년 그는 황성기독교청년회 부회장으로 재선되었고, 5월 4일 정부의 일본 유학생 감독日本留學生監督에 임명되었다. 그는 또 장지연·윤효정 등과 함께 대한자강회大韓自强會를 조직해 회장에 선출되었다. 그러나 대한자강회는 1907년 헤이그 밀사 사건으로 일본이 고종의 퇴위를 강요하자 반대 운동을 펴다 해산되고 말았다. 그해 43세의 장년이던 그는 3월 어머니 전주 이씨의 권유로 18세의 백매려白梅麗와 재혼했다.

1907년 안창호 · 양기탁 · 이동휘 · 전덕기 · 김구 등이 주도한 신민회에 가입한 뒤 회장에 추대된 그는 평양에 대성학교를 설립했고, 1908년 10월 3일 현재의 송도고등학교와 송도중학교의 전신인 한영서원을 설립하는 등 교육 활동에 매진했다. 1909년에는 안태국 등과 함께 청년학우회를 조직해 청년운동을 적극 지도했으며, 계몽 강연 연사가 되어 신사상과 신문물 수용 등 실력 양성을 역설했지만 1908년 11월 평민 출신 의병장 신돌석이 조선인의 밀고로 체포되었다는 소식을 듣고 조선의 독립 가능성을 포기했다.

1910년 10월 한일합방과 함께 모든 공직을 사퇴한 그는 개성에 머물면서 부도덕한 민중과 고관들의 탐욕이 망국을 불러들였다고 탄식했다. 그때 아버지 윤웅렬은 일본으로부터 남작 작위와 공채 2만 5000원을 받은 뒤 곧 사망했다. 당시 안창호와 이승만 등 애국지사들이 미국으로 망명했지만 그는 가족들을 책임져야 한다는 이유로 동참하지 않았다. 그로 인해 일본의 타깃이 된 그는 1911년 105인 사건의 주동자로 낙인찍혀 가혹한 고문을 받고 징역 10년형을 선고받았다. 한데 불과 3년 후인 1915년 2월 13일 그는 전향을 조건으로 석방되었다.

그때부터 윤치호는 경성 YMCA기독교청년회 총무와 회장, 연희전문학교 재단이사, 기독연합재단법인 이사, 세브란스의학전문학교 재단이사로 선임되는 등 안정된 나날을 보냈다. 1918년 겨울 민족지사들이 윌슨의 민족자결주의에 고무되어 1919년 1월로 예정된 파리강화회의에 그를 파견하려 했지만 거절했다. 국제 정세에 밝던 그의 판단으로는 공연한 헛수고에 불과했던 것이다.

세계대전과 관련 있는 약소국 문제는 파리강화회의에서 틀림없이 안건으로 상정될 걸세. 그러나 조선은 거론될 기회조차 없을 거야. 파리강화회의에서 조선에 대한 암거래는 제쳐놓고, 직간접적으로 세계대전과 관련 있는 약소국들 문제를 해결하는 데 주력할 걸세.

일제강점기 후반의 윤치호

윤치호는 파리강화회의를 부정적으로 평가했고, 이어서 1919년 3·1독립만세운동에 서명하는 것도 거부했다. 그는 조선의 독립이 불가능하고 저항은 헛된 짓이라고 확신했다. 이 때문에 이승만 등이 주창한 외교독립론조차 부질없는 몸부림에 불과하다고 여겼다. 3·1운동의 여파로 1919년 4월부터 세계 각지에서 임시정부 설립 러시가 일어났다. 당시 그는 김규식, 이시영, 안창호, 여운형, 이승만 등과 연락을 주고받으며 상해임시정부 활동을 속속들이 파악하고 있었지만 어떤 행동도 취하지 않았다. 더불어 일제가 패망할 때까지 총독부나 일본 당국에 임시정부에 대한 내용을 발설하지도 않았다.

1920년대 중반 자신이 설립한 송도고등보통학교 교장을 지내고, 조선체육회 회장 등을 역임한 그는 1931년 9월 만주사변이 발발하자 친일단체에 적극 참여했다. 1937년 7월 중일전쟁이 일어나자 국민조선총독력연맹에 가입했고 미나미 지로南次郎 총독의 정책을 지지하기도 했다. 1937년 7월 총독부 학무국 주최의 시국강연회에 이어 2차 전선순회 시국강연반 강사로 활동했다. 1938년 일제가 조선인의 병력 자원화를 위한 제1차적인 조치로 육군특별지원병제를 결정했을 때, 내선일체의 합당한 조치라며 환영하기도 했다.

1938년 5월경 홍업구락부 사건으로 사촌동생 윤치영이 체포되자 신원보증서를 써 주고 다시는 문제를 일으키지 않겠다는 당사자의 서명과 탄원서를 제출해 관련자들을 모두 석방시켰다. 그 와중에도 일제가 전시 체제를 강화하기 위해 내세운 내선일체의 실천기구인 국민정신총동원조선연맹 상무이사와 국민총력조선연맹 이사를 지내며 강연회에서 반도 민중의 협력을 강조했다.

1940년 4월 그의 집에서 해평 윤씨 종친회가 열렸다. 숙부 윤영렬이 사망하고 공석인 후임 문장門長을 선출하기 위한 모임이었는데, 이때 그는 연령으로 최연장자였고 항렬 역시 가장 높았으므로 문장 후보자로 지명되었으나 사촌 동생 윤치소에게 양보했다. 그 무렵 총독부에서 창씨개명을 요구하자 거절했지만 계속 압력이 들어오자 가족들과의 논의 끝에 성을 윤尹의 파자인 이토伊東로 결정했다.

1941년부터 연희전문학교 교장에 취임한 그는 태평양전쟁이 발발하자 조선총독부 중추원 고문직을 수락했다. 그는 미국과 일본이 전쟁을 한다고 해서 그것이 바로 한국의 독립을 보장하지는 않을 것이라고 내다보았다. 그 해 8월 흥아보국단興亞報國團을 결성했고, 9월에는 친일 단체의 결집체인 조선임전보국단을 창설하고 '극동의 결전과 오인의 각오'라는 주제로 황국신민으로서의 충성과 협력에 대한 결의문을 낭독했다.

1943년 11월에는 이광수 · 박홍식 · 송진우 · 주요한 · 한상룡 등과 함께 학도병 종로익찬위원회를 개최해 학병 권유를 위한 호별 방문, 권유문

발송, 간담회, 학교 강연회 개최 등을 결의했으며 5일간 진명학교 등 10개소에서 학병 권유 부형간담회를 열었다. 11월 6일 언론에 '내 아들이어든 속히 지원하라는 전보를 발송하자' 는 제목의 담화문을 기고했다. 공으로 1945년 2월 일본제국 의회 칙선 귀족원의원에 피선되었고 박춘금이 결성한 대화동맹 大和同盟 위원장으로 추대되었다.

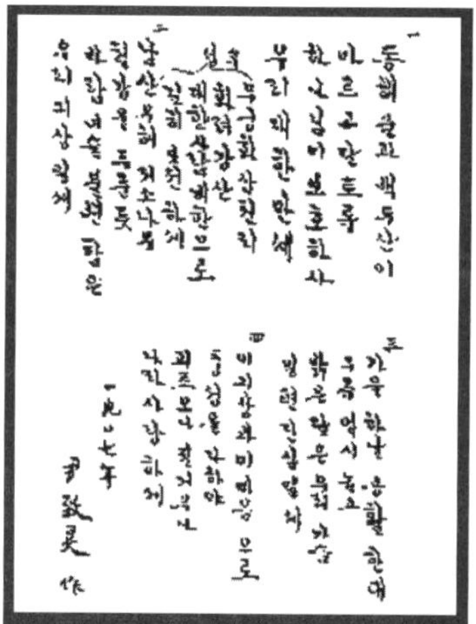

윤치호가 셋째 딸 윤문희에게 준 애국가 필사본

1945년 8월 15일 광복과 함께 그는 친일 반민족위원회에 체포되었고 명동재판소를 거쳐 3개월간 투옥당했다가 풀려났다. 당시 그는 애국가의 친필 사본을 셋째 딸 윤문희에게 비밀리에 전달했다. 자신이 친일파로 규탄받는 시점에서 애국가에 관련된 것이 알려지면 큰 혼란이 일어나리라 염려했기 때문으로 보인다.

그가 애국가 가사를 쓴 것은 1904년 제물포에 입항한 영국 극동함대 사령관의 국가 연주 요청 때문이었다. 고종이 국가 제정을 명하자 외부협판이던 그를 애국가 가사를 4절까지 지은 다음 스코틀랜드 민요인 '올드랭 사인 Auld Lang Syne(그리운 옛날)' 의 곡에 맞춰 연주하게 했다. 그의 가사는 1907년 감리교회에서 제작한 찬미가 제14장에 수록되었는데, 훗날 안익태가 이 가사에 맞춰 곡을 붙임으로써 지금까지 사용되는 애국가가 완성되었다. 하지만 작사가 윤치호가 적극적인 친일파였으므로 최근까지 애국가는 '작자 미상' 으로 처리되었다.

그해 10월 20일 친일파 청산 문제가 거론되자 그는 이승만과 김구, 미국

군정청에게 각각 '한 노인의 명상록' 이라는 제목으로 역사의 불가항력을 역설하는 편지를 보냈다. 여기에서 그는 일부 독립 운동가들이 자신들이 독립을 쟁취한 것처럼 행동하는 것을 신랄하게 비판하면서 실상 대한의 독립은 우연한 국제 정세의 변화 때문이었다고 주장했다.

> 우리는 해방이 선물로 주어진 것임을 솔직히 시인하고, 그 행운을 고맙게 여겨야 합니다. 잃었던 보석을 찾은 듯한 은혜를 입은 만큼, 겸허한 마음으로 다시는 그것을 잃지 않도록 최선을 다해야 합니다. 사소한 개인적 야심과 당파적인 음모와 지역 간의 증오심일랑 묻어두고, 고통을 겪고 있는 우리나라의 공익을 위해 다 함께 협력해야 합니다. 우리나라의 지정학적 상황을 미루어 볼 때, 민중들의 무지와 당파간의 불화 속에서 우리 조선의 미래를 낙관할 수가 없습니다. 우리는 분열되지 말고 단결해야 합니다.

윤치호는 독립운동가들이 개선장군처럼 행세하는 것을 보고 영웅 심리에 들뜬 자들이라며 경멸의 시각을 숨기지 않았다. 그해 11월 임정 요인들이 환국했을 때 김규식이 그를 찾아왔지만 외면했다. 반대로 그가 이승만과 김구를 만나려 했을 땐 거절당하기도 했다.

이후 그는 친일 협력자 내지는 거물 친일파 정치인으로 수시로 규탄, 비판당했고, 수시로 비난과 논쟁에 휘말렸다. 그러던 어느 날 경성부에 있는 치과에서 진료를 받고 오던 도중 노상에서 졸도했고, 12월 6일 오전 9시 경기도 개성 송도면 고려정에서 뇌일혈로 사망했다. 사람들은 그가 친일파로 몰리자 슬퍼해 자살했다고 수군거렸다.

그의 이름은 2002년 발표된 친일파 708인 명단과 2008년 민족문제연구소에서 친일인명사전에 수록하기 위해 정리한 친일인명사전 수록예정자 명단에 모두 선정되었다. 연세대학교 교내 단체가 선정 발표한 '연세대학교 친일파 명단' 과 기독교대한감리회가 2005년 공개한 '감리교 내 친일 부역자 명단' 에도 포함되어 있다.

혼란스런 근대의 한가운데 서있던 윤치호, 한국 근대사 최초의 세계인이며 애국가를 작사한 민족주의자, 조선인의 자립 능력을 부정하고 계급적 이익에 따라 친일을 한 변절자. 잔혹한 격변기를 거치면서 시대와 개인 사이에서 방황한 그의 삶은 최남선이나 이광수처럼 무기력한 지식인의 행로가 얼마나 고단한 것인지를 보여주는 하나의 상징이기도 하다.

더 읽을거리

⊙ 조선 역관의 요람 사역원

⊙ 부와 명예를 움켜쥔 역관 명가들

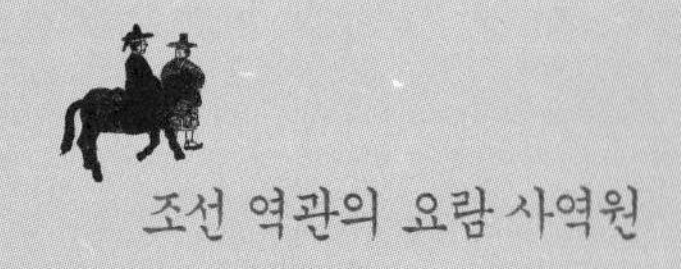

조선 역관의 요람 사역원

일찍이 고려에서는 충렬왕 대(1274~1308)에 외국어의 통역·번역·교육을 전담하는 통문관通文館을 설치했고, 공양왕 대(1389~1392)에 그 명칭을 한문도감漢文都監으로 바꾸었다가 사역원司譯院으로 최종 확정했다. 초기 사역원의 구성원은 비서성秘書省·사관史館·한림원翰林院·보문각寶文閣·어서원御書院·동문원同文院 등 요직에 있는 7품 이하 40세 미만의 엘리트 관원들이었다. 고려의 사역원 체계는 조선에 고스란히 이어졌지만 사대의 주체가 원나라에서 명나라로 바뀜에 따라 교육 내용은 완전히 바뀌었다. 유학을 중시하는 풍조에 밀려 역관의 신분 역시 하향 조정되었다.

조선에서 사대교린事大交隣에 관한 업무는 예조와 승문원의 소임이었지만 통역만은 반드시 역관에게 맡겼다. 역관은 국외로 파견되는 부경사행과 통신사의 통역, 국내에 들어오는 명·청·몽골·일본·유구·여진 등 외국 사신단의 통역과 접대 일체를 전담했다. 그 외에 교린 문서 작성과 모든 외교 실무도 역관의 몫이었다. 또 표류인 심문과 쇄환, 공사 무역의 관리 책임까지 도맡았으므로 조선의 역관은 한마디로 멀티플레이어였다.

사역원의 직제

사역원의 직제는 크게 내직 · 외임 · 체아직으로 구분된다. 내직은 한성부에 있는 사역원에서 근무하는 역관이고, 외임은 변방 국경 지대에 파견되거나 외국 사신이 왕래할 때 접대나 안내 임무를 맡은 역관을 말한다. 또 체아직은 사역원에서 정년이 되어 은퇴했거나 임시로 보충된 역관이었다.

《경국대전》에 따르면 사역원 내직에는 총 32명의 관원이 배정되어 있다. 정1품 문신이 겸직하는 도제조都提調 한 명, 정2품이 겸직하는 제조提調 두 명이 있고 전임으로 정3품 어전통사인 사역원 정을 비롯해 총 29명이다.

제조는 역관들의 포폄褒貶 · 천거薦擧 · 취재取才 등 사역원의 모든 사무를 지휘 감독했고, 사역원 정은 역관의 최고 책임자로서 실무를 총괄했다. 실무자 격인 종4품의 첨정僉正은 노비와 공사의 출납을 담당했다. 종6품 한학교수는 훈도와 함께 생도들의 교육을 담당했는데 두 명은 취재를 통해 첨정 이상으로 교회敎誨를 거친 사람을 임명했으며 문신이 겸직하는 2명은 생도들의 원시院試를 담당했다. 또 종7품 직장은 사역원 내의 노비를 관리했고, 정9품 부봉사는 서책 담당, 훈도 열 명은 해당 외국어의 참상관에서 골라 임명하고 30개월마다 교체했다. 이들 내직역관들이 사신의 접대나 사행에 동원될 때는 외임역관들의 보조를 받았다.

사역원의 외임 역관은 종9품 역학훈도譯學訓導와 역학겸군관譯學兼軍官이다. 1428년(세종 10) 12월, 세종이 의주에 역학훈도를 보내 생도들에게 한문과 한어를 가르친 다음 우수생을 평양토관에 임명하게 한 것이 외임역관의 시초였다. 1484년 《경국대전》 시기에는 한학훈도가 황주 · 평양 · 의주, 왜학 역관이 부산포 · 제포에 배치되면서 다섯 명이 정원이었는데, 《통문관지》가 집필되던 18세기 무렵에는 세 배가 늘어난 열다섯 명으로 늘었고 역학겸군관이라는 새로운 직제까지 생겨났다. 이는 조선 후기 대외 교역이 활기를 띠면서 역관의 수요가 늘었기 때문이다.

초기에 해주 · 장연 · 은율 · 선천 · 철산 등지에 배치된 역학훈도들은 표류해 온 중국인들의 심문을 맡았고, 의주 · 초산 · 만포 등 국경도시에 신설된 역학겸군관은 현지 생도들의 한어 교육, 외교 업무, 무역 중재 등을 맡았다. 그 외에도 통영과 제주에는 한학훈도와 왜학훈도가 함께 배치되어 표류한 중국인과 일본인을 심문했고, 종종 군사 업무를 보조하기 위해 감영 · 통영 · 수영 등지에도 파견되었다.

한편 부산포에 배치된 왜학훈도는 왜사倭使라 불리기도 했는데 동래왜관에 상주하면서 왜학별차倭學別差와 함께 동래부와 왜관의 중개 업무를 맡았다. 별차別差는 1623년 영의정 이원익의 요청에 따라 교회 출신자 가운데 훈도를 거치지 않은 자 혹은 연소총민 가운데 뛰어난 자를 골라 1년씩 윤번으로 배치했다.

그 외에도 사역원에는 체아직遞兒職이라 하여 역과에 합격한 사람 가운데 정식 보직을 받지 못한 역관을 대상으로 실직 없는 관직을 돌아가며 맡게 하고 녹봉을 지급하던 제도가 있었다. 주로 군직軍職에 임명되던 이들의 녹봉은 1년에 네 차례 치르는 시험 결과에 따라 차등지급했다. 역관 김지남 · 김경문 · 부자가 편찬한 《통문관지》에는 당상관별체아 열일곱 명, 한학우어별체아 열 명, 몽학원체아 열 명, 몽학별체아 열 명, 청학피선별체아 열 명, 청학신체아 열 명이 정원으로 기록되어 있다.

생도들의 입학과 수업

사역원 생도들의 교육은 내직인 교수教授와 훈도訓導가 전담했다. 교수는 7사七事 즉 교회·정·교수·전함·훈도·상통사·연소총민 등 부경사행에 다녀온 경력자 가운데 회화 실력이 뛰어나 선발된 사람이었다. 임기는 30개월에서 45개월까지 일정하지 않았다. 또 훈도는 비록 정9품에 불과했지만 학문에 뛰어나서 퇴임 후 교수와 함께 종종 문신에 임명되기도 했다.

교수의 주요 자격으로 꼽히는 교회教誨는 종6품 부경등제의 하나로 당상역관이 되기 위해서는 반드시 거쳐야 할 보직이었다. 전함前銜은 전직 관리, 상통사上通事는 사행 시에 예단을 간수하고 상의원의 어공 무역을 관장하던 임시체아직이다. 연소총민年少聰敏은 나이는 어리지만 총명하고 민첩하여 사행에 동참시켰던 역관이다.

사역원에는 역관 출신뿐만 아니라 간혹 문관 출신 역학자가 교수로 임명되기도 했다. 1429년(세종 11) 9월에 예조판서 신상은 역관들이 한어는 잘하지만 경사에 어두워 명나라 관리들에게 조롱받고 있다며 전 교리 이변李邊을 등용하자고 건의했다. 문과를 급제한 선비로 이학吏學의 권위자였던 이변은 당시 상중이었지만 세종의 엄명 때문에 울며 겨자 먹기로 교수가 되었다. 사역원에 회화 전문 교수는 많았지만 경사와 외교 행정에 능통한 교수는 드물었던 탓이다.

조선 초기 사역원 생도들은 음식과 의복을 제공받고, 가족들은 부역을 면제받았으며 친속자가 없는 자는 봉족 노비를 지급받는 등 대우가 좋았으므로 지원자가 많았다. 주로 양반 자제들이 많이 지원했는데 시간이 흐르면서 서얼들도 뒤섞이게 되었다. 그런데 《경국대전》의 완성과 함께 신분제도가 고착화되는 성종 대에 주무 부서인 예조에서 양천 문제를 제기했다. 생도들이 2품 이상의 천첩 자손과 함께 공부하는 것을 부끄럽게 여기고 학업을 등한시한다는 이유였다. 그로 인해 서얼들의 사역원 입학은 엄격하게 금지되었다.

사역원 생도의 정원은 한학생 35명, 몽학생 열 명, 여진학생 스무 명, 왜학생 열다섯 명으로 총 80명이었다. 조선 후기에는 예비 생도로 한학 40명, 몽학 25명, 왜학 25명, 청학 34명 등 124명을 더 뽑았으므로 총원이 204명에 이르기도 했다. 정원이 늘었는데도 생도들은 응시 과정부터 까다로운 절차를 거쳐야 사역원에 입학할 수 있었다.

사역원 입학 희망자는 우선 현직 역관의 추천서인 〈완천기完薦記〉와 함께 부 · 모 · 처 4대 조상의 신분 서류를 녹관청祿官廳에 제출한다. 녹관청에서는 취재녹관取才祿官 다섯 명과 구임녹관久任祿官 열 명으로 구성된 열다섯 명의 녹관들로 하여금 서류를 심사토록 하고 별다른 결격사유가 없으면 투표를 통해 응시 자격을 결정했다. 그 뒤에도 서류에서 미비점이 발견되면 입학은 취소되고, 녹관이 사적인 관계 때문에 찬성한 정황이 드러나면 당사자는 물론이요 보증인까지 중죄를 받았다.

응시 자격을 결정하는 투표 과정도 매우 흥미롭다. 녹관들은 원리院吏가 미리 배부한 흰 색 투표용지인 '결結'에 가부를 표시해 항통缸筒에 넣는다. 그 결과 3결, 즉 세 명 이상이 반대할 경우 입학이 보류되고, 세 차례 이상 입학 보류된 지원자는 아예 응시 자격이 박탈된다.

서류 심사와 투표를 거쳐 응시 자격을 얻은 생도는 비로소 정식 입학시험을 치른다. 《경국대전》 예전禮典에 수록된 역과시험상세에 따르면 시험 과목은 강서 · 사자 · 역어 세 종류였다.

강서講書에서 한학 지원자는 사서四書 · 《노걸대》 · 《박통사》 · 《직해소학》, 복시에 오경五經 · 《소미통감》 · 《송원절요》 가운데 하나를 선택해 강講해야 했다. 이때 시험관들은 점수를 각각 통通 · 략略 · 조粗의 순으로 매겼다. 사자寫字에서 몽학 지원자는 《왕가한》 · 《수성사감》 · 《어사잠》 · 《고난가둔》 · 《황도대훈》 · 《노걸대》 · 《공부자》 · 《첩월진》 · 《토고안》 · 《백안파두》 · 《대루원기》 · 《정관정요》 · 《속인실》 · 《장기》 · 《하적후라》 · 《거리라》 가운데 하나를, 왜학 지원자는 《이로파》 · 《소식》 · 《서격》 · 《노걸대》 · 《동자교》 · 《잡어》 · 《본초》 · 《의론》 · 《통신》 · 《구양물어》 · 《정훈왕래》 · 《응수기》 · 《잡필》 · 《부토》 가운데 하나를, 여진학 지원자는 《천자》 · 《천병서》 · 《소아론》 · 《삼세아》 · 《자시위》 · 《팔세아》 · 《거화》 · 《칠세아》 · 《구난》 · 《12제국》 · 《귀추》 · 《오자》 · 《손자》 · 《태공》 · 《상서》 가운데 하나를 외워 써야 했다. 한편 역어譯語에서는 각각의 지원자 모두 《경국대전》을 번역해야 했다.

지원자들은 또 역관이 되기 위해 전공과목 외에 《정관정요》 같은 제왕학이나 《손자》류의 병법서, 《소미통감》류의 역사서까지 공부해야 했고, 왜학 부문에서는 《노걸대》 · 《본초》 등 청어 교재와 의학 서적까지 읽어야 했다는 점은 주목할 만하다. 역관을 다재다능한 지식인으로 양성하려는 의도가 엿보인다.

힘든 시험 과정을 거쳐 사역원에 입학한 생도들은 기숙사 생활을 하면서 분야에 따라 한학청 · 몽학청 · 청학청 · 왜학청에 소속되어 수업을 받았다. 중원에서 원나라가 퇴출된 뒤에도 사역원에서 몽학을 교육한 것은 조선 초기에 북원과의 교류가 있었거나, 향후 몽고의 재기를 염두에 두었기 때문이다. 또 왜학 생도들은 남방에 있던 유구와의 교류에 대비해 유구어도 함께 배워야 했다. 여진학은 현종 대부터 청학淸學으로 바뀌었다.

사역원에는 오늘날의 외국어마을과 흡사한 우어청偶語廳도 있었다. 우어청의 기원은 1442년(세종 24) 2월 14일 사역원 도제조 신개가 사역원 녹관들에게 원내에서는 중국 말만 쓰게 하고 어기면 처벌하도록 임금에게 건의하면서부터다. 그때부터 생도들은 사역원에 들어가면 오로지 전공 외국어만을 사용해야 했다. 만일 규정을 어겼다가 적발되면 횟수에 따라 매를 맞았다. 현직 관리로 한 달에 보름 동안 사역원에 나와 외국어 공부를 하던 강이관이나 습독관이라면 초범인 경우 경고, 재범일 경우 차지次知 한 명을 가두었다. 차지란 주인의 형벌을 대신 받는 노비를 말한다. 이어서 3범은 차지 두 명을 가두고, 5범 이상이 되면 형조에 공문을 보내 파직시킨 다음 1년 동안 벼슬을 주지 않았다.

우어청을 통한 회화 전용 교육은 초기에는 잘 시행되었지만 시간이 지나면서 흐지부지되었다. 삼번의 난으로 대륙의 판도에 비상한 관심이 모아지던 1682년(숙종 8) 숙종은 도제조 민정중의 건의를 받아들여 한학우어청을 설치했다. 훈장으로 임명된 한인 정선갑 · 문가상은 1677년(숙종 3)에 표류해 온 명나라 사람이었다. 그때부터 실질적인 회화 교육이 시작된 이래 사역원에는 몽학 · 청학 · 왜학우어청이 차례로 설치되었다. 몽학우어청은 훈상당상인 서효남, 송도 출신으로 몽고에 끌려갔다가 돌아온 김효원이 맡았고, 청학은 이즙과 최후택이 담당했다. 그러나 이 전문 회화 교수들이 세상을 떠나면서 우어청 교육은 다시 유명무실해졌다.

생도들은 매월 2일 · 12일 · 22일, 6일 · 16일 · 26일에 정규시험을, 3개월마다 원시院試를 치러야 했다. 원시는 관리임용시험인 취재取才를 치르기 위한 일종의 예비고사였으므로 결코 가볍게 임할 수 없었다. 시험은 평상시 읽던 책 외에 다른 책을 돌아서서 외는 배송背誦, 책 없이 읽고 풀이하는 배강背講, 마지막으로 책을 외워 쓰는 사자寫字 과정으로 진행되었다. 사역원 생도들의 나날은 그야말로 시험지옥에 다름 아니었다.

예나 지금이나 인기 없는 학과는 지원율이나 학업 성취도가 낮은 법이다. 사역원도 마찬가지여서 초기에는 한어 지원자들이 줄을 섰지만 왜어 지원자는 손에 꼽을 정도였다. 이 때문에 1421년(세종 3) 8월 8일 예조에서는 왜어 통역관 채용과 운용에 대하여 다음과 같이 건의했다.

> 왜학 생도들이 열심히 공부하고 있지만 전망이 없다는 이유로 지원자가 드뭅니다. 더군다나 왜학은 말이나 글씨가 한어와 다르므로 조정에서 힘써 권장하지 않으면 폐절될 염려가 있습니다. 그러므로 왜학 생도들에게 사역원 녹관祿官 한 자리를 정한 다음 시험을 통해 윤번으로 제수하고, 또 자격이 있는 생도는 이조에 공문을 보내 적당한 관직을 내리게 하는 것이 좋겠습니다.

그 무렵 한학역관들은 부경무역을 통해 부자가 된 반면 왜학역관들은 삼포에 거주하는 왜인들의 뒤치다꺼리나 하면서 가난에 허덕였다. 그 때문에 왜학 지원자가 눈에 띄게 줄자 관직을 미끼로 생도들을 끌어들여 왜학의 명맥을 이으려 했다. 하지만 임진왜란 이후 왜관과 쓰시마를 중개지로 하는 대일 무역이 활기를 띠면서 사역원의 왜학 품귀 현상은 깨끗이 사라졌다.

과거 · 고강 · 취재

사역원 생도들은 정식 역관이 되려면 3년에 한 번씩 실시되는 식년시式年試에 합격하든지, 나라에 경사가 있을 때 임시로 실시되는 증광시增廣試에서 잡과의 하나인 역과譯科에 합격해야 했다. 문과 시험은 성균관이나 춘당대에서 거창한 절차와 함께 치러졌지만 역과 시험은 사역원에서 간소하게 치러졌다.

역과는 초시初試와 복시覆試의 두 단계로 진행되었다. 초시는 사역원이 주관했지만 복시는 예조와 사역원이 공동으로 주관했다. 시험 과목은 전공 외국어와 사서오경四書五經이었다. 합격자는 1등 세 명, 2등 여섯 명, 3등 열 명으로 총 19명을 선발했는데 장원은 반드시 한학 부문에서 뽑았다.

역과 합격자는 초기에 여타 잡과의 경우처럼 문과 합격자와 똑같은 홍패紅牌를 받았지만 후기에는 격을 떨어뜨려 생원 · 진사시 합격자들처럼 백패白牌를 받았다. 1등은 종7품, 2등은 종8품, 3등은 종 9품의 관계官階를 받았다. 하지만 곧바로 관리로 임용되지 않고 오늘날의 수습사원과 같은 권지權知로 한동안 일했다. 조선시대 역과 합격자 총수는 2976명으로 전체 잡과 합격자 6122명 가운데 절반가량을 차지했다.

역관은 조선 초기부터 양반들로부터 역상譯商이라는 욕을 먹을 정도로 무시당했지만, 상업과 무역이 발달한 조선 후기에 들어서면서 일약 인기 직업으로 부상했다. 수많은 역관이 사행무역의 특권을 이용해 갑부가 됐기 때문이다. 당시 유생들은 문과에 합격해도 조정에 자리가 없어 잔반으로 늙기 일쑤였다. 그러므로 양반으로서 부정한 수단을 통해 역관이 되려는 자들도 생겨났다.

1810년(순조 10) 2월, 양반이던 김정환이 대비의 언문교지를 위조해 역관이 되려 한 일이 적발되었다. 그는 친구인 안정환과 함께 역관 한지도를 매수해 사전공작을 편 다음 문서 위조업자 변창감을 끌어들였다. 한데 변창감이 궁녀인 누이 명흥明興이 만든 언문교지와 표지를 액례掖隷 김세환 · 이수희 · 김복인을 통해 김정환에게 전해 주려다 의금부의 수사망에 걸려들었다. 결국 변창감은 참대시斬待時, 김세환은 교대시絞待時에 처해졌고, 나머지 관련자들은 원지 유배와 함께 노비 신세가 되었다. (《대명률》의 5형 중에 가장 중한 형벌인 사형에는 목을 매달아 죽이는 교형絞刑과 목을 베는 참형斬刑이 있다. 특히 참형은 추분 이후 춘분 이전에 집행하는데 이를 대시待時라 한다. 하지만 극악 범죄자는 시기를 기다리지 않고 곧 처형하는데 이를 부대시不待時라 한다.) 이들이 극형에 처해진 것은 뇌물 공여와 문서 위조 외에도 궁인을 끌어들인 죄가 가중되었기 때문이었다.

생도들은 역과에 합격하면 고대하던 역관이 되지만 그것으로 끝이 아니었다. 이제부터는 부경사행 참여 자격을 얻기 위해 동료들과 또 다시 경쟁을 벌여야 했다. 이른바 고강과 취재였다.

고강考講이란 사역원 내부의 인사고과제도로서 서도고강과 이육고강이 있었다. 서도고강書徒考講은 한학교회 · 연소총민 · 우어별체아 등을 대상으로 1년에 네 번 춘하추동 마지막 달에 치러지는 정기시험이다. 시험 성적이 우수한 한학교회는 위직衛職에 임명했고 연소총민이나 우어별체아는 부경사신의 수행원으로 임명했다. 위직이란 서반의 종3품 대호군大護軍에서 사통司通에 이르는 오위五衛의 벼슬을 말한다.

이육고강二六考講은 사역원 생도들의 원시처럼 매달 2일 · 12일 · 22일과 6일 · 16일 · 26일에 치러지는 시험이다. 시험 성적을 사학우어청四學偶語廳에서 기록했다가 5회 연속으로 합격한 사람에게는 상을 주고, 세 번 연이어 불합격한 사람과 계속 시험에 응시하지 않은 사람은 모두 강등시켰다. 만일 공적인 일이나 질병으로 시험을 보지 못했을 때는 재시험 기회를 주었다.

사역원에서는 종종 취재取才도 치렀다. 취재란 과거를 거치지 않고 일

정한 시험을 통해 하급 관리를 채용하거나 승진, 또는 복직시키는 제도인데 반드시 원시를 통과한 자에 한해 응시 자격이 주어졌다. 취재에는 녹취재·위직취재·부경취재 세 종류가 있었다.

녹취재祿取才는 사맹삭四孟朔으로 불리는 1월·4월·7월·10월의 1일에 치러졌는데 전공 서적과 경서, 《경국대전》을 시험하고 1등과 2등에게 체아직을 주었다. 사역원의 녹관은 모두 스물아홉 자리였는데 교수와 훈도 열 자리를 제외하고 열다섯 자리가 체아직이었다. 그러므로 수직 대상자인 역학생도 80명, 별재학관 13명, 전직 역관 약간 명, 역과 출신 권지 19명 등이 10대 1의 치열한 경쟁을 벌여야 했다.

위직취재衛職取才는 사역원의 위직衛職을 선발하기 위해 실시한 시험이다. 조선 초기에 전체 위직의 정원은 대호군 한 명, 사통 세 명, 사과司果 네 명, 사정司正 세 명, 사맹司猛 열한 명, 사용司勇 28명 등 모두 50명이었는데, 조선 후기 들어서 30명으로 대폭 줄었다. 그 가운데 사역원의 위직은 서도고강의 성적에 따라 한학교회에게 배당되었고, 나머지 역관들은 위직취재를 통해 위직을 부여받았다.

부경취재赴京取才는 중국으로 사신이 파견될 때 수행하는 역관을 뽑기 위한 시험이다. 봄·가을 두 차례 실시했는데, 상등은 통사通事, 중등은 사신을 수행하면서 물건과 말을 관리하는 압물押物과 압마押馬, 하등은 사신 일행의 제구諸具를 관리하는 타각부打角夫라는 직무를 맡았다. 통사에도 당상역관堂上譯官과 당하역관堂下譯官의 구별이 있었다. 실력이 없으면 벼슬이든 사행이든 치부든 모두가 그림의 떡이었던 셈이다.

외국어 학습서 《노걸대》·《박통사》·《첩해신어》

사역원 생도들은 한학·왜학·몽학·여진학 각 분야마다 다양한 학습 교재를 사용해 외국어를 공부했다. 특히 회화 교재들은 대부분 경험 많은 역관이나 역학자들의 손에 의해 편찬되었고, 부교재인 사전류도 많이 발간되었다.

조선 초기에 한어 교재로는 설장수의 《직해소학直解小學》, 성삼문의 《직해동자습역훈평화直解童子習譯訓評話》, 이변의 《훈세평화訓世評話》, 김자정의 《역어지남譯語指南》, 이창신의 《일용한어번역초日用漢語飜譯草》 등이 있었고, 윤자운이 몽고어·한어를 한글로 번역한 《몽한운요蒙漢韻要》도 있었다. 몽학 교재로는 이최대의 《몽어노걸대蒙語老乞大》, 방효언의 《첩해몽어捷解蒙語》, 몽학 사전으로 이억성의 《몽어유해蒙語類解》, 방효언의 《몽어유해보편蒙語類解補篇》 등이 사용되었다.

병자호란 이후 1667년(현종 8)에 여진학이 청학으로 바뀌면서 청어가 외국어의 주력이 되었다. 《노걸대언해老乞大諺解》를 비롯해 변섬·박세화 등 12명이 개수한 《박통사언해朴通事諺解》, 신이행·김경준·김지남 등의 《역어유해譯語類解》·《오륜전비주석언해伍倫全備註釋諺解》 등이 주요 교재였다. 사역원에서는 또 청학역관을 육성하기 위해 역관 진계음을 춘추신사로 삼아 10년 동안 회화 교재 다섯 종을 정비하게 했다. 곧 《거화巨火》·《구난仇難》·《팔세아八歲兒》·《소아론小兒論》·《상서尙書》다.

영조 대에는 변헌 등이 편찬한 《노걸대신석老乞大新釋》·《노걸대신석언해》, 김창조의 《박통사신석朴通事新釋》·《박통사신석언해》, 김홍철의 《역어유해보譯語類解補》가 주요 교재였고, 정조 대에 이수·장렴·김윤서 등의 《중간노걸대》와 《중간노걸대언해》도 사용되었다. 한편 이수의 중국어·만

주어 · 조선어 대역 사전인《한청문감漢清文鑑》, 이응헌의《화음계몽華音啓蒙》, 박창유 등 여섯 명이 저술한《청어총해淸語總解》가 뒤를 이었다. 이해 · 오상채 · 정만제 등은 만주어 사전인《동문유집同文類集》을 간행했다.

이처럼 수많은 청어 교재 가운데 최고의 베스트셀러는 단연《노걸대》와《박통사》였다.《노걸대》는 수많은 판본이 있는데 현재까지 전해지는 책은 1765년(영조 41)에 여덟 권으로 발간된《청어노걸대淸語老乞大》다. 여기에서 '노老'는 상대를 높이는 접두어로서 우리말의 씨氏나 영어의 미스터와 비슷하다. '걸대乞大'는 중국어로는 '치따'라고 발음하는데 몽고인들이 중국인을 지칭할 때 쓰는 단어다. 그러므로 이 책은 '조선인을 위한 만주어 교과서'인 셈이다. 이 책이 몽골어 발음으로 된 제목을 가지게 된 것은 원나라와 밀접한 관계를 맺고 있던 고려 시대에 원본이 만들어졌기 때문이다.

일종의 비즈니스 회화 책인《노걸대》는 상하 두 권으로 엮어졌는데, 고려 상인 세 명이 말과 인삼, 모시를 팔기 위해 중국에 다녀오는 과정에서 겪는 다양한 에피소드로 구성되어 있다. 상권은 완전한 회화체로 구성되었는데 말을 사고파는 법, 북경에 도착해 여관에 드는 방법, 음식을 청하는 법을 비롯해 조선의 특산물인 인삼을 소개하는 방법 등 실생활에 꼭 필요한 내용과 교역 관련 대화가 대부분이다. 문장도 체계적이어서 여러 대화에서 중첩되는 단어를 자연스럽게 외울 수 있도록 구성되어 있다. 이 책은 조선 최고의 만주어 전문가로 알려진 역관 김진하에 의해 발음과 표현이 대폭 수정되었다.

《노걸대언해》는 한자를 모르는 사람도 쉽게 중국어를 배울 수 있게 한글로 해설한 책으로, 요즈음으로 치면 원문과 번역문을 함께 실은 회화 교재다. 또《몽어노걸대蒙語老乞大》는 몽고어로 '노걸대'의 내용을 싣고 우리말로 그 음을 달아 풀이를 해 놓은 책이다.

《노걸대》와 쌍벽을 이루는 중국어 학습서가 '박씨 성을 가진 역관' 이라는 뜻의 《박통사》다. 이 책은 중국인들의 일상생활 언어를 섬세하게 다루고 있는데, 전당포에서 돈을 빌리는 상황, 공중목욕탕의 요금과 때밀이, 차용증 쓰기 등 낯선 중국 사회에서 경험할 수 있는 수많은 상황이 설정되어 있다. 특히 이 책은 《노걸대》보다 고급 단계의 언어를 반영하고 있어서 당대의 풍속과 문물제도까지 체감할 수 있다.

왜학청의 주요 교재는 1676년에 강우성이 편찬한 《첩해신어捷解新語》였다. 그는 임진왜란 당시 어린 나이로 진주에서 일본으로 끌려간 뒤 오사카, 교토 등지에서 10년 동안 살다가 1601년 6월 쇄환되었다. 1609년(광해군 1)에 역과의 왜학에 합격한 그는 부산훈도가 되어 세 차례 일본에 다녀온 뒤 왜학역관들의 회화 교육을 위해 이 책을 만들었다. 이 책은 거의 모든 외국어 교육처럼 암기 능력을 중시하고 있다. 영조 때의 역관 현경재가 편찬한 역과 시험 답안지 《왜학시권倭學試券》에 따르면 역과 시험에서 《첩해신어》의 여섯 부분을 정해 외워 쓰게 했다.

'첩해신어' 란 명칭은 새로운 외국어를 빨리 이해할 수 있다는 뜻을 가지고 있다. 일본어 교재에 《첩해몽어捷解蒙語》라는 책도 있다. '첩해' 란 단어가 당시 회화 책에 관용구로 쓰였음을 알 수 있다. 또 일본어가 '신어新語' 란 명칭으로 불린 것은 1415년(태종 15) 사역원 출범 당시 한학과 몽학이 개설되었고 한해 뒤에 왜학倭學이 설치됐기 때문이다.

《첩해신어》에는 통신사 일행이 부산을 떠날 때부터 도쿄에서 공식 행사를 마치고 다시 쓰시마에 도착할 때까지 사용하게 될 대화 내용들이 자세히 실려 있다. 그러므로 왜학역관들은 이 책을 외우고 대화 내용을 미리 연습해 둔 다음 동래왜관이나 쓰시마를 방문할 때 적절하게 활용했다. 일본에 다녀온 왜학역관들은 이 책을 수시로 수정 보완해 최고의 교재로 만들었다. 최학령의 《개수첩해신어》, 김건서의 《첩해신어문석捷解新語文釋》가 대표적인데, 숙종 대에는 홍순명이 일본어 어휘집인 《왜어유해倭語類解》를 간행해 역관들의 필수 소지품이 되었다.

또 다른 일본어 교재로 강우성처럼 일본에 끌려간 조선인들이 만든 《화어유해和語類解》가 있다. 간략한 일본어 어휘집인 이 책의 마지막 장에는 1837년 10월에 묘대천苗代川에서 임진왜란 때 포로가 되었던 도공의 후예 박이원朴伊圓이 필사했다는 기록이 있다. 당시 사쓰마번薩摩藩에 끌려간 조선인들은 우리말을 잊지 않기 위해 이 책을 가지고 공부했다고 한다.

조선의 왜학역관들이 일본어를 공부한 것처럼 일본 역관들도 조선어를 공부했다. 특히 조선과의 무역과 외교를 전담하던 쓰시마인들은 정기적으로 동래왜관에 파견되어 조선어를 익혔다. 유창한 조선어 실력을 갖춘 그들은 조선에서 통신사가 파견되면 안내와 통역을 도맡기도 했다. 일본인들의 조선어 교재는 아메노모리 호슈雨森芳洲가 쓴 《교린수지交隣須知》다.

시가현 출신의 아메노모리 호슈는 22세 때 스승 기노시타 준안木下順庵의 추천으로 쓰시마에서 진문역眞文役으로 일할 때 동래왜관에서 조선어를 배운 뒤 일본인들의 조선어 학습에 많은 공을 세운 인물이다. 일본과 조선의 외교를 '성신誠信' 이란 두 글자로 정의했던 그는 1711년과 1719년 통신사 방문 길에 수석 통역으로 일했다. 1727년에는 쓰시마에 3년 과정의 조선어 학교를 열기도 했다.

개화기의 외국어학교

사역원은 설립 초기부터 실질적인 외국어교육을 위해 수시로 유학생 파견과 외국인 교수 초빙을 조정에 건의했지만 뜻을 이루지 못했다. 궁여지책으로 중국인 포로나 귀화인, 여진족, 일본인들을 교사로 활용했지만 그 사례 역시 미미했다.

조선에 도래한 외국인으로는 1604년 4월 17일 중국 상인 황정과 함께 캄보디아에서 일본으로 가다가 통영 앞바다에서 이경준이 지휘하던 조선 수군의 공격을 받아 포로가 된 포르투갈 상인 주앙 멘데스, 1626년 제주도에 표착한 네덜란드인 벨테브레, 1653년 역시 제주도에 표착한 네덜란드인 하멜 등이 있었지만 서양과의 교류가 없던 시절이라 사역원에서 교사로 활용하지는 않았다. 벨테브레만이 박연이란 조선 이름을 얻어 훈련도감에서 총포 제조에 동원되었을 뿐이다.

그로부터 200여 년 뒤인 1876년 강화도조약 체결을 계기로 서방세계와 조우하게 된 조선의 위정자들은 비로소 한어와 왜어 중심의 외국어교육체계를 개선해야 한다는 중압감을 느끼기 시작했다. 1880년 고종은 2차 수신사로 일본에 다녀온 김홍집에게 근대화된 일본의 각종 제도를 물었는데 그 가운데 외국어학교와 관련된 대화 내용이 주목된다.

> "일본에서 각국의 말을 배우는 학교를 널리 설치해 가르친다고 하는데, 그 학교의 규모는 어떻던가?"
>
> "신이 일찍이 그곳에 가보지는 못했지만 각국의 언어를 모두 학교를 설치해 가르친다고 합니다."
>
> "우리나라의 역학譯學과 같던가?"

"그렇습니다. 그 나라 조사朝士의 자제들은 모두 취학하게 했습니다."

"사람을 파견해 외국말을 배우게 하는 것을 돌아가서 조정에 보고하라고 하던가?"

"그 일은 대체로 우리나라를 위해 하는 말이었고, 시행 여부는 오직 우리 조정의 처분에 달려 있으므로 돌아가 보고하겠다고 대답했을 뿐입니다."

그 무렵 청나라는 동치중흥同治中興이라는 슬로건 아래 외교관 양성을 목적으로 하는 외국어학교 동문관同文館을 운영하고 있었다. 고종은 1881년에 영선사로 중국에 다녀온 김윤식으로부터 그 내용을 전해 듣고 그와 흡사한 외국어학교 설립을 구상했다. 하지만 국내에서 구체적으로 외국어교육기관 설립을 추진한 것은 독일인 묄렌도르프였다.

1882년 12월 26일, 외국인 최초로 대한제국의 통리아문 참의에 임명된 묄렌도르프는 1883년 1월 12일 통리교섭통상사무아문의 협판協辦으로 승직한 뒤 해관海關과 변관邊關 업무를 총괄하는 정권사征權司의 책임자가 되었다. 민영익과 함께 상하이에 가서 대한제국 건국에 소요되는 차관 교섭과 해관 준비 요원 확보를 성사시킨 묄렌도르프는 1883년 4월 24일 조선해관을 창설했다. 그해 6월 제물포 · 부산 · 원산이 개항되면서 조선은 사상 최초로 통상 국가들로부터 관세를 받기 시작했다.

당시 묄렌도르프는 낙후된 민중의 교육을 고양하고 생산능력이 있는 산업을 창출하는 것이 조선 독립의 필수 요건이라고 판단했다. 그는 우선 1883년 8월, 도쿄 대학에 근무하던 독일 키일대학 지질학 교수인 고체K.Gottsche 박사를 초빙해 한반도 전역의 지하자원 탐사를 맡겼다. 이어서 유리공장 설립, 새로운 화폐제도, 우정국 창설, 외국과의 통신 왕래를 위한 전신선 설치 등 각종 근대적인 제도 설립을 주도했다.

교육 분야에서 묄렌도르프는 장차 조선 전역에 초등학교 800개소, 중학교 84개소, 서울에 자연과학 · 어학 · 공업전문학교를 설립하기로 마음먹었다. 그 첫걸음으로 8월 1일 재동에 최초의 근대식 외국어학교인 동문학同文學을 열고 교사로 중국인 오중현吳仲賢과 당소위唐紹威를 임명했다. 이어서 10월 1일에는 영국인 핼리팩스Thomas Edward Hallifax를 영어 교사로 채용했다.

핼리팩스는 1871년부터 일본에서 전신 사업을 하다가 실패한 뒤 선원이 되었다가 도쿄에 머물면서 4년 동안 영어 교사로 일한 다채로운 경력의 소유자였다. 이런 이유로 조선에 살던 서양인들은 그의 교사 자격을 문제 삼았지만 묄렌도르프는 그가 영리하고 극동 문화에 정통한 인물이라고 생각했다.

동문학에서는 외국어를 가르쳤지만 수준 높은 고등교육기관이었다. 생도들은 초등교육과 중등교육을 마친 사람들, 나이로 치면 대부분 15세 이상의 양반가 자제들이었다. 그들은 학업을 마치면 통역관이 아니라 개화 업무의 실무자로 채용될 예정이었다. 동문학 운영 비용이 해관의 관세 수입으로 전액 충당되었던 만큼 졸업생들은 세관을 비롯해 새로 설치되는 기관에 많이 취직했다. 1884년 첫 졸업식에서 최우수 졸업생은 교육자이면서 독립운동가인 언론인 남궁억이었다.

동문학은 설립 3년 만인 1886년 9월 23일 육영공원育英公院에 외국어교육의 바통을 물려주었다. 새로운 교사로 미국인 길모어G. W. Gilmore 부부, 벙커D. A. Bunker, 헐버트H. B. Hulbert 등이 부임해 왔다. 길모어는 프린스톤, 벙커는 오베린, 헐버트는 다트머스 출신으로 모두 일류 대학 출신이었다. 육영공원은 동문학과 마찬가지로 관세로 운영되었고 학생들 역시 양반가

자제들이었다. 동문학이 해체되면서 직장을 잃은 핼리팩스는 조선전보총국에서 잠시 일하다가 일본으로 건너가 후쿠시마 현에서 중학교 영어 교사가 되었다.

육영공원은 좌원左院과 우원右院, 두 반으로 편성되었다. 우원에서는 15세 이상 20세 이하의 청년, 좌원에는 젊은 관리들이 교육을 받았다. 이완용·김승규·윤명식 같은 명사들이 좌원의 첫 학생들이었다. 교수 과목은 주로 영어였지만 그 외에도 독서·습자·학해자법學解字法·산학算學·사소습산법寫所習算法·지리·학문법 등의 초학 과정을 거쳐 대산법大算法·제반학법제반역학자諸般學法諸般易學者·만물격치萬物格致와 각국의 언어·역사·정치 등을 가르쳤다. 당시 헐버트는 외부와 접촉이 없던 조선의 현실을 고려해 세계의 역사와 지리를 간단히 정리해 《사민필지士民必知》라는 교과서를 만들었는데, 한글본을 시작으로 해서 한역본漢譯本, 국한문 혼용본 등이 계속 발간되는 등 인기를 끌었다.

육영공원은 2년 계약으로 들어온 교사들이 3년을 더 근무했지만 1889년 길모어, 1891년 헐버트가 연이어 귀국했고 1894년에 벙커마저 사임하자 그해 2월 폐쇄되었다. 8년 동안 이곳을 거쳐 간 학생은 총 112명이었다. 육영공원은 한국 최초의 관립 근대 교육기관이었지만 양반 자제만을 가르쳤고 외국어만을 중시한 커리큘럼의 한계, 외국인 교사들에 의해 운영된 특수학교였으므로 민족사회에 뿌리내리지 못했다.

그 후 고종은 알렌 공사를 통해 다시 미국인 교사를 초빙했으나 지원자가 없었다. 벙커와 길모어는 얼마 후 다시 한국에 나와 배재학당 교사로 일했다. 당시 재정 부족에 허덕이던 정부는 강화도 해군무관학교에서 영어를 가르치던 미국인 허치슨Hutchison을 영입해 육영공원을 영어학교로 변신시켰다. 생도는 육영공원의 옛 학생 네 명, 강화도에서 가르치다 데려온 학생, 조정에서 파견한 학생까지 총 64명이었다.

1895년 5월 갑오개혁과 함께 칙령 제88호로 외국어학교 관제가 발표되자 서울 · 인천 · 평택의 일어학교를 비롯해 영어학교, 법어(프랑스어)학교, 아어(러시아어)학교, 한어학교, 덕어(독일어)학교까지 6개 국어 8개 학교가 설립되었다. 각 학교에서는 신분제 폐지와 함께 양반이나 평민 구분 없이 시험을 통해 만 15세 이상 23세 이하의 청년들을 모집했는데, 시대 변화에 민감하던 역관의 자제들이 많이 입학했다. 1900년 6월 27일 학부령 제11호로 발표된 외국어학교규칙에 따르면 외국어학교의 수업연한은 5년이었고 일어학교와 한어학교만 예외적으로 3년이었다.

외국어학교의 교육 내용은 외국어가 중심이었지만 한문 · 독서 · 작문 · 역사 · 지지地誌 등도 가르쳤다. 교육 기간은 1년에 두 학기로 수업은 하루에 다섯 시간이었다. 봄 학기는 1월 4일부터 하기 휴학일까지로 하고, 가을 학기는 12월 30일까지로 하는데, 여름방학은 60일 이내 겨울방학은 12월 30일부터 1월 3일까지였다. 관립이었으므로 수업료도 없었고 교과서나 필기구도 무료 제공되었다.

1906년 8월 27일 반포된 칙령 제43호에 따라 외국어학교의 체제는 크게 바뀐다. 그때부터 각급 학교는 관립 · 공립 · 사립 세 종류로 나뉘었고 각 학교마다 수업료를 받기 시작했다. 수업연한은 본과 3년, 연구과 2년 이내로 정했으며, 입학 자격은 상당한 학력이 있는 12세 이상의 남자로 규정되었다. 시행규칙에서는 하나의 외국어만 가르치는 학교는 그 외국어 명칭을 쓰게 했으므로 영어학교인 경우 '관립한성영어학교'가 되었다.

한 학급당 학생 수는 50인 이내로 제한되었으며 교육 과목은 해당 외국어 외에 수신·국어·한문·미술·역사·지리·이과·법제·경제·부기·체조 등을 병행했다. 학년은 4월 1일에 시작해 다음 해 3월 31일에 종료되었다. 학기도 3학기로 나누어 1학기는 4월 1일부터 8월 31일까지, 2학기는 9월 1일부터 12월 31일까지, 3학기는 1월 1일부터 3월 31일로 정해졌다. 수업일수는 매년 200일 이상이었는데 시험 기간과 수학여행 기간은 제외했다.

교수 자원은 그해 9월 3일에 반포된 칙령 제45호 학부직할학교직원 정원령 제1조에 따라 교관급 부교관을 관립한성일어학교에 여덟 명, 영어학교에 여섯 명, 한어·덕어·법어·인천일어학교에 각각 네 명을 배치했고 각 학교마다 서기 한 명을 두었다. 한성에 있는 외국어학교 다섯 곳에는 교장 정원이 없지만 관립인천일어학교에는 교장 1인을 배치했다. 하지만 제2조에 한성의 각 외국어학교장은 1인 혹 2인으로 겸임케 하되 때에 따라 학교장 1인씩을 배치할 수 있게 했다. 하지만 이듬해 1907년 12월 13일 개정된 학부직할학교 직원정원령에 따라 학교장 1인, 학감 1인, 교수급부교수 29인, 학원감 5인 이내, 서기 5인 이내로 확정되었다.

1905년 을사조약이 체결되자 일본어를 배우려는 학생도 기하급수적으로 늘어났다. 한성일어학교에서 1910년에 배출한 졸업생 숫자는 190명으로 다른 다섯 학교 전체 졸업생 수보다 많았다. 당시 일인 교사의 자질은 매우 낮아서 여자들을 희롱하거나 학생을 구타하는 사건이 자주 일어났다. 신문에 "상주군 산양면 모씨 집에서 초청한 일인 교사가 부녀를 겁탈한 만행이 있었으니, 한인학교에 일인 교사를 함부로 두지 마시오."라는 경고성 기사가 실렸을 정도다.

한성법어학교에서는 상하이 세관 출신의 프랑스인 에밀 마르텔Emile Martel이 오랫동안 봉직했다. 그는 대한제국 국가와 일본 국가 기미가요君代

를 작곡한 독일인 음악가 에케르트Franz Eckret의 사위이기도 했다. 1906년 당시 법어학교 재학생 44명 대부분은 역관 집안 출신이었다. 그중에 육교시사 동인 이원긍의 아들 이능화는 법어는 물론 영어와 한어에 능통해서 졸업하기도 전에 교관이 되었다.

예나 지금이나 졸업 후 취직이 보장되는 학교가 가장 인기였다. 프랑스인 크레망세가 우체국에 기술자로 초청되자 법어학교 졸업생들이 우체국에 대거 취직했고, 미국인 측량기사 크롭이 일본인 기술자와 함께 부임하자 영어학교와 일어학교 졸업생 스무 명이 측량견습생으로 일했다. 아관파천 이후에는 아어학교에 학생들이 몰렸다가 러일전쟁에서 러시아가 패배하자 썰물처럼 빠져나가기도 했다. 청일전쟁 이후 설립된 한어학교는 처음부터 지원자가 적었다.

그처럼 수많은 외국어학교가 문을 열면서 사역원을 통해 배출되던 전통적인 역관은 더 이상 나오지 않았다. 1880년(고종 17)에 설치된 통리기무아문에 신설된 사대사事大司는 종래 승문원에서 담당하던 사대문서와 중국 사신 접대, 군무변정사신軍務邊政使臣의 차송을 맡았고, 교린사交隣司는 사역원을 대신해 외교문서 작성, 각국 사신의 접대를 도맡았다. 그 외에도 어학사語學司는 역학譯學을 전담했다. 승문원과 사역원 업무가 사대사 · 교린사 · 어학사로 통합 분리된 것이다. 1891년에는 역과도 폐지되었다.

1900년(고종 37) 대한제국에서는 궁내부 소속 내사과를 문서과로 개칭하고 외사과, 번역과를 모두 폐지했으며 예식원을 증치해 궁내의 교섭과 일체의 예식 · 친서 · 국서 및 외국 문서의 번역 사무를 관장케 했다. 제국 말기인 1907년(고종 44)에는 각 항구 시장 재판소에 통역관과 통역관보를 두게 함으로써 사역원의 자취는 완전히 사라졌다.

조선의 역관 중에 국초부터 세종 대까지 이름을 날린 인물은 원민생 · 이자영 · 김시우 · 선존의 · 김옥진 · 김청 · 이홍덕 · 윤인보 등이다. 이들의 뒤를 이어 김유례 · 장자효 · 장유화 · 장유성 · 황중 · 김저 · 서인달 등이 성종 대까지 활약했다. 이들 가운데 황중은 여진학통사였고 서인달은 왜학통사였다.

그 외에 문신 출신 역학자로 이변 · 김하 · 신숙주 · 성삼문 · 김자정 · 이창신 · 임사홍이 유명했고, 몽학자로는 주언 · 송희명 · 조희고 등이 있었다. 특히 7개 국어에 정통했던 신숙주는 1443년에 통신사 변호문의 서장관으로 일본에 다녀온 뒤 현지의 문물을 자세히 소개한 《해동제국기》를 남겼다.

조정에서 사림이 세력을 떨치던 성종 대부터는 역관들에 대한 양반들의 견제가 본격화되었다. 그 무렵 임금이 당상관에 오른 역관 장유성을 부경사행의 정사로 삼으려 하자 대사헌 이서장과 대사간 정괄 등이 격렬히 반대하기도 했다. 당시 임사홍은 김유례 · 장유성 · 이홍덕 같은 전문 역관들보다도 한어에 능통해 임금의 신임을 받았다.

연산군 이후 명종 대까지 이름을 날린 한학역관은 이화종 · 이응성 · 안훈 · 전명순 · 최세영 · 박정 · 홍겸 · 안자명 · 최세협 · 김기 · 곽지원 · 장세곤 등이었고 왜학역관으로 김석주 · 신자강 · 서수장, 여진학통사로 이효증이 유명했다. 문신 출신 역학자로는 최해 · 안팽수 · 최세진 · 주양우 ·

윤개 등이 있었다. 이 시기에는 역관이 3품직 이상에 임명될 수 없다는《경국대전》의 제한을 뚫고 2품직에 오른 한학역관 이화종과 최세진 등의 활약이 돋보인다.

난세였던 선조 대에는 한학역관으로 홍순언 · 정득 · 진효남 · 진지남 · 임춘발 · 한윤보 · 남호정 · 표헌 · 표정로 · 박의검 · 박인검 · 이유 · 이억례 · 이언화 · 김효, 왜학역관으로 경응순 · 김선경 · 박대근 등이 활동했다. 광해군 대에는 한학역관으로 송업남 · 신계도 · 유득기 · 이응 · 장예충 · 장세굉, 문신 출신 역학자로는 김계와 이준이 있었다. 이 시기에는 종계변무를 해결했을 뿐만 아니라 임진왜란 당시 명나라의 원군을 불러오는 데 큰 공을 세운 홍순언, 전장에서 적극적으로 대일 첩보 활동을 벌인 박의검 · 박인검 · 박대근 등의 명성이 드높다. 하지만 전쟁 통에 일부 왜학역관들이 일본에 부역했고, 역관 장사원은 낙오된 미모의 궁녀를 아내로 취했다가 처벌당하는 등 흐트러진 모습을 보이기도 했다.

임진왜란과 병자호란을 기점으로 중 · 조 · 일 삼각 무역이 활기를 띠면서 역관들의 수효는 사역원 출신들과 지방의 훈도를 합쳐 600여 명에 이르렀다. 하지만 사역원의 중요한 직책과 역할은 소수의 특정 중인 가문에서 독점했다. 사행무역을 통해 부를 축적한 역관들이 서로 혈연을 맺고 자신들이 개척한 외교와 무역의 특권을 공유한 것이다. 그런 과정을 통해 역관의 명가로 알려지게 된 몇몇 가문을 살펴보자.

인동 장씨

인동仁同 장씨張氏로서 첫 역관은 19대 장수張壽지만 16세기 후반 취재를 통해 역관이 된 장경인·장응인 형제 때부터 본격적인 역관 가문으로 발돋움하게 되었다. 역관 장형張炯은 장응인의 아들이자 숙종 대에 온갖 스캔들을 남긴 장옥정·장희재·장희식 남매의 아버지였고, 국중거부 장현의 사촌동생이었다. 그는 일찍 사망했지만 장옥정이 원자를 생산하면서 의정부 영의정에 추증되었고, 그녀가 중전이 되자 옥산부원군玉山府院君에 추봉되었다. 그의 신도비에는 장경張熌으로 이름이 새겨져 있다.

장형의 두 번째 부인 윤씨는 조대비의 조카 조사석의 노비였다. 그 때문에 천출로 태어난 장옥정은 신분 상승을 꿈꾸며 궁궐로 들어갔다. 윤씨의 아버지 윤성립은 역관이었고, 어머니는 변승업의 당고모였다. 장형은 사별한 부인 고씨로부터 1남, 윤씨로부터 1남 2녀를 두었는데 막내딸이 바로 장옥정이었다.

장경인의 큰아들 장현은 인동 장씨가 조선 최고의 역관 가문이 되는 데 핵심적인 역할을 한 인물이다. 26세에 역과에 장원급제한 그는 병자호란으로 소현세자와 봉림대군이 심양에 인질로 끌려갈 때 통역관이 되어 청나라에 6년간 머물렀다. 귀국한 뒤에는 수역首譯이 되어 수차례 연경을 오갔는데 연경 갑부 정기鄭琦와의 교분과 부경무역을 이용해 거부가 되었다. 남인들과 가까웠던 그는 딸을 궁녀로 들여보내 왕실의 후원을 받아 공공연히 밀무역을 하기도 했다. 사촌 동생 장형이 죽은 뒤에는 질녀 장옥정을 양육하다가 조사석의 도움으로 궁녀가 되게 했다. 그 후 장옥정이 숙종의 총애를 받으면서 그는 부와 권력을 한꺼번에 움켜쥐었지만 거듭되는 환국정국으로 숱한 고초를 겪었다.

그런 와중에도 장현은 문중의 후손들을 사역원에 입학시켜 뛰어난 역관으로 키워 냈고, 중인 역관 가문들과의 혼인 관계를 통해 가문의 지위와 특권을 다졌다. 대외무역이 활발하던 17세기 중반부터 18세기 말까지 인동 장씨 가문에서는 역관 스물두 명을 배출했다. 이 수치는 조선시대 전체 역과 합격자의 0.8퍼센트에 불과하다. 그러나 인동 장씨 가운데는 사역원 수석 합격자 출신이 많았으므로 오랫동안 사역원의 고위직을 독차지했다.

밀양 변씨

일찍이 고려의 명가이던 밀양密陽 변씨卞氏는 9대 변옥란의 아들 맹량 · 중량 · 계량 대에 둘째 변중량이 이방원의 정몽주 제거 계획을 누설했다가 참살당하는 비극을 겪었다. 하지만 셋째 변계량은 역성혁명에 동조함으로써 출세를 거듭해 태종 대에 예문관대제학 · 예조판서 · 의정부참찬 등을 지냈고, 1420년(세종 2) 집현전대제학에 올라 20여 년 동안 외교문서를 다루었다. 성종 대에는 무신 변종인, 숙종 대의 화가 변상벽, 철종 대에 변종운 등이 시문으로 명성을 떨쳤다.

변계량 이후 밀양 변씨는 쇠락하면서 하급 관직을 전전하다가 조선 중엽부터 중인 계급으로 떨어졌다. 가문에서 처음으로 역관이 된 19대 변응성은 9남 1녀의 자녀 가운데 아들 여섯 명을 역과에 합격시켜 변씨 가문을 역관의 명가로 만들었다. 그는 중국과 일본을 잇는 중개무역을 통해 부를 끌어 모았는데, 박지원의 《허생전》에서 가난뱅이 허생에게 선뜻 만 냥을 빌려주던 변부자의 모델이 바로 변응성과 그의 아버지였다.

변응성의 아홉째 아들로 왜학역관이던 변승업은 대일 무역을 통해 장안 제일의 거부가 되었다. 그는 양반들처럼 선산을 조성했고, 아들을 양반으로 만들었으며, 사별한 아내의 관에 옻칠을 해서 물의를 빚자 조정 중신들에게 돈을 뿌려 사태를 무마하기도 했다. 변승업은 죽기 전에 후손들에게 자신이 시중에 풀었던 50만 냥을 돌려받지 말라는 유언을 남겼고 이에 감복한 한양 사람들은 은밀히 변씨 가문을 비호해 주었다.

그런데도 변씨 가문은 숙종 대의 정쟁에 연루되어 수난을 당했다. 변이보가 청나라의 대통관 장효례 때문에 야기된 오시수 사건으로 장살되었고, 변학령은 갑술환국 당시 서인 측에 정치자금을 제공했지만 이용만 당하고 버림받았다. 그러나 고종 대의 역관 변원규는 개항 이후 북경에 파견되어 북양대신 이홍장과 한미수호통상조약을 추진했고, 1894년까지 다섯 차례 한성판윤을 지냈다.

밀양 변씨 후손들은 1613년(광해군 5) 이후 약 280년간 20대에 걸쳐 106명이 역과에 합격했는데 특히 교회와 왜학역관이 많았다. 조선의 역관 가문 중에서 가장 많은 당상관을 배출한 밀양 변씨는 영 · 정조 대를 거치면서 급격히 몰락했다. 1707년 책문후시의 공인, 1720년 청나라와 일본의 직접교역으로 왜은의 유입이 끊기는 등 국제무역 환경이 악화되어 가업인 중개무역이 치명타를 맞았기 때문이다.

우봉 김씨

우봉牛峰 김씨金氏에선 계동공파 5대 김순충이 취재取才로 한학역관이 되었고, 6대 김여례와 김여온이 정식으로 역과에 합격한 뒤 250년간 무려 95명의 역관을 배출했다. 그중 한학역관의 비율이 80퍼센트에 달했고, 왜학역관은 여섯 명, 몽학역관은 여덟 명이었다.

우봉 김씨 가문의 상징적인 인물은 역시 김지남이다. 그는 1682년(숙종 8) 일본에 파견된 통신사의 압물통사로 참가한 뒤 《동사일록》이란 기행문을 남겼으며, 중국에서 화약 제조 기술을 배워오기도 했다. 특히 만년에 그는 조청 국경을 획정하려는 청나라 오랄총관烏喇摠管 목극등穆克登과 함께 백두산에 올라 정계비를 설치했으며, 아들 김경문과 함께 《통문관지》를 저술해 조선 역관의 역사와 실체를 후대에 전했다.

우봉 김씨는 사행무역을 통해 부를 축적하면서도 조선시대의 외교 서적 16종을 남기는 등 문화적인 업적까지 쌓았다. 왜학역관 김현문의 《동사록》, 김홍철의 《역어유해보와》, 김건서의 《증정교린지》·《첩해신어문석》, 김윤서의 《중간노걸대》, 김득련의 《환구금초》·《환구일기》·《부아기정》 등은 우봉 김씨 가문이 남긴 주요 책이다.

우봉 김씨의 재산이 어느 정도였는지는 사치의 극을 달렸던 청어역관 김한태의 예를 보면 알 수 있다. 18세기 후반 소금 무역으로 거부가 된 그는 수백 칸의 저택을 화려하게 치장해서 궁궐이 부럽지 않을 정도였다. 섬돌에는 모란을 새겨 넣고, 연못이 있는 정자에는 나비와 새들을 키웠다. 집 안에서는 몽고 산 깔개, 일본산 안석, 은주시대 청동기 골동품, 보배로 장식한 쟁반, 상아로 만든 자리, 봉황을 수놓은 전방석 등을 사용했다.

평소 구슬 박은 수레를 타고 다닌 그는 황금으로 만든 조도와 옥패를 찼고, 여우 겨드랑이 흰털로 만든 용단의 갖옷에 백항라 녹단사로 만든 바지저고리를 아침저녁으로 갈아입었는데 한 번 입은 옷은 다시 입지 않았다고 한다. 음식은 늘 산해진미였고 술은 옥잔에 따라 마셨다. 제주의 감귤이 항상 은그릇에 대령되어 있고, 자라와 게 요리는 반드시 금 젓가락으로 집어 먹었다.

음식은 오정식五鼎食(소 · 양 · 돼지 · 물고기 · 순록 등 다섯 종류 고기를 솥 다섯 개에 끓여서 내는 음식)으로도 만족하지 않고 표범의 골을 삶아 묽은 국을 만들었으며 낙타 발굽에서 짜낸 기름을 먹었다. 치아를 보호하기 위해 고기를 씹다가 뱉었고 위를 편안하게 하기 위해 탕을 늘 빨아 마시기까지 했다. 이쯤 되면 로마의 황제가 부럽지 않을 정도다.

그는 가난한 청년 화가 김홍도에게 자택 별채를 빌려주는 등 당대의 예인들에 대한 후원도 아끼지 않았다. 이에 감읍한 김홍도는 1875년 8월 《을묘년화첩》 속에 그의 거처를 그려 넣기도 했다. 그렇듯 방만한 생활을 즐기던 김한태는 결국 순조의 눈 밖에 나서 죽임을 당했고 집도 허물어졌다.

우봉 김씨엔 김한태 같은 졸부도 있었지만 세인들의 부정적인 시선을 의식해 명철보신明哲保身했던 김근행 같은 사람도 있다. 왜학역관이던 그는 1633년 일본으로부터 훈련도감에서 필요한 유황 4만 근과 각종 무기를 들여오는 등 공로를 인정받아 당상역관을 거쳐 품계가 종2품에 이르렀다. 당상관이 되면 망건에 금관자, 금대를 착용할 수 있었지만 그는 언제나 찢어진 갓에 붉은 구리에 금칠을 한 망건 관자를 썼다. 또 금대는 쇠뿔로 만들고 황금색을 칠했으며 패도의 자루는 나무로 만들었다. 세인들이 까닭을 묻자 그는 이렇게 말했다.

> 내 물건이 화려하고 아름다우면 귀족자제들이 모두 갖고 싶어 할 것이다. 만일 그들에게 주지 않으면 인심을 잃게 될 것이고 고루 나눠 주자면 한이 없다. 무릇 사치는 화를 부르는 법이다.

이와 같은 김근행의 처신은 매우 현명했다. 중인 신분의 부자로서 양반들의 눈에 나거나 백성들의 원성을 듣게 되면 하소연할 데가 없기 때문이다. 그 덕택인지는 모르지만 우봉 김씨는 조선 말기까지 가문의 영광을 이어갔다.

천령 현씨

조선 후기에 혜성처럼 등장해 일본과의 외교를 주도한 천령川寧 현씨玄氏는 고려 의종 때 대장군을 지낸 현담윤의 후손이다. 현씨의 본관은 본래 연주였는데 9대 천현수가 여주 목사를 제수받고 현지의 천령촌에 살면서 본관이 천령으로 잘못 알려졌다고 한다. 1615년(광해군 7) 천현찬이 역과에 합격해 첫 역관이 되었다.

1711년(숙종 37) 현덕윤이 왜학 상통사가 되어 처음 일본을 왕래한 이후, 1719년의 사행 외에는 현덕연 · 현태익 · 현의순 · 현식이 등이 모두 당상역관으로 활약했다. 천령 현씨는 조일 간의 사무역이 시들해지던 1718년 이후에도 계속 사행에 참여해 14명 이상이 당상역관이 되었다. 통신사에는 4회, 쓰시마까지 가는 역관사에 아홉 차례 참여했는데 한 명을 제외하고는 모두 정사였다.

천령 현씨의 후예들은 총 208명이 조선시대의 잡직에 진출했는데 역과에 99명, 의과에 48명, 운과에 열세 명, 율과에 네 명, 산원에 44명이었다. 잡직에 종사한 관리 가운데 역관이 절반에 육박하고 있음을 알 수 있다. 역과의 전공은 한학이 57명으로 압도적이었으며 왜학이 26명으로 뒤를 이었고, 그 외에 청학 여덟 명, 몽학 여섯 명, 한학과 청학 두 과에 모두 합격한 사람이 두 명이었다. 가문의 수많은 후예가 역관이 되었지만 역과에 장원으로 급제한 사람은 1845년(순조 5) 한학 전공의 현재신 한 명뿐이다. 소수 정예였던 인동 장씨와 여러모로 비교되는 대목이다.

18세손 역관 현덕우는 대청 외교와 무역의 실무자로서 양반들로부터 뇌물을 받기도 했다. 기록에 따르면 1666년(현종 7) 포로 도망과 유황 수입 건으로 청나라의 조사관이 파견되자 의주부윤과 평안감사 등은 그에게 바칠 뇌물을 백성들로부터 거둬들이거나 공금에서 갹출했다. 그런데 전 수원부사 구문치가 조정의 명을 기다리지 않고 황급히 역관 집을 돌며 뇌물을 썼다. 그 때문에 이들은 파직되고 청나라의 조사관과 함께 활동한 역관 현덕우와 장현도 법에 따라 처벌받았다.

현덕우와 같은 항렬의 현덕윤은 숙종 때 역과에 급제한 이래 부산훈도로 근무했는데 덕망이 높고 인품이 선량해 부산 사람들은 그의 공덕을 기려 송덕비를 세웠다. 24대 현석운은 왜학역관으로서 강화도조약에 참여했고, 수신사로 참여하기도 했다. 25대 현일은 1851년(철종 2) 중인 1600명이 참여한 신해통청운동에서 별유사別有司로 활약했고 구한말에는 대원군의 자문 역할을 하기도 했다. 그의 손자 현순은 3·1운동 이후 상해 임시정부에서 외무·내무차장으로 활동했고 1920년 구미위원장으로 모금 활동을 했으며 이듬해 워싱턴에 주미대사관을 설치했다. 1934년 이후 그는 임정을 위한 모금 운동의 하와이 책임자가 되는 등 해외 독립운동에서 중추적인 역할을 맡았다.

참고자료

원저

《고려사절요》《고종시대사高宗時代史》《교빙고交聘考》《노걸대老乞大》《담헌연기湛軒燕記》《동사록東槎錄》《동사일록東槎日錄》《무오연행록戊午燕行錄》《박통사언해朴通事諺解》《부연일기赴燕日記》《비변사등록備邊司謄錄》《소대풍요昭代風謠》《승정원일기》《시적고市糴考》《신전자초방新傳煮硝方》《역과방목譯科榜目》《역관상언등록譯官上言謄錄》《연려실기술》《열하일기》《이향견문록里鄕見聞錄》《조선왕조실록》《중경지中京誌》《중국정사조선전中國正史朝鮮傳》《증정교린지增正交隣志》《통문관지通文館志》《해행총재海行摠載》

단행본

《거꾸로 보는 고대사》, 박노자, 한겨레출판, 2010
《교양으로 읽는 인삼 이야기》, 옥순종, 이가서, 2005
《교토에서 본 한일통사》, 정재정, 효형출판, 2007
《나는 오랑캐가 그립다》, 김경일, 바다출판사, 2001
《나는 폭력의 세기를 고발한다》, 박노자, 인물과사상사, 2005
《나는 황국신민이로소이다》, 정운현, 개마고원, 1999
《동아시아 역사 속의 중국과 한국》, 최소자교수정년기념논총 간행위원회 엮음, 서해문집, 2005
《리조시대의 역학정책과 역학자》, 강신항, 탑출판사, 1978
《문 밖을 나서니 갈 곳이 없구나》, 최기숙, 서해문집, 2007
《문명과 바다》, 주경철, 산처럼, 2009
《범월과 이산》, 인하대학교 한국학연구소 엮음, 2010
《부사산 비파호를 날 듯이 건너》, 성대중 지음, 홍학희 옮김, 소명출판, 2006
《북학의》, 박제가 지음, 박정주 옮김, 서해문집, 2003
《붓끝으로 부사산 바람을 가르다》, 남옥 지음, 김보경 옮김, 소명출판, 2006
《새로운 세상을 꿈꾼 사람들》, 이한, 청아출판사, 2010
《서유견문》, 유길준 지음, 허경진 옮김, 서해문집, 2004
《세계로 떠난 조선의 지식인들》, 이승원, 휴머니스트, 2009
《세한도》, 박철상, 문학동네, 2010
《심행일기》, 신헌 지음, 김종학 옮김, 푸른역사, 2010
《연행사와 통신사》, 후마 스스무 지음, 정태섭 옮김, 신서원, 2008
《열강의 소용돌이에서 살아남기》, 박노자 · 허동현, 푸른역사, 2005
《우리 역사 최전선》, 박노자 · 허동현, 푸른역사 2003
《우리가 몰랐던 동아시아》, 박노자, 한겨레출판, 2007
《우상잉복 천재시인 이언진의 글향기》, 강순애 · 구지현 · 심경호 · 허경진, 아세아문화사, 2008
《유교적 경세론과 조선의 제도들》1 · 2, 제임스 버나드 팔레 저, 김범 역, 산처럼, 2002
《윤치호 일기》, 윤치호 저, 김상태 역, 역사비평사, 2007
《윤치호의 우순소리 연구》, 허경진 · 정명기 · 유춘동 외, 보고사, 2010
《윤치호의 협력일기-어느 친일 지식인의 독백》, 박지향, 이숲, 2010
《제국의 상점》, 리궈룽 지음, 이화승 옮김, 소나무, 2008
《조선 전기 서울의 동평관과 왜인》, 손승철, 향토, 1996
《조선 최고의 외교관 이예》, 박현모 · 이명훈 외, 서해문집, 2010
《조선 최대 갑부 역관》, 이덕일, 김영사, 2006

《조선 후기 대청무역사 연구》, 이철성, 국학자료원, 2000
《조선 후기 상업자본의 발달》, 강만길, 고려대학교출판부, 1973
《조선 후기 상인연구》, 오성, 일조각, 1989
《조선 후기 중국과의 무역사》, 유승주 · 이철성, 경인문화사, 2002
《조선 후기 지식인, 일본과 만나다》, 원중거 지음, 김경숙 옮김, 소명출판, 2006
《조선 후기 지식인의 대외인식》, 김문식, 새문사, 2009
《조선의 르네상스인 중인》, 허경진, 랜덤하우스코리아, 2008
《조선의 외교정책》, 최동희, 집문당, 2004
《조선통신사 옛길을 따라서》1 · 2 · 3, 조선통신사문화사업회, 한울, 2007
《조선통신사 일본과 통하다》, 손승철, 동아시아, 2006
《조선통신사의 일본견문록》, 강재언 지음, 이규수 옮김, 한길사, 2005
《좌옹 윤치호 선생 약전(윤치호선집 2)》, 김영희, 좌옹윤치호문화사업위원회, 1999
《중국의 상업혁명》, 하오옌핑 지음, 이화승 옮김, 소나무, 2001
《중세시대의 환관과 공녀》, 정구선, 국학자료원, 2004
《중정조선어학사》, 소창진평, 동경 도강서원, 1940
《청과 조선》, 최소자, 혜안, 2005
《친일파 99인》1, 반민족문제연구소 엮음, 돌베개, 1993
《통신사를 따라 일본 에도시대를 가다》, 정장식, 고즈윈, 2005
《한국 근대이행기 중인연구》, 연세대학교 국학연구원, 신서원, 1999
《한국사 이야기》13권, 이이화, 한길사, 2001
《한국인의 부자학》, 김송본, 스마트비지니스, 2006

논문

〈17 · 18세기 대일 공무역에서의 공작미 문제〉, 김동철, 《항도부산》제10호, 1993
〈17세기 왜학역관 연구〉, 이상규, 한국학중앙연구원 박사학위, 2010
〈17세기 초 대일정책의 확립과정과 그 성격〉, 홍성덕, 《전북사학》 19 · 20집, 1997
〈노걸대 변의〉, 민영규, 연세대 인문과학연구소, 1964
〈변경의 인삼을 둘러싼 조선과 후금의 갈등〉, 김선민, 《명청사 연구》, 2008
〈부연사행의 경제적 일고-사무역 활동을 중심으로〉, 이원순, 《역사교육》, 1963
〈역관 금현문의 일본인지〉 백옥경, 《한국사상사학》제29집, 2007
〈역관 김지남의 일본 체험과 일본인식〉, 백옥경, 《한국문화연구》제10호, 2006
〈역관 오대령의 일본인식〉, 백옥경, 《조선시대사학보》38, 2006
〈인삼과 강역〉, 김선민, 《명청사연구》제30집, 2008
〈임술사행록에 나타난 역관의 활동과 일본인식〉, 백옥경, 《한국사상사학》제26집, 2006
〈조선 전기 대일 외교정책 연구〉, 한문종, 전북대학교 박사학위, 1996
〈조선 전기 역관 연구〉, 백옥경, 이화여자대학교 박사학위, 2000
〈조선 전기 역관의 성격에 대한 일고찰〉, 백옥경, 이화여자대학교 석사학위, 1988
〈조선 후기 대청 무역에 관한 일고찰〉, 김종원, 《진단학보》, 1977
〈조선 후기 중인층의 사회적 변화 연구〉, 조명선, 동국대학교 석사학위, 2003
〈조선 후기의 역관 신분에 관한 연구〉, 김양수, 연세대학교 박사학위, 1987
〈조선시대 역관과 번역사에 관한 연구〉, 김남경, 고려대학교 석사학위, 2006
〈조선시대 역관에 대한 인식과 그들의 사회적 위상〉, 허선아, 전북대학교 석사학위, 2007
〈조선조 사역원의 중국어 교육 연구〉, 기수진, 한국외국어대학교 석사학위, 2004